ミクロ経済学
戦略的アプローチ

梶井厚志　松井彰彦

日本評論社

はじめに

　本書は、80年代から90年代の経済学の進展を背景とした戦略的行動という観点から書かれた、ミクロ経済学の「教科書」です。はじめにわざわざ「教科書」と断るのには理由があります。本書は、従来の標準的なミクロ経済学の教科書とは視点と発想を変えて書かれており、書店に並んでいる他のミクロ経済学の教科書と比較されると、かなり毛色が違っているためです。ひょっとすると、この本で本当に現代のミクロ経済学が学べるのか、不安になる方も多いかもしれません。

　私たちは、従来の標準的なミクロ経済学の教科書の手法・構成を否定するつもりはありません。むしろ、多くの教科書がそのような構成をとるのには、十分もっともな理由があると考えています。しかし一方で、私たちの経験では、相当な数の学生がミクロ経済学に興味があっても、その楽しさ面白さがわかる前に挫折してしまうように思われます。これは、微積分や数学的なグラフの理解がまず障害になってしまうためで、かならずしも経済学的な考え方や経済分析の手法を理解できないというわけではありません。社会に出てから自習しようと考える人たちには、なおさらこの傾向があるのではないでしょうか。数学は、経済学的な考え方を表現する道具にすぎません。入り口のところで、道具を使いこなせないばかりに、対象そのものに対する興味を失ってしまうとしたら、残念なことです。

　本書では、主として2人の経済主体の間の取引ないし交流において発生する戦略的な関係を人間関係の基本と考えています。経済分析は、対象となっているさまざまな経済現象を、まず2人の間のゲーム、あるいはその応用として捉えるところからはじまります。議論は抽象的ですが、一部の例外を除き、数学的には、2，3の数字の大小を根気よく比較できれば、理解できるよう工夫しました。古典的な消費者・生産者理論がほとんど言及されないことに違和感を覚えられる方もいるかもしれません。しかし、私たちは簡単なゲーム理論をつかった分析で、ミクロ経済分析の基礎を解説することは可能であると考えています。そして従来の教科書が議論のベンチマークとする古典的競争市場の理論は、むしろゲーム論的分析を学んだ後の方がより深く理解できると、私たちは考えています。さらに

付け加えれば、従来の標準的なミクロ経済学を学んだことのある読者も、この本によって新しい視点を与えられるでしょう。

本書は「ゲーム理論」の教科書としても用いることができます。ただし、本書の性格上、ゲーム理論の中でももっともよく経済分析に用いられている手法のみを扱っています。また使用した事例やモデルは経済学的なものに限られます。

この新しい形で議論を展開するにあたって、われわれは主として次の2点に気をつけました。1つはあまり背景となる知識を読者に要求せず、知識の詰め込みをしないこと。経済学のごく初歩の学習を終えていることは望ましいですが、絶対ではありません。2つめは各々の概念の提示、分析には精確を期すこと。この2つの一見相反する要請に応えようというのが、われわれの目標です。

本書で扱う内容は目次および本文を見ていただくとして、図1に、各章間の大雑把な関連を示しました。第1章から第15章まで、順に読んでいただくのが一番良いと考えていますが、それぞれの読者の目的や問題意識に応じて、この図を利用しながら読み進めていただくのも悪くありません。8章までたどりつけば、ミクロ経済学における戦略的な考え方が大体理解されるかと思います。第9章以降は各種トピックを扱っていますので、それぞれの興味に応じて、第5章から図に従ってそれぞれの章に進むことができるでしょう。

各章は、簡単なお話で始まります。登場人物はすべてフィクションですが、その章でゲームとして定式化して分析する問題の所在がわかるように工夫してあります。とにかく数字や式を追いかけるのが苦手という方も、このお話の部分だけを最後まで読むだけで、ミクロ経済学の取り扱う問題が何なのかが、わかると思います。とくに数学的に複雑な節には、＊印をつけました。その一方で、細かいところが気になる方々のために脚注や数学注を用意しました。それよりも深いところを知りたい方は直接原典に当たったり、上級の教科書に向かうしかないでしょう。付録Aに関連テキストを、そして、付録Bに必要最低限の文献を紹介してありますので、必要に応じてご利用ください。

各章末に、練習問題とそれより高度な発展問題を付けました。巻末には練習問題の簡単な解答もあります。読者のみなさんの理解の一助となれば幸いです。

本書は、私たちが経済セミナー1998年4月号から1999年8月号に連載した「ミクロ経済学：戦略的アプローチ」を編集し、加筆修正したものです。連載中お世話になった経済セミナー編集長の鴨田祐一さん、連載と本書のために素敵なイラ

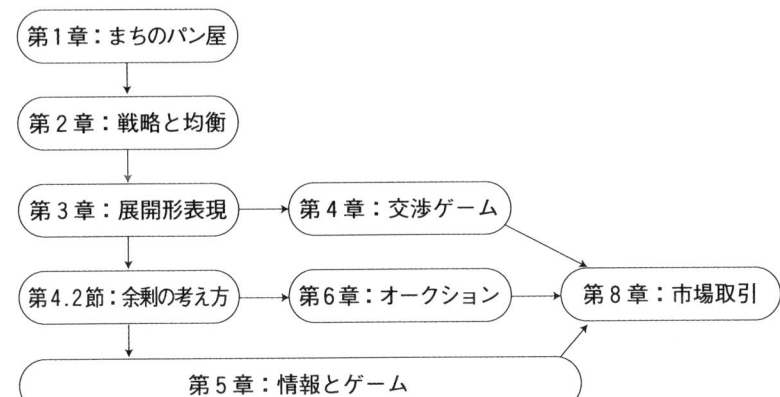

図1　各章の関連図

ストを描いてくださった前岡伸英さん、本書の装幀をしてくださった山崎登さん、経セミスタッフの方々、コメントしていただいたモニターの山崎玲さんと尾山大輔さん、前出亜紀さん、赤井伸郎さんと神戸商科大学戦略的アプローチ勉強会の皆様、同僚、友人の方々、梶井の妻・由紀子と松井の妻・路子、われわれに教育というかけがえのない資産を与えてくれたそれぞれの父と母、そして何よりもこの連載を真の意味で支えてくださった経済セミナーの読者のみなさんに感謝しています。最後に、この教科書の企画を提案し、その完成に尽力してくれた編集者・斎藤博さんに感謝いたします。

　最後に、間違いを最小限にとどめるべく努力したつもりですが、残っているであろう間違いはもちろん筆者たちの責任です。

2000年1月

梶井　厚志
松井　彰彦

目 次

はじめに i

第1章 あるパン屋の話 ——————————1

まちのパン屋 ——————————2
ライバル出現 ——————————5
1.1 寡占 8
1.2 参入阻止価格 12
　　練習問題 14

第2章 戦略と均衡 ——————————15

キッチン・ゲーム ——————————16
2.1 戦略形表現 16
2.2 ナッシュ均衡と最適反応 20
2.3 支配戦略 21
　　2.3.1 囚人のジレンマ再び 21
　　2.3.2 支配戦略とナッシュ均衡 22
2.4 支配される戦略のくり返し削除 23
2.5 支配戦略と最適反応 27
　　コラム 28
　　補論1 戦略形表現とナッシュ均衡の厳密な記述 28

　　　　補論 2　混合戦略　　30
　　　　練習問題　　31

第 3 章　裁量かルールか——展開形表現 ——— 33

　　　内申書 ——— 34
　3.1　石油産業の規制緩和と参入阻止価格　　34
　3.2　展開形表現　　38
　3.3　バックワード・インダクション　　39
　3.4　ナッシュ均衡　　42
　3.5　サブゲーム完全均衡　　44
　3.6　展開形表現の約束事　　45
　3.7　裁量かルールか——石油業法をめぐって　　46
　　3.7.1　裁量のケース　　48
　　3.7.2　ルールのケース　　49
　　　練習問題　　50

第 4 章　交渉ゲーム ——— 55

　　　なぞのパン職人 ——— 56
　4.1　経済的価値創造：余剰の考え方　　59
　4.2　最後通牒ゲーム——アイスクリーム編　　61
　4.3　2 段階の交渉　　62
　4.4　n 段階の交渉ゲーム*　　65
　　　練習問題　　71

第 5 章　情報とゲーム ——— 73

　　　就職超氷河期 ——— 74
　5.1　資格の時代　　75
　5.2　情報集合と情報構造　　77
　5.3　ベイズ完全均衡　　82

　　　　5.4　シグナリング・ゲーム：見える資格、見えない能力　85
　　　　5.5　資格による能力判別の是非　92
　　　　　　　練習問題　93

第6章　**オークション**─────────────────95
　　　　ピアスの引っ越し─────────────96
　　　　6.1　さまざまなオークション　97
　　　　6.2　オークションのゲーム表現　101
　　　　　　6.2.1　完全情報の場合　101
　　　　　　6.2.2　競売　102
　　　　　　6.2.3　セカンド・プライス・オークション　103
　　　　　　6.2.4　競争入札　105
　　　　6.3　オークションの比較　109
　　　　6.4　入札最低価格と最適オークション*　111
　　　　6.5　入札と談合──くり返しゲーム　113
　　　　　　補論1　平均収益の計算　116
　　　　　　補論2　均衡戦略の計算　117
　　　　　　　練習問題　118

第7章　**公共財**─────────────────────121
　　　　パン屋の憂鬱─────────────────122
　　　　7.1　公共財とフリーライダー　126
　　　　7.2　集団意思決定とインセンティブ　131
　　　　7.3　Groves-Clarke メカニズム　135
　　　　7.4　メカニズム・デザイン　139
　　　　　　　練習問題　140

第8章　**市場取引**─────────────────────143
　　　　秋の研究室─────────────────────144

8.1　戦略的取引——1対1のケース　147
　　8.1.1　直接交渉　147
　　8.1.2　仲買人のいる市場　148
　　8.1.3　販売店市場　150
　　8.1.4　競売買方式市場　151
8.2　戦略的取引——多人数のケース　153
　　8.2.1　直接交渉　153
　　8.2.2　仲買人のいる市場　155
　　8.2.3　販売店市場　160
　　8.2.4　競売買入札市場　163
8.3　不確実性のある市場　164
　　練習問題　166

第9章　消費者理論　167

新米先生、アメリカへ行く　168

9.1　初講義：留保価格と消費者余剰　171
9.2　効用関数と消費者余剰　174
　　練習問題　181

第10章　寡占と結託の経済効果　183

ブン屋と役人　184

10.1　寡占——クールノー競争　186
　　10.1.1　長期における最適企業数　190
　　10.1.2　自由参入　191
　　10.1.3　談合の経済効果：短期　193
　　10.1.4　談合の経済効果：自由参入下　195
　　練習問題　197

第11章 金融とリスク管理 — 199
金融自己責任 — 200
- 11.1 金融の役割　203
- 11.2 リスクと価値　206
- 11.3 期待効用理論　210
  - 練習問題　212

第12章 金融市場と一般均衡 — 215
新米先生、学生を感化する — 216
- 12.1 一般均衡：金利と価格の同時決定モデル　219
- 12.2 合理的期待市場均衡　223
- 12.3 価格と金利の決定の比較静学分析　228
  - 練習問題　232

第13章 製品差別化 — 235
それぞれの悩み — 236
- 13.1 製品差別化の基本モデル　238
  - 13.1.1 解釈1：製品差別化　241
  - 13.1.2 解釈2：投票モデル　242
- 13.2 集積効果　242
  - 13.2.1 比較静学　245
- 13.3 価格競争*　246
  - 練習問題　250

第14章 契約と誘因 — 253
ワイン・バー — 254
- 14.1 エージェンシーの問題　256

14.2　リスクとエージェンシー・コスト　262
　　　14.3　ホールド・アップ問題　265
　　　　　　練習問題　267

第15章　新たな幕開け─────269

貸切りパーティー─────270
　　　15.1　進化論的ゲーム理論　272
　　　15.2　知識の階層と状態空間アプローチ　279

付録A　関連テキスト　285
付録B　参考文献　288

ヒントと解答　291

索　引　307

Chapter 1
あるパン屋の話

まちのパン屋

　これは大都市近郊のとある町でのお話です[1]。この人口1,000人ほどの小さな町にはこれといった産業はなく、近くにあまたある町と同じように、周辺の農家の生活を支えるためにできてきたような町でした。申し訳程度にある商店街にはスーパーマーケットもありません。しかし、町民たちは特に不便を感じることもないようで、町の外に買い物に出かけることはめったにありませんでした。

　このお話の主役になる小さなパン屋さんは、商店街の端にありますが、ほかにパンを売る店もないので、町の人々にとってパン屋といえば「まちのパン屋」と呼ばれているこの店を指し、誰も店の本当の名前は知りません。この店の先代は欲のない人で仕入値そこそこでパンを売っておりましたが、体を病んでからは息子夫婦が店をきりもりするようになりました。

　この跡取り息子は某国立大学経済学部卒ですが、在学中は特にこれといった勉強もせずに遊び回っておりました。もちろん、ミクロ経済学もちんぷんかんぷん（もっとも真剣に勉強したことがあるのかは疑わしいようです）。とはいえ勉強好きと金儲け好きは別物、息子は商売上手というか抜け目がないというか、得するところではきっちり得しておくというタイプの男でした。息子はあるときもう少し金儲けができると考え、ほとんど開いたことのなかった大学時代の教科書を引っ張り出し、いろいろ計算を始めました。その手始めにまず先代がやっていたどんぶり勘定を改め、仕入値やそれにかかる労働費用の把握、そして肝心の儲けなどをはじき出しました。

　その結果、今はパン1個当たりの輸送費用等も含めた原価、すなわち**限界費用**は40円、それに対して売り値は80円、1日平均360個売れている、ということなどが判りました。これ以外に個数に関係のないパン屋としての維持費が月に5万円、1ヶ月の営業日数は約25日なので、1営業日あたり2,000円ほどかかります。これに加えて、すぐにというわけではありませんが、外で働けば長期的には1日6,000円くらい稼げます。そこで、これを自分自身にかかる人件費と考えて、費用の一部として計算すると、1日あたり

---

[1] 以下の話は現実の観察に基づいて作られたものですが、あくまでもフィクションであり、登場人物、団体等はすべて架空のものです。

儲け（純利益）は6,400円

という結論が出てきました。なぜかというと、1個あたり40円のマージンがあるため360個売ると14,400円の粗利益が出ます。そこから個数に変わりなくかかり、かつ短期的には回収できない**固定費用**8,000円（内訳：維持費2,000円、人件費6,000円）を引いて得られた残りの部分が、パン屋自体が稼ぎ出す儲けとなるわけです。まだまだ儲けられる、そう息子は考えいまさらながらに父親のひとのよさを思うのでした。

　さて、売り値が低すぎるということは息子にもわかりましたが、いったいいくらくらいにしたら儲けが大きくなるのか、にわかには測りかねます。たとえば値段を200円にするとマージンは160円と大きくなりますが、まだまだ米が主食のこの辺りでは高すぎて買ってくれる人が少なくなってしまいます。妻の経子（けいこ）は活動的で頭も回る女でしたが、夫が悩んでいるのを見て、「そんなものは他所を調べればいいじゃない」と言い、あくる日から店を休んでふっといなくなりました。数日して戻ってきた経子は夫に他の同じような規模の町を回ったところどうも値段を10円上げるごとに販売量は20個くらいずつ減るらしい、と告げました。

　すなわち、現在は値段と販売量がそれぞれ80円と360個であるのに対し、

表1.1　価格と儲け

値段 (a)	マージン (b)=(a)−40	販売量 (c)	粗利益 (d)=(b)×(c)	儲け（純利益） (e)=(d)−8,000
40	0	440	0	−8,000
60	20	400	8,000	0
80	40	360	14,400	6,400
100	60	320	19,200	11,200
120	80	280	22,400	14,400
140	100	240	24,000	16,000
150	110	220	24,200	16,200
160	120	200	24,000	16,000
180	140	160	22,400	14,400
200	160	120	19,200	11,200

　値段を100円にすると販売量は320個、120円にすると280個といった具合です。息子はかねがね妻の行動力と観察眼には一目おいておりましたから、その言葉を信じ、大体同じような状況がかれらの町でも成り立つと考えて表1.1を作りました。

　この表を見て一番儲かる値段は150円だと一目瞭然です。要するに価格を上げていって利益の増えるのが止まったところが一番いいというわけです。このように、多くの買い手がいる商品（財）を、一人だけの売り手が儲けが最大になるように価格をつけて売っている場合を**独占**といいます。計算を終えたとき、息子は大学の試験のことをふと思い出しました。確かあの時は、**独占価格**というのが出題されたら限界何たらと何たらが等しくなると書けば単位が取れると聞き、それだけ覚えて試験に臨んで、落第だけは勘弁、祈るような気持ちで成績表を見たら、成績がAだったのでびっくりしたのでした[2]。なんだこういうことだったのかと初めて悟ったのですが、そんなこと

2）　おそらく彼が思い出したのは、「限界収入＝限界費用」の関係でしょう。販売量を増やしていって（利益）＝（収入）−（費用）がこれ以上ふえなくなった点、すなわち限界収入から限界費用を引いたものがゼロになった点で利益が最大になりますから、この「公式」は正しいのですが、どうもこれだけ記憶していても仕方がないようです。

はおくびにも出しません。妻に得意気に説明し、夫婦は顧客を刺激しないようにと翌日からパンの値段をまずは120円に、ついで半年後には150円にしたのでした。もちろん「諸物価高騰のため」と但し書きをつけて。

150円にしたときには隠居している先代が息子夫婦にさとすように
「おまえたち、あまりがめつくやりすぎると、しっぺ返しを食らうぞ」
と言いました。息子は
「そんなお父さんみたいなことを言ってたんじゃあ、いつまでたっても貧乏暮らしですよ。現に見てごらんなさい。120円にしたときだってちゃんと計画通り280個くらいコンスタントに売れてたじゃないですか」
と父親の昔のやり方を暗に批判しました。経子は夫のそでをひっぱりましたが、それっきり父親は何も言いませんでした。

それから数ヶ月、150円とは高すぎると文句を言ってパンを買い控える者もおりましたが、息子夫婦の営業スマイルも功を奏して値上がりそのものが与えた悪印象はすぐになくなり、2人の予想通り一日に220個のパンが売れていきました。

ある日あいつがやってくるまでは。

ライバル出現

それはある晴れた秋の午後でした。商店街の反対側のほうからかーん、かーんという鉄槌の音が町中に響き渡ると数週間後には1軒の店ができていました。看板を見ると「べーかりー」と書かれてあります。ライバルが出現したのでした。ライバルは似たようなパンを140円で売り始めました。

小さな町のことですし、「べーかりー」のパンが10円安いという情報はたちどころに知れ渡って、「まちのパン屋」ではたちまち閑古鳥が鳴きはじめました。あわてた息子夫婦はパンの価格を130円に下げて客を呼び寄せようとしました。小さな商店街でどちらのパン屋も似たような味のパンを売っていたものですから、客は2つの店を両方のぞいて安いほうの店で買っていくようです。今度は「べーかりー」のほうががらがらになりました。すると次の日には「べーかりー」が120円をつけてきました。そして1ヶ月後にはついに価格は50円という信じられないような低価格となってしまったのです。

* * * * * * * * * *

　「まちのパン屋」では笑い声も消え、食卓も毎日パンばかり食べるような始末。息子もあの威勢はどこへ行ったか、さすがにやつれた顔をしています。ある晩、食卓で一家がパンをかじっているとき、息子が「まさかこんなちっぽけな町に新参者がやってくるとは思わなかった」とこぼすと、父親がぼそっと「いったい大学で何をしてきたんだか」とつぶやきました。息子はこの一言で完璧にきれてしまいました。おれは父さんのために戻ってきてやったんじゃないか。いい就職先はほかにいくらでもあったのに、それをなんだ、と成績が悪くてゼミの教授にも見放されていたことなどすっかり忘れて怒鳴ります。そんならなんかいい知恵でもあるのか、大体こんな町なんか大嫌いだ、と訳もわからずわめいてしまって、妻がとりなそうとしても取りつく島もありません。2人の子供はわんわん泣き出し、こうなると触らぬ神に祟りなし、経子は子供たちを連れていき、ようやく寝かしつけて戻ってくると、夫はいなくなっています。どうも向こう隣の居酒屋でまたやけ酒を飲んでいるようです。ため息をついて食卓を片付けた後、義父にあやまりに行きました。先代はもの静かな人で経子があやまると、いやいや、私が甘やかして育てたのがいけなかった、と逆に頭を下げるのでしたが、これでは何も解決しません。

　わらにもすがりたい気持ちの経子はそっと競争相手のパン屋の様子をのぞきに行ってみました。夜ももう遅いので店は閉まっておりましたが、居間のようなところから声が聞こえてきます。盗み聞きは悪いと思いつつ、耳をすましていると、時折、もうこれじゃだめだ、とか、相手がここまでやってくるとは思わなかった、足並みをそろえられたらよいのに、というようなことを話しています。経子はこれを聞いて考えながら家に戻っていきました。

* * * * * * * * * *

　翌日、経子は「べーかりー」を訪ねました。「べーかりー」のほうも夫婦経営でしたが、茫洋としたかんじの夫はともかく、妻の営子（えいこ）は話

のわかる人で経子はひとまずほっとしました。かれらは最近人口が増えているにもかかわらずパン屋が1軒しかない大都市近郊のこの町に目をつけ、さらに需要も調べて出店を決めたということです。営子は、
「おたくが150円をつけていたので少し安く売ってお客をとれば十分もとはとれると思ったの」
と付け加えました。
「あたしたちがそのままだまっていると思ったの」
と経子が聞けば、
「ともだちにもパン屋をやっていてそういうケースがあったんです。そのときももとの店の値段は150円で最終的に140円に落ち着いたんです。だから報復してくるとは思わなかったんです」
と、営子。
「反応と言ってほしいわね。」
そう相手の言葉を訂正して、
「それはともかく共倒れだけはさけなくちゃいけないわ」
と続ける。
「ええ。でもせっかく建てちゃったお店を壊すなんてできないし。」
「いいの。こうなったら仕方ないから2軒とも同じ値段をつけましょ。」
「ええ。お客さんを半分ずつとるのだから、150円にしておけば110個ずつ売れて一番いいのかしら。」
「でもそれじゃまた、あなたたちみたいに考えるひとが入ってくるわ。」
「それもそうね。どうしたらいいかしら。」
「いまとりあえずはいいとして、また同じような店ができてお客を3店、4店で分けていくとなると、どんどん儲けが減ってしまう。50円じゃ話にならないけど、もう新規に開店ができないくらいに初めから十分安い値段をつけておきましょうよ。」
　翌日、「まちのパン屋」と「べーかりー」は同じ140円の値段をつけました。案の定、それぞれ120個のパンが売れ、2軒ともほっと一息ついたのでした。

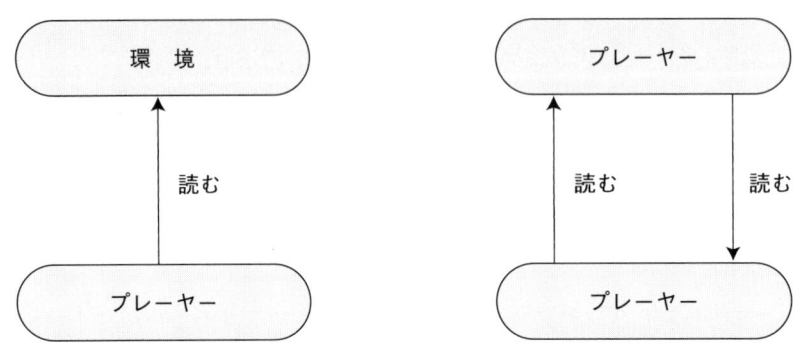

図1.1　2人になると「読み」のプロセスが限りなく続く

1.1　寡占

　市場に複数だが少数の売り手がいるような状況は**寡占**と呼ばれます。独占のときと比べて寡占の分析は格段に難しくなります。ライバルが出現した途端、いろいろなことが起こってしまったのもそのためです。というのも、寡占の場合には独占のときにはなかった新たな要素、戦略的なやりとりが生じるからです。自分が儲けるためには、相手がどう出てくるかを考えなければならない。相手がこう来たら自分はこうやる。しかし、相手もきっと自分がこのように考えてくることを予測して行動するだろうから、相手がどうくるかは相手が自分の行動をどう読んでいるかに依存する。だから、それを読みながら行動するが、相手もそれをさらに考えて行動するはずだ、という具合に、戦略的思考は限りなく続いていきます（図1.1）。

　残念ながらこのような複雑な状況を完全に分析して答えはこれだ、と結果をぴたっと予測してしまうような便利な理論はありません。しかし、それでは何も言うことはできないか、というとそんなこともありません。起こり得る状況とその論理的構造を知ることで理解は格段に深まります。現代の経済学で重要な位置を占めるにいたった**ゲーム理論**が捉えようとしているのは、まさにこの戦略的思考と行動決定の構造です。本書ではこれから戦略的思考とゲーム理論を中心にして、経済学を考えていきます。ゲーム理論を用いた分析がどのようなものになるのか、てはじめに上で見た価格切り下げ競争を考えてみましょう。

表1.2 相手が150円をつけているときの自店の価格と利潤

値段 (a)	マージン (b)=(a)−40	販売量 (c)	粗利益 (d)=(b)×(c)	儲け（純利益） (e)=(d)−8,000
120	80	280	22,400	14,400
130	90	260	23,400	15,400
140	100	240	24,000	16,000
150	110	110	12,100	4,100
160	120	0	0	−8,000
170	130	0	0	−8,000

　パン屋が2軒あってお互いに価格をつけあうような状況の分析はベルトラン（Bertrand）[3]が100年も前に行っています。分析上、片方の価格がもう一方の価格を下回っている場合、低い価格をつけたパン屋がすべての客を取ってしまうと仮定しましょう。またこれも簡単化のために同じ価格をつけている場合には客を半分ずつ取れるとしましょう。すると、確かに相手が150円をつけているときには自分はそれより、少しだけ低い価格（10円単位でしか価格をつける意味がないとすると）、140円でパンを売れば客を全部とれますから16,000円の儲けとなって利潤を最大にすることができます（表1.2参照）。

　それではその状況に落ち着くかというとそんなにうまくはいきません。そのとき相手の粗利益はゼロ、純利益は−8,000円と固定費用の分だけまるまる赤字です。ここで相手も同じように自分の行動に反応すると考えると130円をつけてこようとするでしょう。それを考えれば、自分は120円をつけるのがよく……と、価格はどんどん下落していきます。どこまで下落するかというと、このケースでは両者とも50円ということになります。このとき、各店の販売量は210個、粗利益は2,100円、そして純利益はなんと−5,900円と赤字になってしまうのです（表1.3参照）。

　なぜ赤字になるまで競争するのでしょうか。まず片方だけが正の粗利益を得ている状況が均衡——すなわち安定的な状態にはならないことは自明でしょう。粗利益がゼロのパン屋は純利益で見ると−8,000円であるのに対し、相手のパン屋

---

3) Bertrand, J., 1883, Théorie mathématique de la richesse sociale, *Journal des Savants*, 499-508.

表1.3　両店が同一価格をつけた場合の1店当たり利潤

値段 (a)	マージン (b)=(a)−40	販売量 (c)	粗利益 (d)=(b)×(c)	儲け（純利益） (e)=(d)−8,000
40	0	220	0	−8,000
50	10	210	2,100	−5,900
60	20	200	4,000	−4,000
70	30	190	5,700	−2,300
80	40	180	7,200	−800
90	50	170	8,500	500
100	60	160	9,600	1,600

と同じ価格をつければ相手の粗利益の半分を取ることができるので赤字額は8,000円より少なくなるからです。

　次に表1.3を見てみましょう。これはお互いに同じ価格をつけた場合の計算結果です。お互いに正の純利益を得るための最低価格は90円です。まずお互いに90円をつければ共に170個ずつ売れるので8,500円の粗利益が出、純利益が500円となります。それに対し、ともに80円をつければ純利益は−800円と赤字になってしまいます。しかし、もしともに90円をつけている状態からどちらか一方が10円値下げをすれば市場を全部とれますから販売量は独占のときと同じ360個となって6,400円の純利益が出ます（表1.1）。ともに90円をつけている状態はともに正の利潤が得られる最低価格とはいえ均衡とはならないわけです。

　赤字になっても価格競争は続くということがわかりましたが、それではなぜ赤字になっても営業を続けるのでしょうか。それは主人が計算した固定費用は、短期的には動かしようのないコストだからです。確かに、パン屋の主人が、長い目で見て自分自身に費やすべき6,000円を費用の一部と計算したのは、パン屋の業績を長い目で見て評価するためには正しいのですが、店をたたんだからといって、すぐに他の仕事が見つかってその6,000円が回収できるというわけではありません。ですから、巻き込まれてしまった価格競争を勝ち抜くためには、この6,000円は忘れてしまう必要があります。50円という低価格でも、売り上げ1単位あたり10円の正の粗利益は出ていますから、店閉まいをするわけにはいかないのです[4]。もちろん、長期的に赤字が続くようであれば、店じまいしたほうが望まし

表1.4 囚人のジレンマ

		第2プレーヤー	
		高価格（90円）	低価格（80円）
第1プレーヤー	高価格（90円）	500, 500	−8,000, 6,400
	低価格（80円）	6,400, −8,000	−800, −800

いでしょう[5]。

　ゲーム理論はこの価格競争の状況の本質を**囚人のジレンマ**というゲームでうまく表現しています（表1.4）。両者とも高価格（かりにこれを90円とする）をつけていれば500円の利潤が得られますが、そこで自分だけ低価格（かりに80円としましょう）をつければさらに高い利潤、6,400円が得られます。その反面、相手はさんざんな目に合います。そこで相手も同じように低価格をつけると結局両者とも利潤は−800円となってしまいます。このゲームがジレンマと呼ばれる理由は次の通りです。まず両社にとって望ましい状態は共に「高価格」をつけることです。一方で個々の企業の意思決定の問題を考えると、相手が「高価格」をつけてきても「低価格」をつけてきても、自分は「低価格」をつけたほうがいいことがわかります。このように双方が同じことをすると、結局双方にとって望ましくない結果を招いてしまいます。

　呼び名に「囚人の」とついているのは、このゲームをしばしば2人の共犯者が別々の独房に入れられて取り調べを受けている状況になぞらえて説明するからです。その場合、「高価格」を「黙秘」、「低価格」を「自白」と読み替えます。2人とも「黙秘」すれば証拠不十分で他の微罪での起訴ですみ、さらに自分だけ「自白」すれば情状酌量され、相手が罪を引っ被るという状況です。そのときは利潤の代わりに、各々の満足度（不快度）を数値化したものを用い、この満足度を大きくするように行動するとします。この満足度のことをゲーム理論では**利得**と呼びます。上の例ではできるだけ儲けようとする店を考えているので、利得と利潤とが一致すると仮定しました。

---

4) 　実は場合によっては40円未満での競争もありうるのですが、それはまたの機会に述べることにします。
5) 　この短期と長期の区別については、第10章でまた取り扱います。

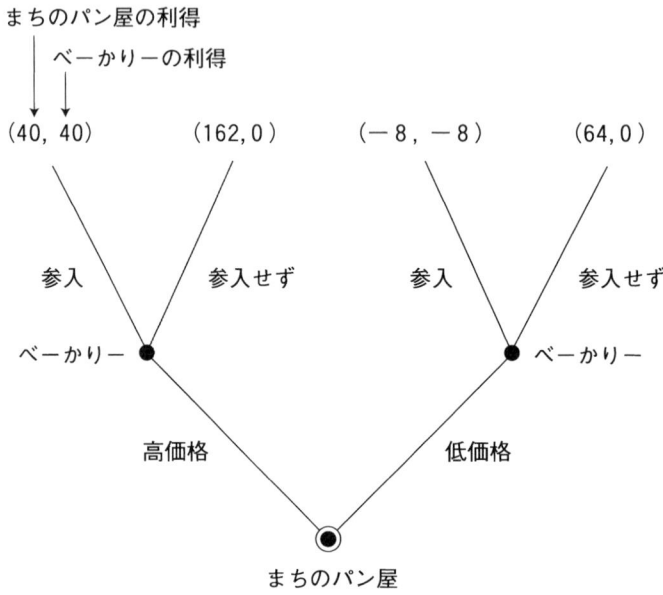

図1.2 ゲーム：参入企業対既存企業（単位：百円/日）

1.2 参入阻止価格

　さて、先代のことを「ひとがいい」と片付けていた息子ですが、本当にそれだけだったのでしょうか。先代が気付いていたかどうかは定かではありませんが、80円という低価格での販売にはもう少し意味がありそうです。今、他所から企業が参入することを検討しているとして、そのとき上の話で見たように150円をつけていた場合（高価格と呼びます）と、先代がやっていたときのように80円をつけていた場合（低価格）とを比較します。まず、パンの価格を既存企業である「まちのパン屋」が決めます。その価格を見て、潜在的な参入業者である「べーかりー」が参入しようかしまいか、検討するわけです。とりあえずここまでの状況をゲームの形に表わしてみましょう。このように片方が何かを決めてから他方がそれを見て意思決定をする状況は前節のケースと異なって、**ゲームの樹**を用いて分析するほうがより明確になります。図1.2がゲームの樹を用いたこのゲームの表現方法－**展開形表現**と言われるものです。それぞれ枝分かれしているところ

でどちらの枝を選ぶかはその節についている名前のパン屋の役目です。ここでは根と呼ばれる一番下の節でまず「まちのパン屋」が右か左か、すなわち低価格か高価格かを決めます。次に樹の中程の節でこの決定を踏まえて「べーかりー」が参入するか否かを決めます。こうして最終的に樹の先端に到達してゲームは終わります。各企業は到達した先端にある利得を得るというわけです。

さてこの先端についている利得ですが、ここでは利潤と同一視して計算しています。まず「まちのパン屋」は当初の計算では参入の可能性は考えていなかったわけですから、これは参入がないときの状況に対応します。低価格をつけていれば6,400円、高価格をつけていれば16,200円の利潤があることが示されています。もちろん参入がない場合の「べーかりー」の利潤はゼロです。

つぎに参入が実際に生じたとして、何が起こるかを見てみましょう。高価格をつけていた場合、仮に価格が140円に落ち着くとすると4,000円ずつの利潤が得られます。一方、低価格をつけていた場合のシナリオははっきりしませんが、仮に80円で価格が落ち着くとしましょう。すると、各々800円ずつの赤字が発生します。こうしてゲームの展開形表現が完成します。

＊　＊　＊　＊　＊　＊　＊　＊　＊

ゲームの表現が完成したら次はその分析です。まず参入の可能性を全く考慮に入れなかった経子夫婦はこのゲームでは「べーかりー」が常に「参入せず」を選ぶと信じて行動している状況に対応しています。確かにこのときには高価格をつけていたほうが低価格をつけているより高い利潤を得られます。しかし、問題は高価格をつけた場合の「べーかりー」の反応です。このとき、「べーかりー」は4,000円を得られるので参入したほうが得します。他方、低価格がつけられたときには「参入」を選ぶと利得は－800円となって「参入せず」を選んだときより、低い利潤となってしまいます。このように考えると、「高価格」が選ばれたときには「べーかりー」は「参入」し、「低価格」のときには「参入せず」という結果になることが予想されます。ここまで考えるともう「まちのパン屋」の採るべき戦略は見えてくるでしょう。(「高価格」、「参入」)という結果になったときには利潤4,000円であるのに対し、(「低価格」、「参入せず」)のときには利潤6,400円が得られるわけですから「低価格」を選んだほうがよい（高い利潤が得られる）

ということになります。お話では、知ってか知らずか先代の価格付けは間違っていなかった可能性がある、ということになるわけです。

そう言えばなぜ「べーかりー」の夫婦は価格が140円ほどになると思ったのでしょうか。この予想には何か合理的な理由があったのでしょうか。前節の価格競争の説明のときには確か価格は50円になるはずだったのに、と思われた方もいるのではないでしょうか。140円が維持できる理由はいろいろ考えられ、この本でも第6章の発展問題でその一つを紹介しますが、あせりは禁物。まずは次の2つの章で、ゲーム理論の基礎から勉強することにしましょう[6]。

練習問題1.1 本文のパン屋が直面している需要曲線および費用構造を所与として、同じ費用構造を持つ第3の企業が参入して、市場の需要を3等分する可能性を考える。

(1) 参入後の価格が150円だとすると、参入企業の利潤はいくらか。

(2) 参入後の価格が120円だとすると、参入企業の利潤はいくらか。

(3) 参入前に設定していた価格が、参入後も維持されるとする。既存企業である2社が同一の価格をつけられるとすると、いくらの価格をつけるのが最適か。ただし、つけられる価格は150円以下で、10円刻みとする。

---

6) 以下の練習問題1.1で一つの考え方を示唆しておきます。

Chapter 2
戦略と均衡

キッチン・ゲーム

小売り商店の妻は大変です。仕事をしながら、家事もこなしていかなくてはなりません。普通の共稼ぎならば、働いている間は、仕事に集中できますが、職住一致の「まちのパン屋」の経子はそんなことを言っていられません。幸い、お皿をちんからちんから割っていた娘の済子（すみこ）も中学生になり、家事をまともに手伝えるようになりました。今日は寄り合い（＝飲み会）で、主人が出かけ、家で酒を飲みながらくだを巻く人がいません。台所で経子と済子が話しているようです。

「お父さんがいないと落ち着くね」と、済子が罰当たりなことを言っています。

「ねぇ、でも、男の人ってずるいと思わない？　奥さんにばかり、家事やらせてさぁ。」

「そう？」と、経子は微笑みながら答えます。

「絶対あれよね。お母さんが全部やっちゃうから、お父さん、何にもやらなくなっちゃうのよ。サリーちゃんのとこも、すみれちゃんのとこも同じみたい。その点、よっちゃんのおばさんはすごいわぁ。一度おばさんが切れて、家事をやらなくなったら、おじさん、家事を少しだけやるようになったってものぉ。お母さんも一辺切れたらぁ。切れたふりでいいのよ、ふりでさぁ。」

「そうねえ」と、経子。のれんに腕押しの経子に、不満があるらしく、今度は母親の批判をし始めます。

「お母さんにも責任あるわ。お母さんがそんなに物分かりいいから、酒飲み亭主になっちゃうのよぉ。私、結婚したら、絶対、家事は半分ずつ平等にするわ。お酒も家事をしない限り、飲ませないの。そうだ、とりあえず、今日からお兄ちゃんに手伝わせよぉ」と言うと、「お兄ちゃぁん」と叫びながら、台所から出ていってしまいました。

2.1　戦略形表現

結婚は共同事業です。多くの共同事業と同じように、信頼関係は重要ですが、愛情だけで、結婚生活が続くと信じられる人はとても幸せな方でしょう。そこには、目に見えようが、見えなかろうが、さまざまな駆け引き、綱引きがあります。

第 2 章 戦略と均衡　17

　どこまで、家事、育児など、家のことを夫がやるか、ということも、重要な問題です。
　この辺りのことを見ていくために、現実を簡単化して、夫、妻ともに家事をやる、やらないという2つの選択肢のみを持っている状況を考えてみましょう。この選択肢のことをここでは**戦略**と呼びます。
　さて、あなたならどちらの戦略を採るでしょうか。
　その答えを探るためにまず重要なことは現状を把握するということです。互いにどのような戦略を採っているとどのような結果になるか、ということは表2.1で示された通りだとしましょう。次にどの結果が誰にとって望ましいかという順序をつけましょう。罪悪感という問題が入ってくると、問題がややこしくなるので、ここでは、どちらがやるべきか社会的に見てもはっきりしていないようなタイプの家事（たとえば、妻が夕食を作ったときの後片付け）を考えておいてもいいでしょう。ここで、お互いに相手に片づけてもらいたいと思っているとしましょう。ただし、夏の盛りで、どちらも片づけないと、残り物のにおいがしてきて、不快になり、これはどちらにとっても最悪である、とします。夫にとっては、「妻だけ負担」がもっとも好ましく、「2人でほっとく」が最悪ということになります。この好き嫌いの関係を記号＞を用いて整理すれば、

表2.1 キッチン・ゲーム

	家事やる	やらない
家事やる	2人で分担 家すっきり	夫だけ負担 家すっきり
やらない	妻だけ負担 家すっきり	2人でほっとく 家荒れる

　　　　妻だけ負担＞2人で分担＞夫だけ負担＞2人でほっとく

と表わします。妻のほうはそれとは異なり、

　　　　夫だけ負担＞2人で分担＞妻だけ負担＞2人でほっとく

となります[1]。

　ゲームの表現は表2.1のままで上の好き嫌いの順序を併記しておいてもかまわないのですが、そうすると表が汚くなるので、結果を抽象化して各々が得る利得を書き入れるのが慣習になっています。表2.2は表2.1の結果を利得に書き換えた一例です。このゲームは一般にチキン・ゲーム（弱虫ゲーム）と呼ばれています[2]。この表中、各項の最初の数値が第1プレーヤーの利得、2番目の数値が第2プレーヤーの利得です。この書き換えで大切なことは、各プレーヤーにとってよい結果から得られる利得の値のほうが、悪い結果から得られる値よりも大きくなるようにすることです。そうすればはじめに決めた順序をそのまま表すことになりますから。私たちの選んだ数字が気に入らないあなたは、順序さえあっていればあなたの好きなものに変えてかまいません[3]。

---

1) このような好き嫌いの関係を選好関係と呼びます。夫の選好と妻の選好が同じ不等号で気持ち悪い、と思われたあなたはかなりの上級者です。そんな場合は、たとえば夫の選好を $>_h$、妻のそれを $>_w$ と表わしたりすればよいでしょう。

表2.2 チキン・ゲーム

		妻	
		家事やる	やらない
夫	家事やる	2, 2	1, 3
	やらない	3, 1	0, 0

　前章の「囚人のジレンマ」ないし、上述の「チキン・ゲーム」をお見せしたときに用いた表がゲームの**戦略形表現**と言われるものです。この戦略形表現には、以下にあげるゲームの重要な要素が簡明な形で含まれています。

- だれがゲームに参加しているのか。すなわちだれがプレーヤーか。
- 各プレーヤーはどんな行動、戦略を採りうるのか。
- 各プレーヤーの戦略が決まるとどんな結果が出てくるのか。

　戦略形で表現されたゲームは数学的に、もっときちんと表わすことができますが、この本の目的のためには表の読み方がわかれば十分です。厳密な表現は章末の補論1をご覧ください。

　さて、それでは最初の質問に戻って、夫と妻はそれぞれどんな戦略を採るべきでしょうか。相手が「家事やる」とわかっているなら、自分は「やらない」でのんびりしていたほうがよいでしょう。それに反して相手が「やらない」とわかっているなら「家事やる」べきです。ここで自分も意地を張って、「やらない」と

---

2) 表2.2の呼び名、チキン・ゲームは、映画「理由なき反抗」でも使われています。この映画の中でジェームス・ディーン扮するミルク好きの主人公は不完全燃焼の青春を持て余しています（これは古今東西変わらないようです）。だらんとした気持ちのまま、ただなんとなく悪がきグループのリーダーと対決するのに用いたゲームがそれです。ルールはいたって簡単です（ただし決してまねをしないでください）。崖っプチに向かって2台の車を用意します。この2台は盗んできたものが使われるのではないかと思われます（本当はいけません）。2人のプレーヤーがそれぞれに乗り込み、合図とともに崖に向かって同じスピードで車を走らせます。車は両方とも崖から転落してしまいますが、その前に車から飛び降ります。そのとき、先に飛び降りたほうが負けとなります。このゲームを単純化したものも、表2.2と同じ利得構造を持っていることから、この名がつきました。

3) 厳密に言うと、これら数値はもう少し考えてつけなくてはならないのですが、今の段階ではとりあえずほうっておきましょう。

家が荒れてしまうからです。このように相手の出方によって自分が採るべき戦略が変わってしまう、しかも同じことは相手にも当てはまるのでこのゲームの分析はちょっと複雑になってしまいます。とは言え、この問題に対する解決策がまったくないわけではありません。その1つの答えを次の節で見ることとしましょう。

2.2 ナッシュ均衡と最適反応

どのような理論でも生き残っていくものはきわめて単純なことが多いものですが、このナッシュ均衡もその例にもれません。2人のプレーヤーがいる場合に、ある戦略の組 (x, y) が**ナッシュ均衡**であるとは、

> 第2プレーヤーが y を採るなら第1プレーヤーは x を、第1プレーヤーが x を採るなら第2プレーヤーは y を採るのが各々にとって一番よい、

という状態のときを言います。もう少し洒落た表現を使えば、x は y に対する最適な反応であり、y は x に対する最適な反応になっている、ということです。ここで「x は y に対する**最適反応**である」とは、相手（ここでは第2プレーヤー）の戦略 y を固定したときに自分の戦略の中でもっともよいもの（の1つ）が x になっている、ということです。

チキン・ゲームをプレイすると、プレーヤーたちは、1つ困ることがあります。それは、上記の条件を満たす戦略の組、すなわちナッシュ均衡が（「やらない」、「家事やる」）と（「家事やる」、「やらない」）の2つあるという点です。このためどちらの均衡に対応した戦略を採るべきか、迷ってしまうのです。たとえば、一方が最初のナッシュ均衡、他方が2つめの均衡だと思って行動すると、（「やらない」、「やらない」）という最悪の結果が生じてしまいます。別にこのゲームでなくとも、似たような状況は数多く見られますが、個人の間に序列ができているようなときには強いと見られている方が得する均衡に落ち着くことも多々あるようです。食べ物をめぐって動物たちが争わず、序列に応じて食べていく状況などはよい例です。このとき重要なのは本当に強いことではなく、他の連中に強いと思われていることです。

表2.3 囚人のジレンマ

		第2プレーヤー	
		高価格	低価格
第1プレーヤー	高価格	500, 500	−8,000, 6,400
	低価格	6,400, −8,000	−800, −800

2.3 支配戦略

2.3.1 囚人のジレンマ再び

　ナッシュ均衡はもちろん一般のゲームでも探せます。前章で見た価格競争のゲームを調べてみましょう（表2.3参照）。このゲームには唯1つのナッシュ均衡が存在します。(「低価格」、「低価格」) がそれです。もちろんこれでこのゲームの分析を終わりにしてもよいのですが、実はこのゲームにおける「低価格」という戦略はより強い性質を持っています。相手が「低価格」をつけていたら自分も「低価格」をつけるのは均衡における最適反応だからよいとして、相手が「高価格」をつけていたらどうでしょう。このとき、自分も「高価格」をつけると利潤は500円／日、それに対して自分が「低価格」をつけると実に6,400円／日の利潤が手に入るのです。以上のことをまとめると、

　　相手が「高価格」をつけても、「低価格」をつけても自分は「低価格」をつけたほうが「高価格」をつけるよりもよい、

ということになります。このように相手のどの戦略に対しても戦略 x のほうが戦略 y よりも厳密に高い利得をもたらすとき、x は y を**強支配**する、といいます。わざわざ「強」という語をつけたのはつぎのような支配戦略と区別するためです。表2.3の利得を1ヶ所変更して作った表2.4を見てみましょう。このゲームでは依然として (「低価格」、「低価格」) はナッシュ均衡です。しかし、第1プレーヤーにとって相手が「低価格」をとったとき自分の「低価格」はもはや「高価格」よりも厳密に高い利得を与えてはくれません。もちろん、相手が「高価格」をとっているときには自分の「低価格」は「高価格」よりも厳密に高い利得を与えてく

表2.4 囚人のジレンマの修正版 　○：勝ち、△：引分け、×：負け

		第2プレーヤー	
		高価格［2敗］	低価格［2勝］
第1プレーヤー	高価格［1分1敗］	×500, ×500	△−8,000, ○6,400
	低価格［1勝1分］	○6,400, ×−8,000	△−8,000, ○−800

れます。このようなとき第1プレーヤーの「低価格」は「高価格」を**弱支配**しているといいます[4]。

　もう少しまとめるとこういうことです。相手の戦略をいろいろ変えながら、自分の戦略 x と x' の間で勝負させます。x が x' に全勝したら x は x' を強支配しているといい、勝ちはあるが負けはない、というときには x は x' を弱支配しているといいます。弱支配のときは引き分けがあってもかまいませんが、強支配のときには引き分けは認められません。x が x' を強支配していれば自動的に弱支配もしていることになります。また勝ちも負けもある場合には支配関係はありません。表2.4の第1プレーヤーの場合には「低価格」が「高価格」に対して1勝1分なので前者が後者を弱支配している、というわけです。もちろん同じゲームで第2プレーヤーの「低価格」は「高価格」を強支配しています。戦略が3つ以上ある場合にも同じように支配関係を調べることができます。このときは他のすべての戦略を強（弱）支配している戦略があればその戦略のことを強（弱）支配戦略と呼びます。

2.3.2　支配戦略とナッシュ均衡

　それでは、支配戦略とナッシュ均衡とのあいだにはどのような関係があるのでしょうか。まず、支配戦略同士の組 (x, y) は必ずナッシュ均衡となります（弱支配でもよい）。x が支配戦略ならば相手のどの戦略に対しても最適反応なのでとくに y に対する最適反応になっています。同様に y も x に対する最適反応になっていますから、両者の組 (x, y) はナッシュ均衡になるわけです。さらに、あるゲームにおいて (x, y) が強支配戦略同士の組ならばそのゲームのナッシュ均

---

[4]　文脈から明らかな場合には、強支配戦略も弱支配戦略も単に支配戦略と書きます。

表2.5 弱支配されている戦略がナッシュ均衡で用いられている例

		第2プレーヤー	
		L	R
第1プレーヤー	T	1, 1	0, 0
	B	0, 0	0, 0

衡は (x, y) 唯1つということになります。ほかの戦略の組では、どちらか x ないし y と違うほうの戦略が最適反応になり得ないからです。

その反対に一般にナッシュ均衡で用いられる戦略が支配戦略になるとは限りません。チキン・ゲームではナッシュ均衡は2つありますが、どの戦略も支配戦略とならないことを表2.2に戻って確認してみて下さい。ついでに付け加えておくと、弱支配される戦略でもナッシュ均衡で用いられることがあります。表2.5がその例です。このゲームには2つのナッシュ均衡があります。このうち (B, R) というナッシュ均衡では両プレーヤーとも弱支配される戦略（BとR）を用いています。第1章の価格競争ゲームもその一例です。(40円, 40円) と (50円, 50円) はともにナッシュ均衡ですが、40円は50円によって弱支配されます（次節参照）。

2.4 支配される戦略のくり返し削除

われわれは物事を決めるとき、2、3の選択肢を考え、比較検討します。しかし、本当に——すなわち物理的に選択肢が2、3しかないかというとそんなことはまずあり得ません。普通はたくさんある可能性の中から考えても意味のないものを無視しています。そうしないと、なにを選んだらいいのか収拾がつかなくなってしまいます。これは相手がいる場合、すなわちゲームをしている場合でも同じです。戦略が双方2つくらいしかないゲームでは少し慣れれば均衡を見つけたりするのも簡単ですが、第1章で見た価格競争のように戦略（つけられる価格）が10も20もある状況では、何らかの方法でゲームを簡単にしてからでないといろいろと見通しが利きません。

このときしばしば便利な手法が、支配される戦略をくり返し削除していくというものです。支配される戦略は、他によりよい戦略があるということですから、

表2.6　価格と儲け——独占のケース

値段 (a)	マージン (b)=(a)−40	販売量 (c)	粗利益 (d)=(b)×(c)	儲け（純利益） (e)=(d)−8,000
40	0	440	0	−8,000
60	20	400	8,000	0
80	40	360	14,400	6,400
100	60	320	19,200	11,200
120	80	280	22,400	14,400
140	100	240	24,000	16,000
150	110	220	24,200	16,200
160	120	200	24,000	16,000
180	140	160	22,400	14,400
200	160	120	19,200	11,200

合理的なプレーヤーは採らない、というのがわれわれのここでの立場です。

　第1章の価格競争をもう一度考察してみましょう。表2.6をご覧ください。企業は2社ですが、表は価格が低い方の利潤を表わしています。価格が高い企業の粗利益はゼロ、純利益は−8,000円と第1章の数値を用います。またこれも第1章のようにこの表以外にも価格は10円単位でつけられるとし、また、需要量は価格が10円上がるごとに20個／日減るとしましょう。

　ここでまず第1章で考察の対象にもしなかった40円以下の価格をつけることを考え、これがなぜ考察の対象にしないですんだかを詳しく見ることにします。例えば、価格30円をつけると相手が30円未満の価格をつけた場合には純利益−8,000円ですみますが、相手が30円をつけると230個売れるため、1個当たり10円ずつ損をして結局10,300円の赤字ということになってしまいます。これが相手が40円以上の価格をつけるとさらにひどく、−12,600円の純利益となってしまいます。これに対し、例えば40円をつけていればつねに8,000円の赤字となります。さきほどの定義を使えば「40円」という戦略は「30円」という戦略を弱支配しているわけです。同様に「20円」、「10円」、そして「0円」という戦略もすべて「40円」に弱支配されることが確かめられます。一方、「40円」も実は「50円」に弱支配されることが表2.7からわかります。40円以下の価格をつけるという戦略

表2.7 50円が40円や30円よりもよい理由──支配される戦略

		相手の価格				
		20円以下	30	40	50	60円以上
自社の価格	30	−8,000	−10,300	−12,600	−12,600	−12,600
	40	−8,000	−8,000	−8,000	−8,000	−8,000
	50	−8,000	−8,000	−8,000	−5,900	−3,800

表2.8 150円が160円や170円よりもよい理由──支配される戦略Ⅱ

		相手の価格				
		140円以下	150	160	170	180円以上
自社の価格	150	−8,000	4,100	16,200	16,200	16,200
	160	−8,000	−8,000	4,000	16,000	16,000
	170	−8,000	−8,000	−8,000	3,700	15,400

はすべて支配される戦略なのです。

　つぎに高い方の価格を調べてみましょう。先程と同様の表を今度は150円、160円、170円について作ってみました（表2.8）。この表からわかる通り、「150円」が「160円」および「170円」を弱支配しています。同様に150円より高い価格は「150円」によって弱支配されることが確かめられます。

　このゲームではこれ以上の支配関係はありません。たとえば「50円」と「150円」を比べてみると、たしかに相手がいないときや相手が160円以上の価格をつけているときには「150円」だと16,200円の純利益が出、「50円」のときの−3,800円より高い利潤が得られます。しかし、相手が50円と150円の間をつけていると、「150円」では1個も売れなくなって純利益は−8,000円、それに対し「50円」ならば−3,800円ですので「50円」の方が利得が高く、支配関係はないという結論が出てきます。

　それではこれで支配関係を用いた分析は行き止まりかというとそうではありま

表2.9　160円以上の価格を削除した後の支配される戦略

		相手の価格			
		120円以下	130	140	150
自社の価格	130	−8,000	3,700	15,400	15,400
	140	−8,000	−8,000	4,000	16,000
	150	−8,000	−8,000	−8,000	4,100

せん。ここまでの分析で40円以下と160円以上は支配される戦略ということが分かったのでこれらの戦略は採られないだろう、という推論ができます。すると各プレーヤーは客観的な状況とは異なるゲームを作って分析をする可能性が出てきます。もう弱支配される戦略は初めから無視しようという考え方です。これによって新しいゲームで採られうる戦略は「50円」から始まって、10円きざみに「150円」までということになります。この新しいゲームでは新しい支配関係が生じます。独占のときの最適価格「150円」が弱支配されてしまうのです。さきほどは弱支配されなかった「150円」が弱支配されてしまうのはなぜでしょう。もとのゲームでは160円以上の価格に対しては150円という価格は威力を発揮しました。最高の利潤を稼ぎだす価格だったわけです。しかし、160円以上の価格はもう採られないということが判明しました。ほかならぬ「150円」に弱支配されてしまいました。その結果、生き残った戦略の中では150円が最高価格となり、この価格をつけて市場を独占する目はなくなってしまったのです。そしてその状況を利得表の形で表わしたのが表2.9です。一見して分かるように「150円」は例えば「140円」に弱支配されてしまいます。

「150円」が考慮の対象外になりますと、つぎは「140円」が消えていってしまいます。このことは表2.9で「150円」の列を消してみればすぐわかります。あとは同じことのくり返しです。このプロセスの末、最終的に生き残るのは双方とも「50円」ということになります。

表2.10 最適反応を辿ると（T, L）に達するが、支配戦略はない。

		プレーヤー2		
		L	C	R
プレーヤー1	T	3, 3	0, 2	0, 0
	M	2, 1	2, 0	2, 0
	B	0, 0	3, 2	1, 3

2.5 支配戦略と最適反応

　注意しておきたいのはここで検討した弱支配される戦略のくり返し削除という手法は第1章で見た価格競争において（「50円」、「50円」）が現れたあの議論とは異なるものである、という点です。第1章の価格競争の議論では相手の戦略に対して自分が最適反応を採り、つぎに相手が自分の戦略に対する最適反応を採る、といった議論の進め方をしました。それはあくまでも相手が採りうるどれかの戦略に対しても望ましいものを可能性としてとっておくのではなく、今相手が現に採っている戦略に対して望ましいものを実際に採る、というものです。

　この点を確認するために表2.10を見てみましょう。このゲームでは、支配されている戦略は1つもありません。しかし、どの戦略の組から始めても、交互に相手の戦略に対する最適反応を辿っていくと、（T, L）に辿り着きます[5]。そして、このゲームではこれが唯一のナッシュ均衡となるのです。

　最適反応という考え方が点（戦略）に対して点（戦略）を対応させるなら、弱支配されない戦略という概念は点（戦略）の集合に対して点（戦略）の集合を対応させる、というものです。相手のどの戦略に対しても「悪い」ものを削除するということは、裏を返せばそうでないものをすべて削除せずにとっておく、ということです。最適反応ないしそれを用いて均衡を探すというプロセスと、支配される戦略を削除していって残った戦略を探すというプロセスとは似て非なるもの

5）例として、次のものを挙げておきます。(B, C) → (B, R) → (M, R) → (M, L) → (T, L).

と言えましょう。

● コラム

日本語の文はしばしば曖昧な表現となってしまいます。次の文をみてみましょう。

> すべての種目で金メダルをとった選手がいる。

この文、日本語ではよく出てくるような文ですが、これだけでは「ある選手が金メダルを独占した」というものすごいことを言っているのか、「どの種目をとっても誰かしらは金メダルをとった」という当たり前のことを言っているのか、前後の文脈なしには見当がつきません。それでも普通は前後の文脈から判断できるのですが、新しいこと、とくに数学的なことを学ぼうとするときには間違ったほうを覚えてしまったり、どちらが正しいのかごちゃごちゃになってしまうことが少なからずあるようです。

今回登場した概念との関連でいうと、

> 相手のすべての戦略に対して最適反応となる戦略が存在する。

という文が上に対応した曖昧な表現となっています。これは「相手のすべての戦略に対しある特定の戦略がつねに最適となっている」のか、「相手のどの戦略をとってもどれかしらは最適となっている」のかわかりません。ちなみに前者は弱支配戦略がある、という主張、後者は戦略の数が有限個しかないゲームでつねに成り立つ命題です。この区別ができないために多くの学生が毎年泣いています。最初慣れるまでは、この点を意識しながら勉強していくことが必要のようです。

補論1　戦略形表現とナッシュ均衡の厳密な記述

ゲームの戦略的表現は、数学的には、

$$G = <N, (S_i)_{i \in N}, (u_i)_{i \in N}>.$$

と書くことができます。ここで

- $N = \{1, 2, ..., n\}$ はプレーヤーの集合
- S_i は第 i プレーヤーが採りうる戦略の集合
- u_i は $\times_{j \in N} S_j$ 上に定義された第 i プレーヤーの利得関数

です。ここで、$\times_{j \in N} S_j \equiv S_1 \times S_2 \times \cdots \times S_n$ は、S_j の直積と呼ばれるもので、その要素はたとえば、$(s_1, ..., s_n)$ というように書けます（すべての $j \in N$ について $s_j \in S_j$）。表2.2のチキン・ゲームの場合だと、

- $N = \{1, 2\}$（ちなみに1は夫、2は妻）
- $S_1 = S_2 = \{\lceil 家事やる \rfloor, \lceil やらない \rfloor\}$
- $u_1(やる, やる) = 2, u_1(やる, やらない) = 1,$
  $u_1(やらない, やる) = 3, u_1(やらない, やらない) = 0$（第2プレーヤーの利得は省略）.

となります。

第 i プレーヤーの戦略 $x_i \in S_i$ が、他のプレーヤーの戦略の組 $y_{-i} \in \times_{j \neq i} S_j$ に対する最適反応戦略であるとは、すべての $x'_i \in S_i$ について、

$$u_i(x_i, y_{-i}) \geq u_i(x'_i, y_{-i})$$

が成立することを言います。ここで、$(x_i, y_{-i}) = (y_1, ..., y_{i-1}, x_i, y_{i+1}, ..., y_n)$ であるとしています。戦略の組 $x^* = (x^*_1, ..., x^*_n)$ が**ナッシュ均衡**であるとは、すべての i について、x^*_i が他のプレーヤーの戦略の組 x^*_{-i} に対する最適反応戦略であることを言います。

第 i プレーヤーの戦略 $x_i \in S_i$ が、同じ第 i プレーヤーの他の戦略 $x^*_i \in S_i$ を強支配するとは、他のプレーヤーのすべての戦略の組 $y_{-i} \in \times_{j \neq i} S_j$ に関して、

$$u_i(x_i, y_{-i}) > u_i(x'_i, y_{-i})$$

が成り立つことを言います。他のプレーヤーのすべての戦略 y_{-i} に関して、

$$u_i(x_i, y_{-i}) \geq u_i(x'_i, y_{-i})$$

が成り立ち、かつそのうちの1つの y_{-i} については、厳密な不等号 $>$ が成り立

っているとき、戦略 $x_i \in S_i$ は戦略 $x'_i \in S_i$ を弱支配すると言います。第 i プレーヤーの戦略 $x_i \in S_i$ が、第 i プレーヤーの他のすべての戦略 $x'_i \in S_i$ を強（弱）支配するとき、戦略 $x_i \in S_i$ は強（弱）支配戦略であるといいます。

補論2　混合戦略

表2.11を見てください。これは日本人ならだれでも知っている「じゃんけん」を戦略形で表現したものです。残念ながら、このゲームには、これまで見てきた意味でのナッシュ均衡はありません。相手が「ぐう」を出すなら、自分は「ぱあ」がよく、自分が「ぱあ」なら、相手は「ちょき」、相手が「ちょき」なら、というように最適反応を辿っていくと、無限のサイクルを起こしてしまいます。実際、じゃんけんをする際、（勝とうと思っているのなら）いつも同じ手ばかり出そうとする人は少ないでしょう。相手に自分の手を読まれないようにするためにも、ときには「ちょき」を出したり、「ぱあ」を出したりすることが必要でしょう。このように、ランダムに手を変えるような戦略を**混合戦略**と呼びます。それに対し、本文の意味での戦略を**純粋戦略**と呼びます（ちなみに純粋戦略は混合戦略の特殊ケースです）。

戦略の概念を混合戦略まで拡張すると、表2.11にもナッシュ均衡が存在することが確かめられます。各プレイヤーが3つの純粋戦略を等確率で採るものがそれになります。式では、

表2.11　じゃんけん

		プレーヤー2		
		ぐう	ちょき	ぱあ
プレイヤー1	ぐう	0, 0	1, −1	−1, 1
	ちょき	−1, 1	0, 0	1, −1
	ぱあ	1, −1	−1, 1	0, 0

$$\left(\frac{1}{3}[ぐう]+\frac{1}{3}[ちょき]+\frac{1}{3}[ぱあ],\ \frac{1}{3}[ぐう]+\frac{1}{3}[ちょき]+\frac{1}{3}[ぱあ]\right)$$

と表わされます。

なお、証明はしませんが、純粋戦略の数が有限個のゲームでは、この意味でのナッシュ均衡が必ず1つは存在することがわかっています[6]。

練習問題2.1 以下のそれぞれのゲームのナッシュ均衡および強支配戦略、強支配される戦略、弱支配戦略、弱支配される戦略を求めよ。存在しない場合はそのように述べよ。(注:補論2で説明する混合戦略はここでは考慮しなくてよい)

(a)

表2.12 囚人のジレンマ

		プレーヤー2	
		C	D
プレーヤー1	C	2, 2	0, 3
	D	3, 0	1, 1

(b)

表2.13 バトル・オブ・セックス(男女の争い)

		女性	
		ボクシング	バレエ
男性	バレエ	0, 0	1, 3
	ボクシング	3, 1	0, 0

---

6) 混合戦略に関する練習問題をやりたい、という方は章末練習問題2.1に出てくるゲームで、混合戦略を求めてみるとよいでしょう。

(c)

表2.14

		プレーヤー2		
		L	C	R
プレーヤー1	T	3, 0	0, 0	0, 2
	M	1, 1	1, 1	0, 0
	B	2, 2	1, 0	1, 1

練習問題2.2 第1章のパン屋のゲームを考える。市場の需要構造および「まちのパン屋」(第1企業) の費用構造は同じであるのに対して、「ベーかりー」(第2企業) の限界費用は80円であったとする (固定費用は同じ)。価格は50円から160円の範囲で10円刻みでのみつけられるものとし、また2店ともすでに市場にいるとする。このときのゲームの戦略形表現の表を書き、ナッシュ均衡を求めよ。また、弱支配される戦略をくり返し削除して最終的に残る戦略は何か。削除の手順とともに述べよ。

発展問題2.3 強支配戦略があるならば、ナッシュ均衡では必ずその戦略が用いられることを示せ。

Chapter 3
裁量かルールか
──展開形表現

内申書

「まちのパン屋」の長男の経太郎と妹の済子もいつの間にか高校に通うようになりました。妹の済子は、なかなか学校の成績もよいようでしたが、経太郎のほうは今一つさえません。今度の冬にはもう受験だというのに、だらだらまったりとした毎日を過ごしていました。それでも、ぎりぎりになってあせり始めたのでしょうか。経太郎が担任の現代社会の教師のところへ何やら相談に来ています。

「先生、小論文の模擬試験の結果だと、H大はぎりぎりなんですよ。内申書が良ければ何とかなると思うんです。でー、ぼくの内申書、何とかいいものを書いていただけないでしょうか」と、受験勉強をすればいいのに、内申書、面接プラス小論文という受験形式の大学に行こうと、早くも他力本願のようです。

「いや、内申書は重要なものだから、一人の学生に甘くすることはできない。今年は無理かもしらんが、一浪してやり直せ」と先生は突っぱねます。

「先生、そこを何とか。先生だって、教え子がH大に入れればうれしいでしょ」と食い下がる経太郎に、先生はきっぱり言います。

「内申書はその人物を総合的に判断する大切なものだからな。努力は、日ごろからしておくもので、今になって言ってきても残念ながら手遅れだよ。」

「……」

「お前が憎いわけじゃないが、あまり努力をしてこなかった人間に手をさしのべてしまうと、みんな努力する気をなくしてしまう。勉強もせずにぎりぎりになって勉強とは関係のないところで努力を始めてしまうんだ。というわけで、内申書は変えられん。ルールだからな。この辺りのことは日本の産業政策にも当てはまるんだ。おれの知り合いで今度H大学の経済学部に就職するやつから聞いたのだがな、とくに石油産業というのはいい例だそうだ」と言いながら、自分の世界に入っていきそうです。経太郎は脈なし、と知って慌てて職員室を後にしました。

3.1 石油産業の規制緩和と参入阻止価格

ご存知のように、石油は日本ではほとんど採れません[1]。原子力利用もその安全性の問題からさらなるシェア拡大にブレーキがかかっています。このような状況の下で、石油という一次エネルギー源の重要性はいささかも減じていません。（図3.1参照）

ところで、石油は採ってきた原油をそのままの形で用いることはできません。原油を精製して、さまざまな石油製品を作る作業、すなわち石油精製が必要になってきます。石油精製業が作り出す石油製品の主なものとしては、揮発油（ガソリン）、灯油、軽油、ナフサ、重油があります。今回は、この石油精製業を取り上げて分析していきましょう。日本の精製業はさまざまな規制によって保護されています。精製業への参入規制や、ガソリン等の石油製品にかかる高関税はその代表的なものです。筆者の試算では、ガソリンの実効関税率は25％から60％になります[2]。

---

1) 本章の内容の一部に関しては、資源エネルギー庁石油部精製課の方々、とくに高田修三総括班長（当時）にお世話になりました。ここに謝意を表します。もちろん、表現の誤り等、すべての責任は筆者にあります。

図3.1　日本の一次エネルギー供給比率（1993年）

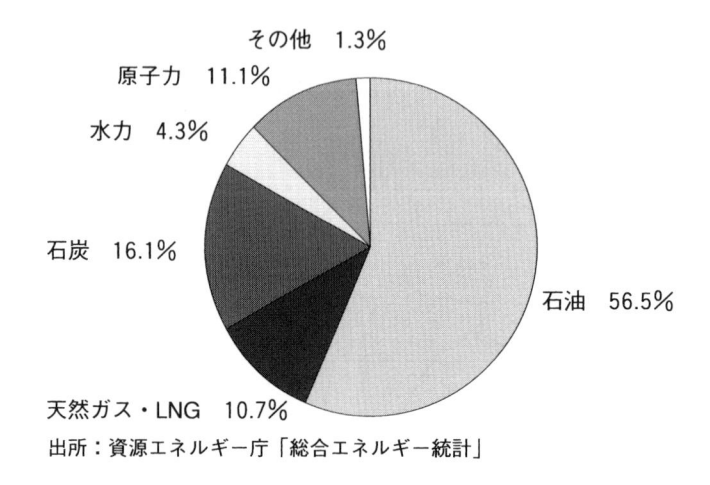

その他　1.3%
原子力　11.1%
水力　4.3%
石炭　16.1%
天然ガス・LNG　10.7%
石油　56.5%

出所：資源エネルギー庁「総合エネルギー統計」

　近年、日本の石油精製業の非効率性が指摘され、その効率化のための施策が議論されてきました。石油産業の自由化問題もその1つです。1996年の特定石油製品輸入暫定措置法（特石法）の廃止に伴い、ガソリンなどの石油製品の輸入が——関税が残っているとはいえ——自由化され、市場をとりまく環境に大きな変化が訪れました。これによって商社等がガソリンの輸入を進め、市場の競争は一気に進むとの予想が広がりました。しかし、現実はこの予想を裏切る結果となります。商社ら参入組の製品輸入——製品市場への参入はほとんど見られず、相変わらず原油を輸入してそれを自国で精製、販売するという、いわゆる石油精製業社・元売りの寡占体制が維持されたのでした。

　寡占体制が崩れることがなかったとすれば、より一層の競争を目指したこの規制緩和措置には効果がなかったのでしょうか？　そうすぐに結論を急がずにガソリンなどの石油製品市場に目を移してみましょう（図3.2）。目に見える競争相手は増えていないのにもかかわらず、価格に大きな変化が生じているようです。自動車に乗っておられるみなさんは、ここ数年でガソリン価格の劇的な下降を感じ

---

2)　ここでの実効関税率は原油とガソリンにかかる従量関税額の差を精製マージンで割って計算しています。このとき精製マージンの計算の仕方で、関税率の計算にも幅が生じるわけです。データは主として通商産業省・資源エネルギー庁監修、「平成9年度石油資料」からとりました。

図3.2　原油価格と石油製品小売価格
（1994年1月を基準とした変動）

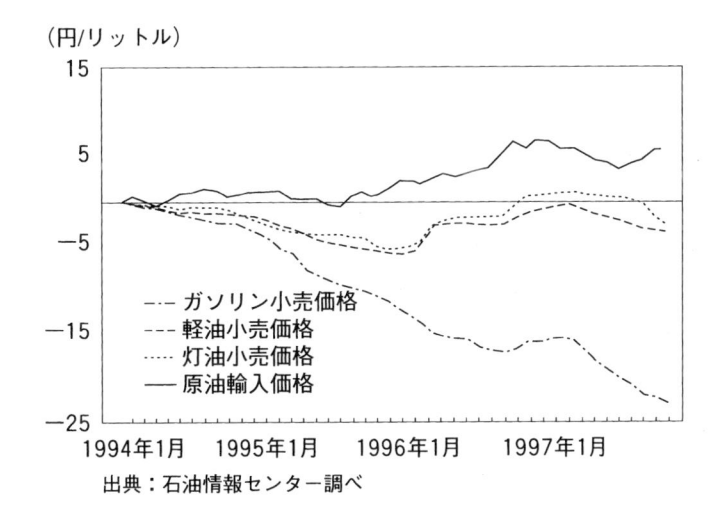

(円/リットル)

- ガソリン小売価格
- 軽油小売価格
- 灯油小売価格
- 原油輸入価格

出典：石油情報センター調べ

られたのではないでしょうか。実際、1994年4月に121円/ℓだったレギュラーガソリンのSS店頭価格の平均（石油情報センター調べ、以下同様）は、1997年12月には99円/ℓ程度となり、2年半あまりの間に1リットルあたり22円ほど下落してしまいました。この間、原油価格は約6円/ℓ上昇したので実質28円の下落ということになります。ガソリンには1リットルあたり約53円の税金が消費税とは別にかかっていますから、SSにとっての実際の価格は半分になったことになります。現在、激戦区ですと80円台の競争というところもあります。

　この安売り合戦は、とくに特石法廃止の方向性が濃厚になった1995年初め頃から加速してきました。このころ、サービス・ステーション（SS）への異業種の参入計画が具体化してきます。これとほぼ同じ時期にガソリンの末端価格の低下が始まり、この価格競争は多くのSSでランニング・コスト割れという状況にまで進みます。これでは新規参入をしても旨味はなく、ガソリンの輸入およびSSへの参入という異業種各社の計画は腰を折られた格好となりました。製品輸入を通じた参入はほとんど生じませんでしたが、既存企業の戦略的市場行動が大きく変化した結果が、価格の下落という形で現われたと考えることができるのです。

　規制緩和や自由化に伴うもっとも効果の大きい変化は、新規参入者による競争の激化によってもたらされるものではなく、すでに大きなシェアをもつ企業の市

場行動の変化であると考えられる場合がしばしばあります。特石法廃止決定以降のガソリン市場における市場行動の変化は、そのよい例です。このような市場行動は**参入阻止行動**と呼ばれており、参入自由化の参入なき効果と考えられています。

3.2 展開形表現

戦略的分析をはじめるにあたり、まずこの状況を抽象化して、既存の企業と参入を考えている企業のゲームとして捉えましょう。実は、第1章でも簡単に定義した展開形を用いた表現と基本的には同一のものが使えるのですが、復習も兼ねて、この状況を石油産業の実情に即して分析しなおしていきましょう。パン屋のパンの価格付けと石油産業の規制政策、その2つの分析に全く同じ構造のゲームを用いることができるのです。このことから、両者の本質的な戦略的構造は実は同一であるということがわかってくるのも、ゲーム理論の面白いところです。

いま、ある企業が参入することを検討しているとして、そのとき既存企業が高価格をつけていた場合と、低価格をつけていた場合とを比較します。まず、石油製品の価格を既存企業が決めます。次にその価格を見て、潜在的な参入企業が参入するか否かを検討します。ここまでの状況をゲームの形に表わしたのが図3.3であり、ゲームの樹を用いた**展開形表現**と言われるものです。それぞれ枝分かれしているところでどちらの枝を選ぶかはその節についている名前の企業の役目となります。ここでは根と呼ばれる一番下の節でまず既存企業が右か左か、すなわち低価格か高価格かを決めます。次に樹の中程の節でこの決定を踏まえて参入企業が参入するか否かを決めます。こうして最終的に樹の先端に到達した時点でゲームは終わります。各企業は到達した先端にある利得を得ることとなるわけです。

この先端についている利得は、限界費用を50円、固定費用を1,000円、需要関数を $X = 150 - P$ として計算していますが、それはとくに気にしなくてかまいません。あくまで数値例と考えていただいて結構です。まず参入がないときには低価格（計算例では70円）をつけていれば600円、高価格（独占価格、すなわち100円）をつけていれば1,500円の利潤があることが示されています。もちろん参入がない場合の参入企業の利潤はゼロとなります。

ちなみに製品輸入が禁止されている場合、すなわち参入が禁止されている場合

図3.3　ゲーム：参入企業対既存企業

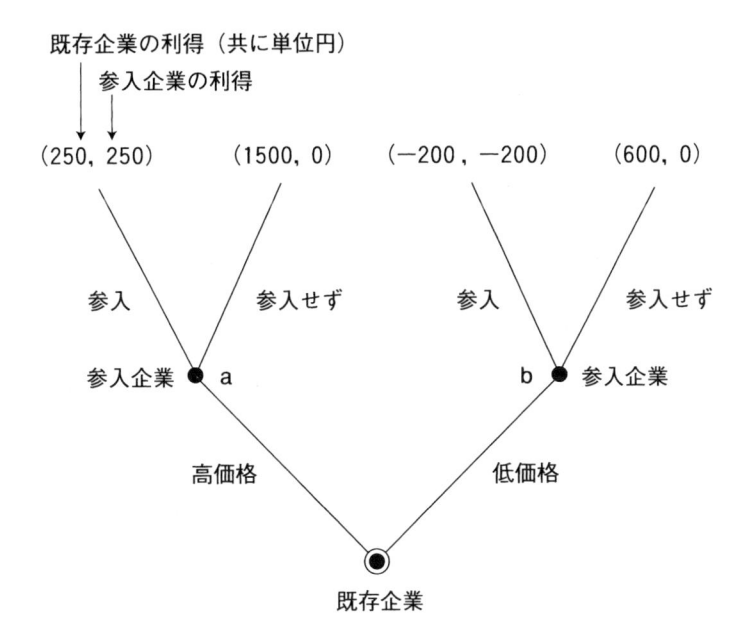

既存企業の利得（共に単位円）
参入企業の利得

(250, 250)　(1500, 0)　(−200, −200)　(600, 0)

参入　参入せず　参入　参入せず

参入企業　●a　　　　b●　参入企業

高価格　　　　　低価格

既存企業

は、図3.3において「参入せず」が強制的に選ばれる状況に対応しています。このときには、既存企業は当然「高価格」をつけるでしょう。

つぎに参入が実際に生じたとして、何が起こるかを考察しましょう。想定として参入前と同一価格で利潤を折半するとして計算をしてみます。高価格をつけていた場合、250円ずつの利潤が得られます。一方、低価格をつけていた場合には各々200円ずつの赤字が発生します。これでゲームの展開形表現が完成したわけです。

3.3　バックワード・インダクション

ゲームの表現が完成したのでその分析に移りましょう。まず参入規制がなされている状況は参入企業の行動をつねに「参入せず」に固定している状況に対応しています。このとき既存企業は高価格をつけると1,500円の利潤、低価格をつけると600円の利潤が得られます。高価格のときの利潤が低価格のときの利潤を上回るわけです。それに対し、参入が自由化された場合、分析はやや複雑になりま

図3.4 ゲーム：参入企業対既存企業

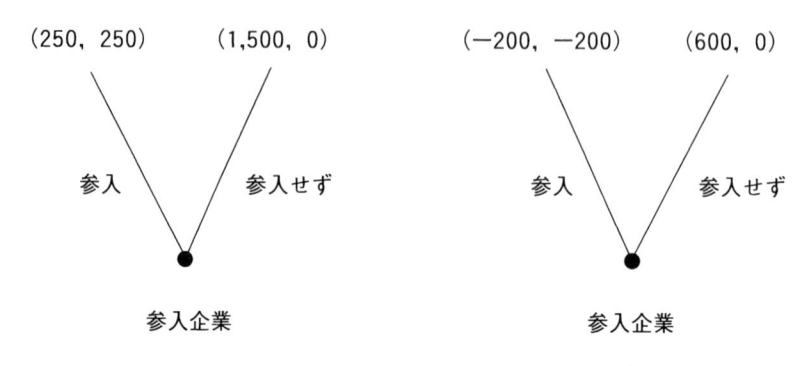

```
(250, 250)  (1,500, 0)        (−200, −200)  (600, 0)
     \      /                       \      /
    参入  参入せず                  参入  参入せず
       \  /                           \  /
        ●                              ●
      参入企業                       参入企業

(a)「高価格」の後のサブゲーム    (b)「低価格」の後のサブゲーム
```

す。既存企業が高価格をつけた場合、参入企業は250円を得られるので参入したほうが得するでしょう。他方、低価格をつけたときには「参入」を選ぶと利潤は−200円となって「参入せず」を選んだときより、低い利潤となってしまいます。結果的に「高価格」が選ばれたときには参入企業は「参入」し、「低価格」のときには「参入せず」という結果になることが予想されます。この予想の下に既存企業が最適化行動を採るとすると、(「高価格」、「参入」)という結果になったときには利潤250円であるのに対し、(「低価格」、「参入せず」)のときには利潤600円が得られるので「低価格」を選ぶという結論が導かれます。参入自由化の結果、既存企業は参入を阻止するため低価格をつけることとなり、実際の参入は生じないものの価格は下落してしまうのです。

　このような推論のやり方を**バックワード・インダクション**（backward induction）と呼びます。前述の説明でこの方法の雰囲気はつかめたのではないかと思いますが、知識をより確実にするため、この手法にもう少し立ち入って見てみましょう。まず、この手法がバックワード（後方）と呼ばれるのはプレーヤーたちがどのような行動を採るだろうか、という予想をゲームの終わり−最後の意思決定点から順に解いていくからです。最後の意思決定点とはそこから伸びる枝の先にもう新たな意思決定点がないような点のことで図3.3のゲームには2つの最後の意思決定点があることが見てとれます。それら2つの点それぞれから枝の先までを取り出してみたのが図3.4の(a)と(b)です。

　このうち、(a)のほうを見てみましょう。この図で黒丸を新たな根だと考えてし

第3章 裁量かルールか——展開形表現　41

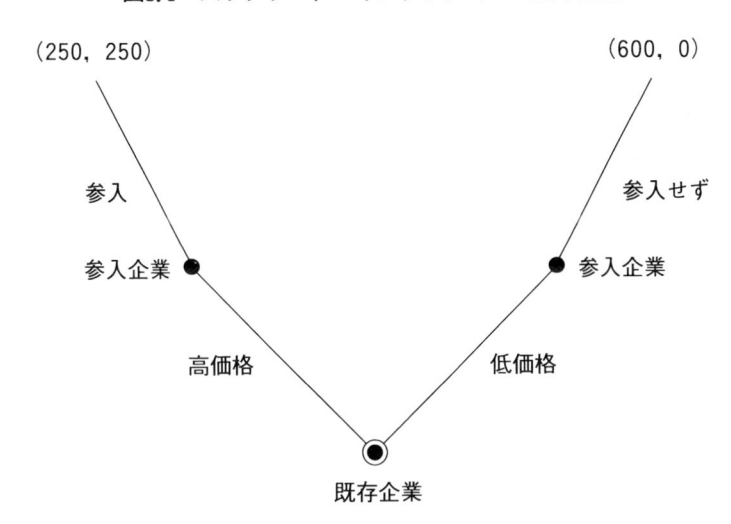

図3.5　バックワード・インダクション：途中経過

```
    (250, 250)                           (600, 0)
         ＼                                 ／
          ＼参入                       参入せず／
           ●参入企業                 参入企業●
            ＼                           ／
             ＼高価格             低価格／
              ＼                       ／
               ＼                     ／
                ＼                   ／
                  ○既存企業
```

まえばこれはこれで1つのゲームの形をしていることがおわかりでしょうか。このようにある意思決定点から出発してそこから先の部分だけを切り取ったときにそれ自体ゲームの形をしているものを元のゲームの**サブゲーム**ないし**部分ゲーム**と呼びます。

　ゲームもこのくらい簡単になると解くのも楽です。すなわち、参入企業にとっては図(a)では「参入」したほうが望ましい、という結論が難なく出てくるでしょう。同様に(b)では「参入せず」のほうが望ましいことになります。

　さて、一番おしまいの意思決定点でどのような行動がなされるか、ということが求まったら、つぎはその手前の意思決定点で何がなされるか、という問題に移ります。これに関しては図3.5をご覧ください。ここでは上の分析で採用されなかった枝を切り落としてあります。こうなるともう既存企業の選択は自明でしょう。迷わず、「低価格」をとることになります。

　このようにしてバックワード・インダクションの解が求まります。ここで解とは、次節でいう戦略の組——すべての意思決定点での選択肢を列挙したもの——のうちの1つになります[3]。上の分析では（「低価格」、（「参入」、「参入せず」））

---

3) バックワード・インダクションの途中で、同じ利得を与える選択肢が複数出てきた場合は、どちらをとってもかまいません。このとき、解は複数生じることになります。

が解となります。ただし、参入企業の行動を示したもののうち、左側はa点における（既存企業が高価格を選択したときの）行動、右側はb点での行動です。

　参入自由化の効果は、もうおわかりでしょう。参入が規制されていたときには、既存企業は「高価格」をつけていました。それに対し、参入が自由化されると、潜在的企業が参入して来られないように、「低価格」をつけてきます。参入自由化は、参入が生じないにもかかわらず、絶大な効果を持つのです。

3.4　ナッシュ均衡

　展開形で表現されたゲームでも、戦略形で表現されたときと同じように、ナッシュ均衡を探すことができます。そのためには、展開形表現における戦略とは何か、ということをしっかり理解しておかなくてはなりません。これは非常に大切かつ間違えることが多い概念です。

　　展開形表現におけるあるプレーヤーの**戦略**とは、そのプレーヤーの**すべての**意思決定点においてどの行動を採る（予定）かを列挙したものである。

　ゲーム理論（とくに展開形）で言う戦略とは、「相手がこう来たら、こっちはこう行く。ああ来たら、ああ行く」ということをすべて列挙したものです。この中には、おそらく到達しないだろう、という意思決定点での行動の記述も含まれます。この定義の仕方が分析上都合がいいことは、後に徐々に分かってくると思いますが、ここでは、そういうものだと覚えていただければ十分です。

　図3.3のゲームにおいて、既存企業の戦略は簡単です。その意思決定点は1つしかないので、その点での選択肢がそのまま戦略になります。具体的には、「低価格」と「高価格」の2つが既存企業の戦略ということになります。

　参入企業の戦略は、もう少し複雑です。その意思決定点はa、bの2つあるため、a、bそれぞれで何をするかを合わせて記述しないといけません。たとえば、a点で（すなわち既存企業が「高価格」を選んだとき）、「参入」を選択し、b点で（既存企業が「低価格」を選んだとき）「参入せず」を選択するような戦略を（「参入」、「参入せず」）ないし「参不」と記します（不は「参入せず」に対応、他同様）。この戦略も含め、参入企業の戦略は4つあることになります。

　各プレーヤーの戦略がわかったら、つぎにそれぞれの戦略の組に対応した利得

表3.1 参入ゲームの戦略形表現

		参入企業			
		参参	参不	不参	不不
既存企業	高価格	250, 250	250, 250	1,500, 0	1,500, 0
	低価格	−200, −200	600, 0	−200, −200	600, 0

表を作ります。たとえば、(「高価格」、「参不」) という戦略の組に対応する利得は、(250, 250) となります。これを表にまとめると、表3.1のようになります。この利得表はそれ自体で、このゲームの戦略形表現になっています。

さて、この表現が完成したら、あとはナッシュ均衡を求めるだけです。調べていくと、このゲームには、(「高価格」、「参参」) と (「低価格」、「参不」) の2つのナッシュ均衡があることがわかります。このうち、(「低価格」、「参不」) は、バックワード・インダクションの解とも一致しますが、(「高価格」、「参参」) は、バックワード・インダクションの解ではありません。2つの解概念が異なる結果を出してしまいました。この違いを見るため、(「高価格」、「参参」) を詳しく調べてみることにしましょう。

この戦略の組によると、参入企業は、既存企業の価格付けにかかわらず、「参入」してきます。どの道、「参入」してくるのであれば、既存企業は「高価格」をつけたほうがいいでしょう。既存企業が「高価格」をつけていれば、参入企業は「参入」すべきなのは、バックワード・インダクションのときと同じ議論です。この組がナッシュ均衡になっている理由です。

問題は、この戦略の組において、参入企業は、既存企業が「低価格」をつけてきても、「参入」するという点です。実際には、b点は到達しない意思決定点なので、ここで何を選んでも利得には影響を与えません。だからこそ、「参参」が「高価格」に対する最適反応になっているのです。しかし、本当に既存企業が「低価格」をつけてしまったら、「参参」をとり続けることは、参入企業にとって望ましくなくなってしまいます。

この「参参」という戦略は、言ってみれば、空脅しの戦略とでもいうべきものです。「低価格」がつけられたら、本当は参入しないほうが得なのに、参入するぞ、と言って脅しをかける。その脅しを信じてしまえば、「高価格」が取られる、

という寸法です。無理が通れば、道理が引っ込む、とも言えます。しかし、本当に「低価格」がつけられたら、脅しているほうは困ってしまうかもしれません。その意味で、このナッシュ均衡は、合理性の考慮に関して、若干問題があると言えるでしょう。

3.5 サブゲーム完全均衡

前節の議論で、ナッシュ均衡にも、若干の問題点があることがわかりました。では、バックワード・インダクションのほうが優れた概念かというと、残念ながら話はそう簡単ではありません。第2章で見た同時手番ゲームには、そもそもバックワード・インダクションを用いることはできないのです。この両者のいいところを組み合わせたような概念があります。本節で紹介するサブゲーム完全均衡と呼ばれるものです。

> ある戦略の組が**サブゲーム完全均衡**であるとは、そのゲームのすべてのサブゲームにおいて、その戦略の組（が指定するサブゲーム上での戦略の組）が、ナッシュ均衡になっているとき、を言う。

元のゲーム自体もそのゲームのサブゲームと呼ぶ慣習ですので、サブゲーム完全均衡は必ずナッシュ均衡になっています。同時手番ゲームの場合には、両者は一致します。しかし、一般に展開形で表現されたゲームにおいて、すべてのナッシュ均衡がサブゲーム完全均衡になっているとは限りません。

図3.3に戻って、2つのナッシュ均衡のうち、（「高価格」、「参参」）がサブゲーム完全均衡になるか否かを調べてみましょう。b点から始まるサブゲーム（図3.4-(b)）において参入企業は「参入」を選択することになっていますが、これは明らかにナッシュ均衡にはなっていません（相手の意思決定点がないゲームでも均衡は同じように定義できます）。最適反応は「参入せず」だからです。したがって、この戦略の組はサブゲーム完全均衡になっていないことが確かめられました。

一方、もう1つのナッシュ均衡（「低価格」、「参不」）はサブゲーム完全均衡になっています。このことから、このゲームでは、サブゲーム完全均衡は、バックワード・インダクションの解と一致することが確かめられました。一般に、バッ

第 3 章　裁量かルールか──展開形表現　45

図3.6　樹でないものたち

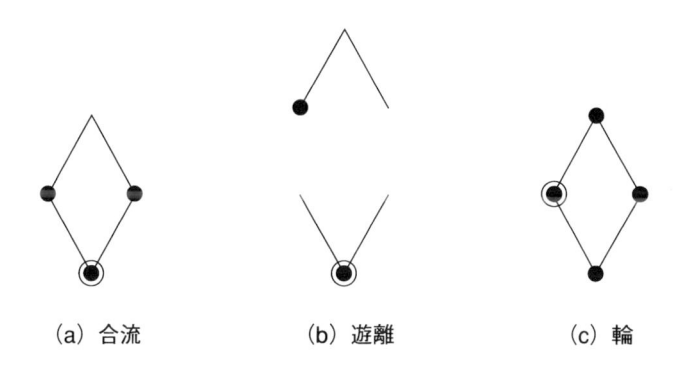

（a）合流　　　　　（b）遊離　　　　　（c）輪

クワード・インダクションを用いることのできるゲームでは、その解とサブゲーム完全均衡とは一致することが知られています[4]。

3.6　展開形表現の約束事

展開形表現で基本となるのは**ゲームの樹**と呼ばれる概念です。この樹、普通の樹の地上部分と同じような形をしています。根（ないし根元）と呼ばれる節（本書では二重丸で示します）から始まって枝が生え、また節が来て、枝分かれします。このプロセスが何度続いてもかまいません。またある枝を辿っていくとすぐ先端に着いてしまうのに別の枝を辿るといくつもの節を通ってかなり枝が長く伸びている、というような状況でもかまいません。1つの節から何本の枝が出ていても大丈夫です。ただし、つぎのことは許されていません。

- 枝分かれしたものがまたどこかでくっつく (a)。
- 根から辿りつけない枝ないし節がある (b)。
- 輪ができる (c)。[5]

ゲームの樹が完成したら各節にそこで意思決定をするプレーヤーの名前を書き、

4）　本章で扱うゲームはすべて、バックワード・インダクションを用いて解くことができます。これらのゲームは**完全情報ゲーム**と呼ばれています。第5章で、バックワード・インダクションを用いることができないゲーム－**不完全情報ゲーム**が登場します。

各枝に選択肢の名前を書き入れます。最後に先端に果実とも言える利得を書き込んでゲームの展開形表現の完成となるわけです。

3.7 裁量かルールか——石油業法をめぐって

さて、特石法は1996年3月をもって廃止されましたが、石油産業を規制している法律はこれだけではありません。じつは石油精製業の参入を制限している法律、石油業法が依然として残っています。1962年に制定されたこの法律は、石油精製業への参入および精製設備の増減を許可制にするとの条文を持ち、これが長い間、精製業における参入および設備増強規制の役割を果たしてきました。監督官庁である資源エネルギー庁が参入の許可をしなかったわけです。

石油業法における設備増強および参入の許可制は、それらの行為の許可を必要とすると述べているのみであって許可の基準にまでは立ち入ってはなく、実際の行政にあたってはその弾力的な運用が可能です。弾力的な運用とは、言い換えれば行政側にとって使える持ち駒の数が多くなるということですから、石油業法の条文の曖昧さこそが行政側の強みとなって、有効な産業政策を打ち出せるという考え方もあります。近来、行政の能力自体が問題視されていますから、行政にかような強い力を与えることはその点からも批判されるべきでしょう。しかしながら、仮に行政の能力が理想的なものであっても、より裁量的な政策がより産業を導きやすいというこの論理は、非常に重要な点を見落としているということが、戦略的分析からわかるのです。行政がむしろ裁量的政策を放棄して、はじめに作った「ルール」どおり機械的に処理をするという政策を取った方が、かえって産業をよい方向に導きうるという可能性が理論的に指摘できます。この事情を見ていくためにまず特石法のときの状況を今一度振り返ってみましょう。

1986年、特石法が公布され、石油製品の輸入がこの法律を通じて規制されることとなりました。この法律は10年間の時限立法であり、この間石油精製業を海外との競争から保護することによってかれらに体力をつけさせ、国際競争力のある

---

5) 囲碁将棋などの実際のゲームも、もちろんゲームの樹の形で表現できます。まったく同じ局面（盤上の駒の配置）に、異なる手順でたどり着くことがありますので、(a)または(c)が満たされないようですが、手順が違っていれば、異なる節だと考えれば、これらを満たすように樹の形に書くことができます。

精製業を育成することが狙いでした。その意味で1996年の特石法廃止は予定通りの動きだったわけです。しかし、予定通りに動かなかったことがありました。石油精製業は期待しただけの国際競争力を身につけなかったのです。それゆえ特石法廃止の審議会答申は、石油業界には「衝撃」と捉えられるのです。

　時限立法はその時が来れば廃止されるのは当然ですが、その趣旨を考えると次のような議論も成り立ちます。もともと特石法は石油製品が連産品であり、ガソリン、灯油、軽油について輸入規制をしなければつぶれてしまいかねない日本の石油精製業を保護し消費地精製を維持することが目的だ。10年後、国際競争力はつかず依然として保護なしには精製業は危機に瀕してしまう。事情は10年前とそれほど変化していない。10年前必要だった特石法は今も必要であり、延長されるべきであるし、延長されるに違いないだろう、と。

　事実、この議論を陰で支える消費地精製主義によって、石油業界は特石法の必要性を論じ、またその継続を期待しました。だからこそ特石法廃止の決定によって石油業界には衝撃が走り、自ら競争モードに移行することになったのです。SSにおける安売り競争の激化が、特石法廃止時点ではなく特石法廃止の決定の時点から開始されたという事実は、まさに石油産業の予想の変化を裏付けています。競争力がつかなければ特石法は継続せざるを得ないという読みは、見事に外れたとも言えるわけです。特石法廃止に伴い、石油産業は競争力もなければ輸入規制という保護もなしという状況に陥ってしまったのでした。

　いま、数年前に特石法を巡って生じた問題が石油業法を巡って再び生じようとしています。石油業法は、先に述べたようにその運用が弾力的にできるだけに、特石法のケースと比べてさらに先々の行政が読みにくいという欠点を持っています。また政策は、旧来の新古典派経済学の分析が想定していた天から降ってくる外生的なものではなく、企業のパフォーマンスに応じて変化しうる内生的なものです。ここに政府−企業間の戦略的な関係が生まれ、法律の弾力的運用が仇となる余地が生じるのです。

　もちろん、戦略的関係の存在すなわち裁量よりルールがよいという結論には至りません。問題は戦略的関係の構造です。これを簡単なゲームを用いて見ることにしましょう。以下、裁量によって弾力的に法律を運用することが可能なケースと、ルールによって予め政府が自分の行動を縛っているケースをそれぞれ分析してみましょう。

3.7.1 裁量のケース

裁量が可能なケースとして、ここでは企業が競争力をつけた場合とつけなかった場合に応じて、弾力的に政府が参入規制を行なうか否かの選択をすることが可能な状況を考えます。ここではまず企業が、競争力をつけるために他の種々の目標を犠牲にしてコストダウンを計る（低コストを選択する）か、コストダウンの努力をほどほどにして他の目標達成により資源を割くかを選択するとしましょう。その結果を見て政府は企業を保護するか否かを決定します。企業のパフォーマンスに応じて政府が裁量的に政策を選択するわけです。

この状況を表わしたのが図3.7です。例によって、それぞれの利得の値はあくまで図を見やすくするためのもので、大きさには全く意味がなく、大小関係のみが重要であることに注意しておきます。さて図のような利得をつけた根拠を一つずつ見ていきましょう。比較のために、この利得構造は裁量のケースと次の小節で見るルールのケースで同じものを用いてあります。ここで政府は企業が競争力をつけてもらうことを望んでいます。これを反映して政府の利得は企業が「低コスト」構造になった場合は2ないし1、「高コスト」構造の場合は0ないし－1であって、「低コスト」構造になったほうが「高コスト」構造の場合に比べ一様に高くしてあります。

一方企業にとって望ましい状況は保護してもらうことです。これは「参入規制」がなされた場合の企業の利得（2ないし3）が、「自由参入」の場合の利得（－1ないし1）よりもつねに高いことで表されています。

つぎにこの分析の主眼ともいうべき点ですが、もし企業が「高コスト」構造のままにもかかわらず政府が保護しなければ企業は倒産またはそれに近いダメージを受け、企業にとっても政府にとっても最悪の事態となります。とくにこの状況が政府にとって最悪であるとしているのは消費地精製主義の反映です。また、企業がどのみち生き残れる「低コスト」構造を有しているならば、政府にとって「自由参入」が望ましいことは社会的効率性の観点からの結論です。

まず政府の反応を見てみましょう。企業が「低コスト」を選択したときには政府は「自由参入」を選択するほうが高い利得を得られるのでそちらを選択します。一方、企業が「高コスト」を選択した場合、政府の利得は「自由参入」では－1、「参入規制」では0となるので「参入規制」を選ぶこととなります。その反応を読み込んだうえで企業の選択を考えると「高コスト」を選択したほうがよい、と

図3.7 ゲーム：企業対政府——裁量

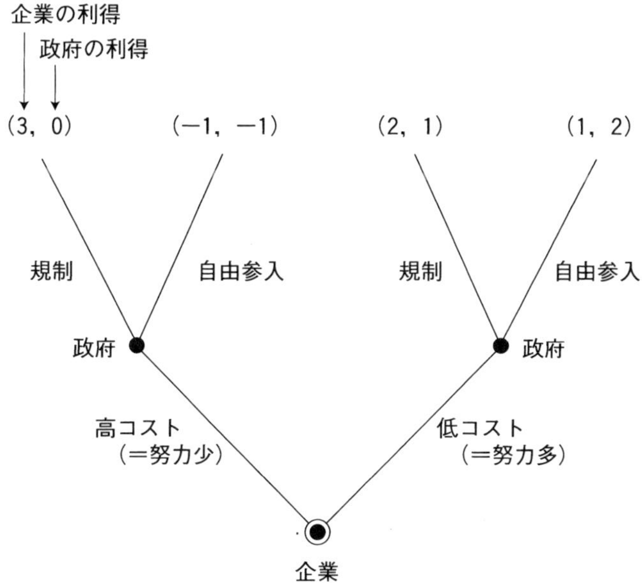

企業の利得
政府の利得

(3, 0)　(−1, −1)　(2, 1)　(1, 2)

規制　自由参入　規制　自由参入

政府　　　　　　政府

高コスト　　　　低コスト
(＝努力少)　　　(＝努力多)

企業

いうことになります。

　以上のようにこの状況では企業はコスト削減努力を過小にしか行なわず－「高コスト」を選び、政府はそれを受けて「参入規制」をすることとなります。その結果、(「低コスト」、「自由参入」)の場合に比して企業は保護の恩恵を被る一方で社会厚生は悪化します。

3.7.2　ルールのケース

　つぎに利得構造にはまったく手を触れずに、企業と政府の意思決定の順序を変えることで「ルール」のケースを分析します。このケースでは政府が予め企業の選択とは独立にその政策を決定します。企業は決定された政策の下で行動することになります。図3.8のゲームがこの状況を表わしています。この新しいゲームを前小節と同様に分析しましょう。今度は政府が「自由参入」を選択すると企業は「低コスト」を選択すれば1であるのに対し、「高コスト」を選択したときにはその利得は－1となるので、企業は「低コスト」を選択します。他方、政府が「参入規制」を選択した場合には、企業が「高コスト」を選ぶとその利得は3、

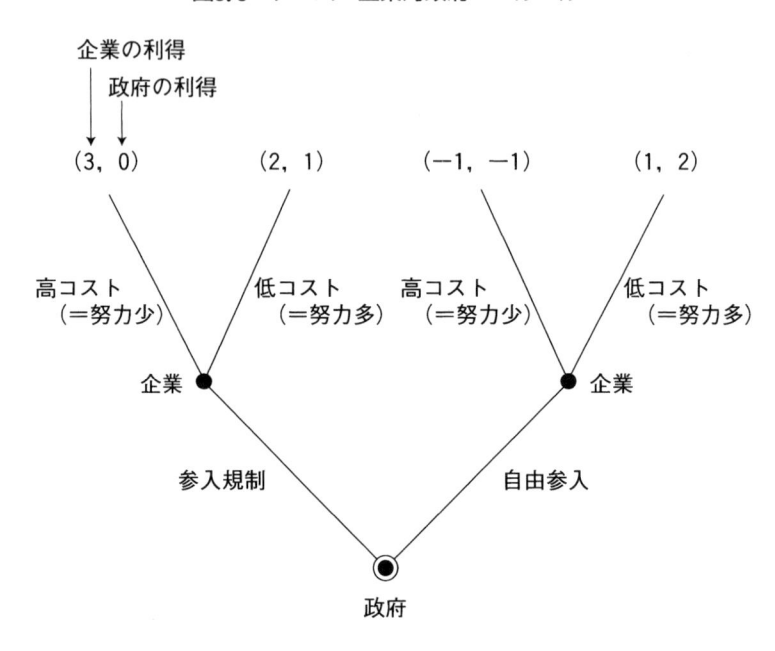

図3.8 ゲーム：企業対政府——ルール

```
企業の利得
     政府の利得
        ↓  ↓
     (3, 0)   (2, 1)      (-1, -1)      (1, 2)
          \  /                \  /
       高コスト 低コスト     高コスト 低コスト
      （＝努力少）（＝努力多）（＝努力少）（＝努力多）
           企業●                    ●企業
              \                    /
            参入規制            自由参入
                 \            /
                    ◉
                   政府
```

「低コスト」を選ぶと 2 の利得が得られるため、企業は「高コスト」を選んでしまいます。これらの企業の反応を読み込んだ上で政府が行動するならば「自由参入」を選択すると政府の利潤は 2、「参入規制」を選択すると政府の利潤は 0 であることから、「自由参入」を選択することとなります。この選択は企業の「低コスト」を促し、政府にとって望ましい結果が得られることとなります。

以上簡単に見たように、われわれが直面している状況においては、きわめて抽象的な議論ですが、臨機応変な政府よりもルールに基づいて政策運営を行なう政府のほうが社会的に望ましいという結果を導くことができます。この観点から石油業法を見てみると、その運用にかかわらず存在そのものが石油産業に「最後の最後にいざとなったら……」という期待を抱かせるという点で極めて問題である、ということになります。規制に頼らない強い石油産業は、ルールとして保護の可能性を捨てるという行政側の強い態度を通じて初めて可能となるといえるのです[6]。

練習問題3.1 図3.9のゲームに関して、以下の問いに答えよ。ただし、利得

図3.9 参入阻止ゲーム

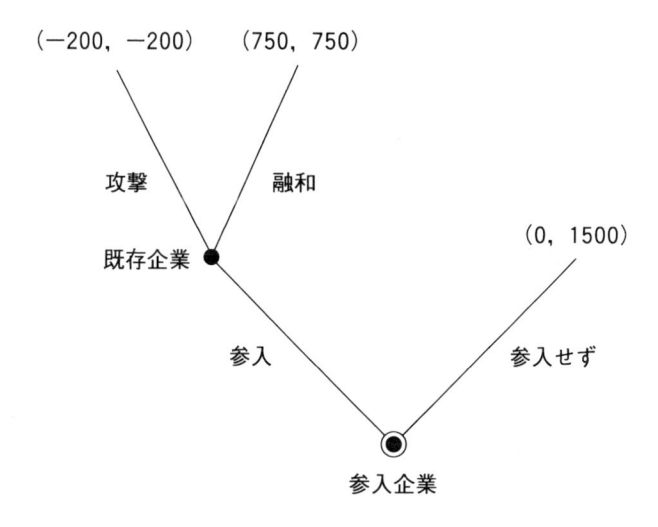

（−200，−200）　（750，750）

攻撃　　融和

既存企業　　　　　（0，1500）

参入　　　参入せず

参入企業

は左側が参入企業、右側が既存企業のものとする。

1. 各プレーヤーの戦略をすべて書き出せ。
2. バックワード・インダクションの解を求めよ。
3. このゲームを戦略形で表現し直し、ナッシュ均衡を求めよ。

練習問題3.2 図3.10のゲームに関して、以下の問いに答えよ。ただし、利得は左側が参入企業、右側が既存企業のものとする。

1. 各プレーヤーの戦略をすべて書き出せ。
2. バックワード・インダクションの解を求めよ。
3. 回収不能な費用があるため、参入−攻撃−退出と選択された場合の参入企業の利得が−100ではなく、−400であったとする。他の構造や利得は図3.10と同じとして、このときのバックワード・インダクションの解を求めよ。2の解と比較して、その相違点を議論せよ。

練習問題3.3 図3.11のゲームにおいて、以下の問いに答えよ。

1. バックワード・インダクションの解を求めよ。
2. c_5の後に来る利得が（4，7）ではなく、（6，7）であったとする。この

---

6) 1998年の審議会答申で、参入規制の見直し、およびルールによる政策運営という視点が盛り込まれました。政府の中にも少しずつ方向転換の必要性を認識する人が出てきつつあるようです。

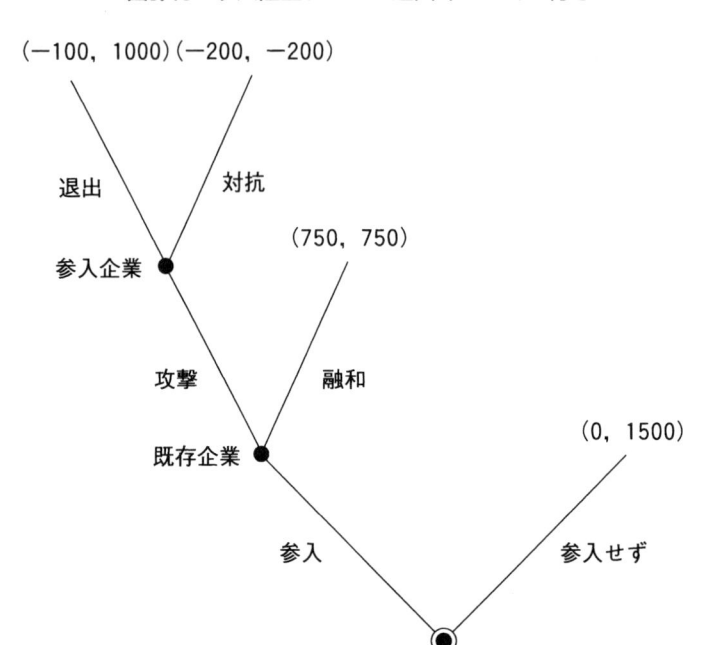

図3.10 参入阻止ゲーム：退出オプション付き

(−100, 1000) 退出 / 対抗 (−200, −200)
参入企業
攻撃 / 融和 (750, 750)
既存企業
参入 / 参入せず (0, 1500)
参入企業

図3.11 むかでゲーム

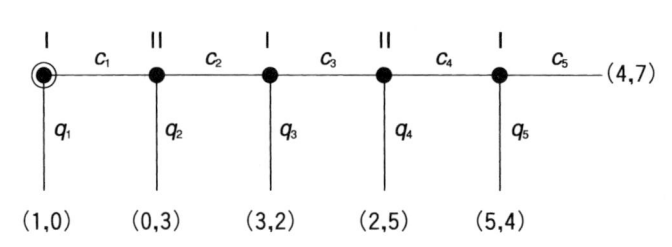

I —c_1— II —c_2— I —c_3— II —c_4— I —c_5— (4,7)

q_1:(1,0) q_2:(0,3) q_3:(3,2) q_4:(2,5) q_5:(5,4)

ときバックワード・インダクションの解を求めよ。

練習問題3.4 一人の君主とその座を狙う n 人の大臣がいる。大臣たちは、1から n まで序列があり、君主を暗殺することが可能なのは、大臣1のみである。大臣1が君主を暗殺すると自ら君主となるが、今度は次の大臣である大臣2にその地位を狙われることとなる。一般に君主となった（元）大臣 $k(k=1,\cdots,n-1)$ を暗殺できるのは、大臣 $k+1$ のみである。（君主となる

前の大臣を暗殺することはできず、また君主暗殺計画は上記の範囲で必ず成功するとする。）それぞれの大臣にとっては、自分が君主となって、そのまま暗殺されないことが最も望ましく、ついで大臣のままでいることがよく、自分が君主になって暗殺されるのが最悪である。このとき以下の問いに答えよ。

1. $n=2$ として、このゲームを展開形で表現せよ。また、バックワード・インダクションの解を求めよ。
2. $n=3$ として同様の分析をせよ。
3. 一般の n について、バックワード・インダクションの解を求めよ。そのとき最初の君主は暗殺されるか。必要ならば場合分けすること。

発展問題3.5　練習問題3.3と練習問題3.4で登場したゲームは、しばしばバックワード・インダクションの解が現実的でないことを示すのに用いられる。それはなぜか。プレーヤーが完全に合理的でない、という観点からこの問題を論ぜよ。

Chapter 4
交渉ゲーム

なぞのパン職人

　時は流れました。われらが「まちのパン屋」とそのライバルだった「べーかりー」がいる町も次第に膨らんできました。今では、町にいるかぎり、農業地帯のど真ん中という気配はまったくありません。スーパーも出来て、工場から運んできたパンを売るようになりました。それでも、手作りのパンに慣れた町の人たちの間では、乳化剤のたっぷりはいったパンより、少々固くても味のあるこの2軒のパンが人気のようです。それに、以前の経験で懲りた「まちのパン屋」と新規参入の旨味を知っている「べーかりー」が共同で、低い価格を維持していたことも、固定客が増えた大きな理由でした。

　「まちのパン屋」の経子と「べーかりー」の営子は今ではすっかり意気投合し、泊りがけの旅行などにも一緒に行くようになりました。決まって話しになるのは、昔、営子たちが町にやってきたときの大騒ぎのことでした。

　「あのときは子供も小さくて、亭主はやけ酒に溺れるし、大変だったのよ。お宅のご主人はもの静かでいいわよねえ」と経子が言うと、

　「あの主人（ひと）は自分のうちが火事になったって、ぼーっと見てるような人だから。頼りないって感じよ。ほんと」と営子。

　「お互い、苦労するわねえ。」

　「でも、2人ともパン作りの腕だけは確かよね。」

　「アンパンと食パンだけだけどねえ。それに、そうでなきゃ、とっくに別れてるわよ。」

　「初めっから一緒になってないって」

と大笑い。で、決まってその後は子供の話で夜がふけていきます。経子が、今や腕のいいパン職人になっている「べーかりー」の息子の営介をもちあげれば、営子の方は、現役でH大に合格し、今年から大学生になって東京で下宿をはじめた「まちのパン屋」自慢の娘の済子をほめちぎります。もっとも、パン作りにまったく興味を示さない2浪中の「まちのパン屋」の長男のことにはふれずにいましたが。

　経子がいい気分で、旅行から帰ってくると、家では夫が久しぶりに泥酔状態になって、「べーかりー」が抜け駆けした、とわめいています。やれやれ、しばらくはおとなしくしていたのにと思いつつ、経子は営子のところへ出かけていきました。営子は、頭を下げつつ、旅行中に言おうかなと思ってたん

だけど、こんなに早く店先に並べちゃうなんて、思ってなかったから、と言いました。
「営介が新しいフランスパン作りに成功して、今日売りに出したらそれが大ヒットしてしまったみたいなの。」
「あら、それはおめでとう。私にも1つ食べさせて」
と、一口食べた経子は、これはやばい、と咄嗟に思いました。まさか、今まで仲良くやってきたんだから、こんなおいしいパンを売られちゃ困る、とも言えません。経子は楽しい旅の気分もすっかり吹き飛んで、家に戻ってきました。

それから、数日後、娘の済子が下宿先から電話をかけてきました。親の目がないことを幸いコンパに明け暮れ、アルバイト先もなかなか見つからない済子の電話の目的はただひとつ、おねだりです。いつもは娘の様子を聞き出そうとする経子ですが、この日は開口一番、営介の作ったフランスパンが大ヒットとなったことを伝え、「それにひきかえうちのはアンパン中心だし、お兄ちゃんもあんなだし」、とぐちってしまいました。大体の状況を察した済子は早々に電話を切り、他力本願をあきらめて、アルバイト情報誌「To Z」を缶ビール片手にめくり始めました。「To Z」には、それこそありとあらゆる職種の求人があります。何をしよっかなあと、ぱらぱらめくってい

ると、パン職人の欄が目にとまりました。「そうよ、お兄ちゃんが駄目なら誰か雇えばいいのよぉ」と済子は言うと、また実家へ電話を入れました。

それから1ヶ月後、地元求人誌の求人広告を見てやってきたという1人の男が「まちのパン屋」にやってきました。短めの髪を茶髪にして耳にピアスをしたこの男、年のころは30歳くらいでしょうか。その場にいた経子が履歴書を受け取ると、そこには、本場フランスでフランスパンを中心に修業をしてきた、と書いてあります。話を聞いてみると、今は資金がないけれども、将来は独立したい、とりあえず働いてその資金を貯めたい、とのことでした。パンの話をさせると、フランス語を交えて流暢に語ります。なんでこんな町に、と経子は思いましたが、勘ぐっていても仕方ないので、一段落した夫を呼びに行きました。夫は経子に、「まあ、ちゃんと修業してきたみたいだし、この町で他の仕事といったらスーパーの月15万くらいのものだろうから、月20万も出せば喜んで飛びつくだろう」と言って、男と会って雇用条件を述べました。しかし、男は、20万円という金額を提示されると、急に態度が変わりました。

「こう言っては何ですが、ご近所の『べーかりー』さんですか、あそこのフランスパンはおいしいですねえ。おたくも専門のフランスパンの職人が必要なんじゃないんですか」と痛いところをついてきました。その上で、「月40万はいただかないと」と、なんと自分から給料の要求をしてくるではありませんか。これを聞いてもともと短気な夫は、おまえみたいなひよっこに何ができる、フランスかどこだか知らないが、おれは国立大学出だぞ、と烈火のごとく怒り狂います。男はびっくりして出ていってしまいました。

夫は一方的に話し合いをぶち壊してしまいましたが、このままではじり貧です。冷静な経子は、その晩夫が向こう隣りの居酒屋でやけ酒を飲んでいるすきに、履歴書に書いてあった電話番号に電話をして、翌日例の男と外でもう1度会うことにしました。「昨日はすみませんでした」と経子が頭を下げると、男のほうも、「いやいや、僕こそいきなり要求をしてすみません。20万円と言われたとき、失礼ですが、あまりに足元を見られていると思ったので、こっちも強く出る必要があるかな、と思ってしまったんです」とざっくばらんな返事。ついで、「ただ、40万というのは、根拠のない数字じゃあないんです」と言うと、男はいろいろ数字を挙げて説明をはじめました。

本格的なフランスパンを売り出せば、「べーかりー」の様子から推して、今でも月30、40万の収益アップは堅い。小耳にはさんだところでは、近いうちにレストランやデパートも進出してくるらしい。そうなれば、フランスパンを卸すことで、さらに30万くらいの上積みだ。合計60、70万。中をとって、65万。男がスーパーで働けば、月15万。だから自分が月40万とれば、差し引き25万の得。パン屋も25万得という計算になる。「つまり、私とあなたがたが手を組んだときの余分な儲けを折半する、というのがこの40万という給料なんですよ」と男はしめくくりました。

　途中で頭がこんがらがって、何かだまされている気分になりましたが、とにかくこれはまだ脈ありと感じた経子は、「こういうのはどうかしら。最初の3ヶ月くらい、見習いという形になってしまうのだけれど、月25万円で働いていただいて、その後、もう1度、お給料について話し合うというのでは。見習いというのはお嫌かもしれないけれど、そうしておけば、その後給料を上げるときにそんなに抵抗ないと思うのよ」と申し出ました。男は少し考えていましたが、「ええ、私はそれでかまいませんが、ご主人がどう思うか」と答えました。「それは、任せておいて。あの人、根は悪い人じゃないの。単に熱しやすく冷めやすいタイプなのよ」と言うと、「じゃあ、明日はお休みだから明後日からお願いね」と続けて、家路につきました。夫の性格を知り尽くしている経子ですから話はうまく運ぶのでしょう。

4.1　経済的価値創造：余剰の考え方

　「まちのパン屋」となぞの茶髪ピアスのパン職人との間の賃金交渉はどう分析したらよいのでしょうか。いくらこの本の主題が戦略的アプローチといっても、逆上する主人までは面倒見切れませんが、まずはピアスの言ういろいろな前提をどう考えたらいいのかからはじめましょう。

　まず、ピアスと「まちのパン屋」が合意することで、何らかの利益が生まれることは事実のようです。この利益のことを経済学的余剰、あるいは単に**余剰**と言います。ピアスと「まちのパン屋」の例の場合、ピアスが持っている「労働力」を「まちのパン屋」が受け取ることによって、価値の創造が行われているわけです。

経済学では、余剰の発生の源泉を大まかに分けて3つに分類します。第1は、生産活動。新しいモノが作られることから価値が生まれます。ピアスと「まちのパン屋」の場合は、フランスパンを焼くことが余剰の源泉です。第2は、交換です。なぜ単にモノが交換されることからも価値が生まれるのかは、8章で理解することにしましょう[1]。第3には、経済活動が、より効率的に行われることです。要するに、無駄をなくすことで、浪費されていた価値を実現することができるというわけです。しかし、無駄をなくすというのは、言葉で言うのは簡単ですが、実際には難しい問題です。この本では、戦略的関係のために無駄を余儀なくされるという場合を、今後も何度も見ることになります。

　さて、ピアスの話を信じれば、収益アップの予想値65万から、合意に達しなかった場合でもどのみち受け取ることができたピアスの給料15万を引いた50万円が、この合意で新たに生まれた利益ですから、この場合の余剰は50万円ということになります。賃金交渉とは、この余剰をどのように分けるかを決める、ということです。本当に50万の余剰があるとすれば、給料20万のときには、ピアスの余剰の取り分は5万円（＝20－15）です。よって残りの45万がパン屋に行ってしまうのですから、ピアスが渋るのも無理ありません。他方、40万も給料を払って、ピアスの皮算用通りに余剰が生まれればよいですが、明らかにここにはさまざまな不確実要素があります。パン屋の良識、経子といえども、これは到底受け入れられなかったのは理解できますので、とりあえず25万で様子を見るという経子の案は、意外とよい解決法だったのかもしれません。しかし、いきなり不確実な状況を分析するのは骨が折れます。そこで、この章ではなぞのピアス男の言葉を信じて、2人のプレーヤーがある確定した余剰をどう分けるかを決めるゲームを分析しましょう。もっとも、賃金交渉に出てくるような言葉を使うと、どうしても上で述べた不確実要素が気になってしまいますので、誤解の生じないように、以下ではこれを1kgのアイスクリームを2人で分けるというごく単純なゲームにおきかえて話を進めます。

---

1) 厳密には、作られたパンが、お客さんのお金と交換されてはじめて利益が実現するのですから、男と「まちのパン屋」の場合も第2の要素がすでに含まれているとも言えます。

4.2 最後通牒ゲーム——アイスクリーム編

　2人の名前をかりにAとBとしましょう。まずAが自分のシェアをオファーします。このオファーをxとすると、xは0と1の間の数値として表わされます。これに対し、Bはこのオファーを受入れるか拒否するかのどちらかを選びます。受入れた場合には提案通りにアイスクリームを分けます。すなわち、提案者であるプレーヤーAはxを、それを承諾したプレーヤーBは$1-x$を得ることになります。他方、プレーヤーBがオファーを拒否した場合にはアイスクリームは溶けるに任せてゲームは終わります。そのときの両者の取り分はともにゼロとなります。片方が提案して、それに相手が応じるか拒否するかで終わるような1回限りの交渉ゲームを最後通牒ゲームと呼びます。このゲームで余剰に対応しているのが、アイスクリームの総量です。交渉がまとまったときと、まとまらなかったときの差を余剰と呼ぶことを考えれば、納得できますね[2]。

　このゲームの解はどのようなものになるか、ということがわれわれの関心事です。ここで分析の簡単化のため、各プレーヤーは自分が得るアイスクリームの量にのみ興味があると仮定します。相手の取り分がなんであろうと、喜んだりひがんだりしない人間を考えるわけです。

　この問題をバックワード・インダクションで解くため、プレーヤーAがx_1をオファーしたときにプレーヤーBがこれを受入れるか否かを調べます。プレーヤーBは自分が拒否してしまいますとアイスクリームは全部溶けてしまいますから、少しでも取り分があるならこれを承諾するでしょう。ではオファーが$x_1 = 1$、すなわち取り分がゼロのときはどうでしょう。このときは2通りの答えがあります。この場合は承諾しても拒否しても自分の取り分はゼロなので、どちらでもよいわけです。

---

2) 用語について、混乱しないように付け加えておきます。紛らわしいのは、シェアと取り分の違いです。「Aのシェアがx」と言った場合には、必ずプレーヤーAの今残っているアイスクリームに対する比率がxであることを意味することにします。他方、「Aの取り分」といった場合には、Aが実際に得るアイスクリームの量とします。例えば、アイスクリームが200グラム残っていて、AのシェアがxであるAの取り分は、$(200x)$グラムとなります。

この結果を踏まえてプレーヤーAは x_1 の値として何をオファーすべきでしょうか。相手の取り分が正のときは必ず承諾してくれるので、x_1 はその範囲でなるべく大きいほうがよいことになります。バックワード・インダクションの解はしたがって $x_1 = 1$ とどのような x_1 でも承諾、という組になります[3]。

4.3　2段階の交渉

さて、前節のように、1回だけ片方が提案をして、もう片方が拒否したらそこで交渉が決裂し、あとはアイスクリームが溶けるのを指をくわえて見ているというのは、実際の交渉の理論化としては必ずしもおもしろくありません。実際には拒否したほうが、アイスクリームが溶けていくのを見るのは忍びないので、「それならば、こう分けようじゃないか」と、再提案をすることもあり得るでしょうから。そこで本節では、ゲームを少し長くして、拒否した方に逆に提案する機会を与えて、その状況を見ていきます[4]。

2段階交渉ゲームでは、まず第1段階で、今度はプレーヤーBがオファーするとします。そのオファー x_2 をプレーヤーAが承諾したら、Aは x_2 を、Bは $1-x_2$ を得てゲームは終わります。x_2 をプレーヤーAのシェアないし取り分とするのは、単に分析の結果を表しやすいからです。反対に、Aが拒否したら、ゲームは第2段階へと進みます。第2段階では、前節の最後通牒ゲーム–アイスクリーム版がおこなわれます。つまり、Aが提案者となって、Bにオファーを提示し、Bが受諾するかどうか決めるのです。はじめの提案者をBとしておくと、このように第2段階で先ほどの最後通牒ゲームと提案者の名前が同じになるので便利です。

---

[3]　$x_1 = 1$ では拒否されるかもしれないのでそれより少し少なめの値をオファーするのでは、と考えられた方がいると思います。これはもっともな意見です。ただ、厳密に数学的な議論をしていくと、99%より99.9%がよいし、それより99.99%がよい、というような結論が出てきてしまいます。100%を要求するというのはこのような考えの収束先とみなすこともできます。現実にはおそらく要求する側も99%だろうが99.9%だろうが大して気にしないと考えられますので、この答えを解釈するときは「取れるだけ取ってしまう」という程度に考えておいたほうがよいかもしれません。

[4]　この話の元となる文献を見たい方は、Stahl［1972］ないし付録Aにあげた上級の教科書をどうぞ。

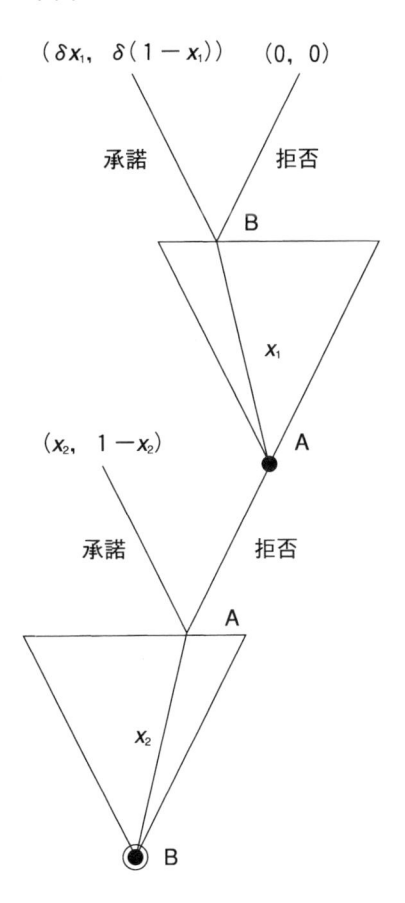

図4.1　2段階交渉ゲーム模式図

$(\delta x_1, \delta(1-x_1))$　　$(0, 0)$

承諾　　拒否

B

x_1

$(x_2, 1-x_2)$

承諾　　拒否

A

x_2

B

　さて、ここで1つ新しい要素を取り入れてきます。

　　交渉をやっている間にアイスクリームが少し溶ける、

という点です。アイスクリームは第2段階では少し溶けてしまっているのです。この溶けて残った割合をδで表わしましょう。もちろん、δは0と1の間の数字です。具体的に考えたい方は、とりあえず80％と考えていてください。その場合、始めにあったアイスクリームの量は1ですから、第2段階には0.8に減ってしまっているというわけです[5]。あと、細かい点ですが、各プレーヤーは時間が経つこと自体は気にしていない、としておきます。

さあ、道具立てがそろったので、分析に移りましょう。分析にはさきほどのようにバックワード・インダクションを用います。第2段階から解いていくわけです。もっとも、第2段階のサブゲームは最後通牒ゲームと同じですから、もう解けていて、提案する側のプレーヤーAが全部独り占めにしてしまうのでした。ただし、上で見たようにアイスクリームは少し溶けていますから、実際の取り分はAがδ、Bが0となります。

これで、第2段階までゲームがもつれこんだら、すなわち第1段階でプレーヤーAがBのオファーを拒否したら、何が起こるかがわかりました。安心して第1段階の分析に取りかかりましょう。第1段階ではBがオファーします。どのくらいまでだったら、Aは承諾してくれるでしょうか。Aは今、拒否すれば、次の段階でδ得られることがわかっています。一方、拒否せずにBのオファーを受入れると、x_2得られます。したがって、x_2がδより小さいときに、これを受入れてしまうのはつまりません。言いかえると、全体のうちのδ分は、第1段階ですでにAの権利になっているのです。ですから、Aは当然自分の権利を無視した高飛車なオファーは拒否するわけです。それに対して、x_2がδよりも大きければ、受入れたほうが得でしょう。$x_2 = \delta$のときは、どちらでもかまいません。これをまとめると、Aの第1段階での戦略は次のようになります。

- $x_2 < \delta$のとき： 拒否
- $x_2 = \delta$のとき： 拒否か承諾
- $x_2 > \delta$のとき： 承諾

さて、いよいよ一番初めの意思決定です。ここではプレーヤーBが相手のシェアx_2をオファーするわけですが、いくらオファーすれば承諾してくれるか、ほぼわかっています。また分析の簡単化のため、$x_2 = \delta$のときも、Aは承諾してくれる、としてしまいましょう[6]。このときBがδ未満の値をオファーしてしまいますと、Aは拒否しますから、ゲームは第2段階へと進みます。ところがゲー

---

5) 賃金交渉の例で言えば、男との交渉がまとまるのが1日遅れればそれだけ、お互いに損をする、ということをあらわそうとしているのです。

6) 厳密に分析すると、$x_2 = \delta$のときにAが拒否するような解はないことが示せます。これは最後通牒ゲームのときに$x_1 = 1$でBが拒否するような解がないのと全く同じ原理です。

ムが第2段階へ進むと、プレーヤーBの取り分はゼロということがすでにわかっていますから、これは避けなければなりません。そこでBとしては、ゲームが第2段階へ進まないようにしつつ、すなわちプレーヤーAが承諾してくれる範囲で、できるだけ自分のシェアを大きくしたいわけです。するとプレーヤーBがもっとも得するのは、すでにAの権利になっている分だけをオファーする、つまりδをオファーしたときに一番よいことがわかります。ですから、プレーヤーBは$x_2 = \delta$を選ぶことになるのです。

以上のことをまとめると、次のようになります。

バックワード・インダクションの解:
 プレーヤーAの戦略:
  第1段階: x_2がδ以上ならば承諾、δ未満ならば拒否。
  第2段階: $x_1 = 1$ (1をオファー。したがってAの取り分はδ)。
 プレーヤーBの戦略:
  第1段階: $x_2 = \delta$ (δをオファー。したがってBの取り分は$1-\delta$)。
  第2段階: x_1がどの値であっても承諾。
結果　　: 第1段階でBがδをオファーし、それをAが承諾する。

ここで注意したいのは、最後通牒ゲームのときと違って、オファーする側のプレーヤーBが一部しか取れない、という点です。あまり、欲張ってしまうと、プレーヤーAはそのオファーを拒否してしまい、つぎのチャンスを狙ってくるからです。

4.4　n段階の交渉ゲーム*

2段階交渉ゲームでは、最後通牒ゲームのときと違って、提案する側も法外な要求はできない、ということがわかりました。交渉が双方が1度ずつオファーしあっただけで必ず2回で終わってしまう、というのもなんとなく不自然です。それでは、もっとゲームが長くなって何度もこの交渉を続けられる可能性がある場合には、どういった結果となるでしょうか。また、交渉のスピードがとても早く、どんどん提案と代替案の交換が進んでいき、アイスクリームが少し溶ける間に何度も提案の交換ができる場合はどうでしょう。

表4.1　$\delta=0.8$のときの結果（5回まで）

ゲームの長さ	最初の提案者	Aのシェア	Bのシェア
1	A	1	0
2	B	0.8（＝1×0.8）	0.2
3	A	0.84（＝1−0.16）	0.16（＝0.2×0.8）
4	B	0.672（＝0.84×0.8）	0.328（＝1−0.672）
5	A	0.7376（＝1−0.2624）	0.2624（＝0.328×0.8）

図4.2　アイスクリームの減り方と取り分

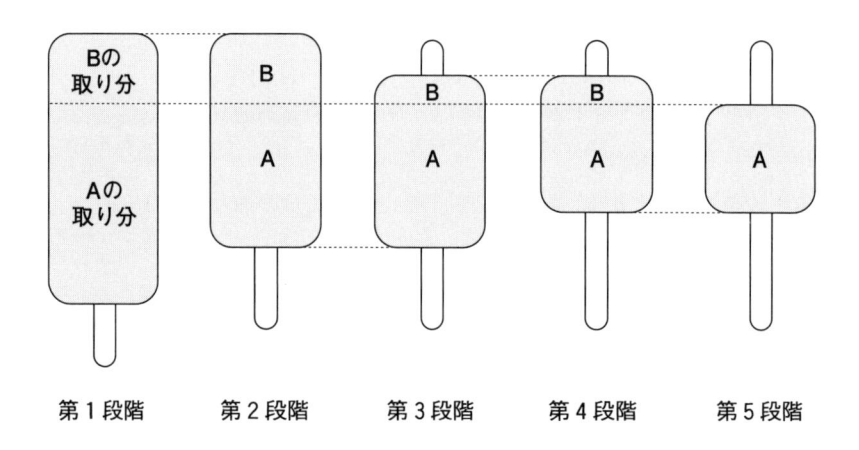

第1段階　第2段階　第3段階　第4段階　第5段階

　これらの疑問に答えるために、分析を拡大して、もっと長く交渉を続ける可能性がある場合を見ていきましょう。この節は、いままでの章の内容より難しくなりますから、ここで紙と鉛筆をわきに用意して気合を入れてください。

　そうは言っても初めから何の見通しもなしでは、いばらの道を素手で進むようなものなので、まず結果からお見せしましょう。表4.1と図4.2がそれですが、これをじーっと見ていると、ある法則が浮かんできます。たとえば、4段階交渉ゲームの結果を求めるとき、3段階交渉ゲームでのAの取り分0.84に$\delta=0.8$をかけて、Aの取り分を0.672と求めています。そして、残りの0.328がBの取り分になります。

　これには理由があります。先ほどの2段階ゲームでBのオファーを決める鍵になったのは、Aが承諾する最低線である取り分δをAにあたえるということで

した。その結果、彼の取り分は $1-\delta = 0.2$ になったわけです。ですから、3段階ゲームでは、Aが一番最初にBにオファーするときAはBが承諾するぎりぎりの量、つまりBが拒否した後の2段階交渉ゲームを考慮したときにすでにBの権利になっている量をオファーするようにしたいわけです。それでは第1段階で、すでにBの権利になっている量とはいくらでしょうか。0.2ではありません。0.2というのは、アイスクリームの大きさが1のときその0.2だけ取れるということでしたが、Bが一回拒否すると、アイスクリームの大きさは0.8になってしまっています。ですから、第1段階におけるBの権利は、0.8のうちの0.2、すなわち0.16になるわけです。したがって、Aの取り分は0.84です。

同様に考えて、4段階ゲームでは、3段階ゲームの第1段階で分けられるシェアの0.8倍が相手の権利になっているから、第1段階でのAの権利は $0.84 \times 0.8 = 0.672$ なので、Bは $1 - 0.672$ だけオファーするという具合に、4段階が解ければ5段階も、n 段階まで解ければ、$n+1$ 段階もという具合に、ゲームは順々に解けることになります。この考えをそのまま延長したものが、以下に示す一般の n 段階交渉ゲームの分析です。

* * * * * * * * * *

以下の分析には数学的帰納法を用います。まず、$n=1$ と $n=2$ 段階のゲームはすでに解けていますから、それを前提とします。

ここでは、n を奇数——すなわち第1段階でオファーするのはプレーヤーA——として議論を進めます。いま仮に $n-1$ 段階のゲームがもう解けているとしましょう。そして、そのゲームでの結果が、

第1段階でBが x_{n-1} をオファーし、それをAが承諾する、

というものであるとしましょう（帰納法の仮定）。プレーヤーが交互にオファーするので、この問題を帰納法で解くためには、n 段階ゲームのみでなく、$n+1$ 段階ゲームも解く必要があります。以下でも、$n-1$ 段階ゲームの結論を前提として、$n+1$ 段階ゲームを解き、そこから法則性を導きだすという手順を踏みます。

n 段階交渉ゲームで最初にオファーするのはプレーヤーAですから、$n-1$ 段

階交渉ゲームで最初にオファーするのは、プレーヤーBというわけです。

さて、上述の帰納法の仮定をn段階交渉ゲームで捉えなおすと、第1段階で合意が得られなかった（Bが拒否した）場合、

　　　第2段階でBがx_{n-1}をオファーし、それをAが承諾する、

ということを意味しています。これで、第2段階までゲームがもつれこんだら、何が起こるかがわかりました。次に第1段階の分析に取りかかりましょう。第1段階ではAがオファーします。そのオファーをx_nとしておきます。どのくらいまでだったら、Bは承諾してくれるでしょうか。Bは拒否すれば、次の段階で$1-x_{n-1}$得られることがわかっています。一方、拒否せずにAのオファーを受入れると、$1-x_n$得られます。したがって、前節の議論と同様に、Bの第1段階での戦略は次のようになります。

- $1-x_n < \delta(1-x_{n-1})$ のとき：拒否
- $1-x_n = \delta(1-x_{n-1})$ のとき：拒否か承諾
- $1-x_n > \delta(1-x_{n-1})$ のとき：承諾

ここまで来れば、あとは2段階交渉ゲームのときと同じように分析できることがわかるでしょう。また、拒否か承諾のどちらでも同じときは、承諾を選ぶとしておきます。プレーヤーAは、Bが承諾してくれる範囲でもっとも得する値を選びます。すなわち、$1-x_n \geq \delta(1-x_{n-1})$を満たす範囲でできるだけ大きい$x_n$をオファーすればよい、ということになるわけです。したがって、

$$x_n = 1 - \delta(1-x_{n-1}) \tag{4.1}$$

が答えになります。すなわち、n段階交渉ゲームでは、

　　　第1段階でAが$x_n = 1-\delta(1-x_{n-1})$をオファーし、それをBが承諾する、

ということになります。

次に同様にして、$n+1$段階交渉ゲームを調べます。今度は、最初にオファーするのはBなので、Aの反応から見ていくと、

- $x_{n+1} < \delta x_n$ のとき： 拒否

- $x_{n+1} = \delta x_n$ のとき：拒否か承諾
- $x_{n+1} > \delta x_n$ のとき：承諾

となります。Bは承諾してくれる範囲でもっとも大きいシェア、すなわちもっとも小さい x_{n+1} を選びますから、結局、

$$x_{n+1} = \delta x_n \tag{4.2}$$

が得られます。この式と前の式を組み合わせて、x_n を消去すると、

$$x_{n+1} = \delta[1-\delta(1-x_{n-1})] \tag{4.3}$$

となります。この式を少し整理すると、

$$x_{n+1} = \delta^2 x_{n-1} + \delta - \delta^2 \tag{4.4}$$

という、いわゆる差分方程式というやつが現れます。これを変形してやると、

$$x_{n+1} - \frac{\delta}{1+\delta} = \delta^2 \left[x_{n-1} - \frac{\delta}{1+\delta} \right] \tag{4.5}$$

となります。したがって、

$$x_{n+1} - \frac{\delta}{1+\delta} = \delta^{n-1}\left[x_2 - \frac{\delta}{1+\delta} \right] = \frac{\delta^{n+1}}{1+\delta} \tag{4.6}$$

が得られます。ここで、2番目の等式には、前節の結果、$x_2 = \delta$ を用いています。この式と、(4.2) を用いて、一般の答えが次のように求まります。

$$x_n = \begin{cases} \dfrac{1+\delta^n}{1+\delta} & n\text{ が奇数のとき} \\[2ex] \dfrac{\delta+\delta^n}{1+\delta} & n\text{ が偶数のとき} \end{cases} \tag{4.7}$$

ここで、n が奇数のときは (4.6) を (4.2) に代入し、n が偶数のときは、(4.6) の答えを1つずらして求めています。n 段階交渉ゲームの結果としては、

第1段階で（4.7）で得られた x_n がオファーされ、それが承諾される。

というものになります。

　さて、やっと計算ができたので答えの解釈をしていきましょう。まず、交渉の回数 n を増やしていったときの効果を n が奇数なら奇数同士、偶数なら偶数同士で見てみましょう。奇数、偶数いずれの場合にも、分子の δ^n というところに n が現れています。ここで δ は1未満の正数なので、n が大きくなるにつれて、δ^n は小さくなります。したがって一番終わりにオファーできることによる、プレーヤーAの有利さは小さくなっていくことがわかります。

　つぎに交渉ゲームの長さ n が十分大きくなったときの状況を見てみましょう。n が十分大きくなると、δ^n は非常に小さくなりますから、この項を無視して考えることができます。このことをもう少し数学的に言いましょう。n が奇数のまま（あるいは偶数のまま）無限大に発散したときの x_n の収束先は、つぎの式で表わされます。

$$\lim_{n \to \infty} x_n = \begin{cases} \dfrac{1}{1+\delta} & n \text{ が奇数のとき} \\[2ex] \dfrac{\delta}{1+\delta} & n \text{ が偶数のとき} \end{cases} \quad (4.8)$$

上の式からわかるように、n が十分大きくなると、問題はAが先にオファーするのか（n が奇数か）、Bが先にオファーするのか（n が偶数か）、という点に絞られてきます。x_n がプレーヤーAのシェアであったことを思い出してください。Aが最初にオファーするときには、AとBの取り分の比は $1:\delta$ となります。反対にBが最初にオファーするときには、AとBの取り分の比は $\delta:1$ となります。くりかえしになりますが、δ は1未満の数字だったので、最初にオファーするほうが有利、ということになります。また、δ が小さくなればなるほど、すなわちアイスクリームの溶けるスピードが早くなればなるほど、最初にオファーするほうが有利になってきます。実際、δ が非常にゼロに近い場合は、アイスクリームが1段階めが終わった後にほとんど溶けてしまう状況に対応していますが、これは初めに見た最後通牒ゲームと同じ構造をしており、出てくる結果もオファーす

る側がほとんどすべてのアイスクリームを得てしまうことがわかるでしょう。

　他方、アイスクリームの溶ける速さが十分遅いとき、言い換えると、オファーとオファーの間隔が非常に短いとき、取り分の比は1：1に近くなります。最初のオファーを拒否しても、つぎのオファーまでの間隔が短く、ほとんど初めとアイスクリームの量が変わらないので、最初にオファーすることのメリットがあまりなくなってしまうのです。

　パン屋さんの賃金交渉にもどれば、この場合何度でも交渉は繰り返せますし、合意が1日遅れたからといって、余剰がそう目減りするとは思えません。ちょっとうさんくさい説明でしたが、男が余剰の折半を要求したこと自体には、実は戦略的な裏づけをあたえることができたのでした。

練習問題4.1　A, B 2人のプレーヤーが協力すると、80万円手に入る。一方協力が成立しなかった場合、80万円の代わりに、プレーヤーAは10万円、プレーヤーBは20万円もらえるとする。以下の問いに答えよ。
　1．2人の協力により発生する余剰はいくらになるか。
　2．80万円を最後通牒ゲームで分けるとする。プレーヤーAが最初にオファーするとすると、各プレーヤーの取り分はどうなるか。バックワード・インダクションを用いて答えよ。またナッシュ均衡も求めよ。

練習問題4.2　プレーヤーたちが相手の取り分に関して嫉妬心や優越感を持つようなモデルを考える。具体的には、プレーヤーA, Bの利得がそれぞれ

$$u_A = x_A + \alpha(x_A - x_B) \tag{4.9}$$
$$u_B = x_B + \beta(x_B - x_A) \tag{4.10}$$

と表わされるとする。ただし、ここで x_B は、Bの取り分、x_A はプレーヤーAの取り分である。α および β は嫉妬心を表わす係数で、正の数だとする。このとき以下の問に答えよ。
　1．最後通牒ゲームにおいて、プレーヤーAが x というオファーをしたとする。このとき、Bはこのオファーを承諾すべきか、拒否すべきか。場合分けして答えよ。
　2．最後通牒ゲームにおけるバックワード・インダクションの解を求めよ。
　3．2段階交渉ゲームにおけるバックワード・インダクションの解を求め

よ。

発展問題4.3 練習問題4.2のモデルをn段階交渉ゲームに拡張したときのバックワード・インダクションの解を求めよ。

Chapter 5
情報とゲーム

就職超氷河期

　ここは、私立C大学の昼休みの学食。この大学は知名度こそあまり高くありませんが、しっかりしたカリキュラムがあり、教える先生の中には熱心な人もいて、生まれて初めて勉強が面白いと思うようになった学生も数多くいます。とは言え、学生にとって、何といっても不安なのは就職です。食べ終わったカツどんのどんぶりを前にして、4人の男子学生が何やら話し込んでいます。うち3人は、色とりどりのシャツにへそ下5センチまで下がった半ズボン、みんなでそろって信号機をイメージしたかのように、それぞれに染まった頭を寄せ合っている姿は、地球人のものとは思えません。

　「先輩、就職決まったんすか」と赤い髪が言うと、

　「ぜんぜんだめ。だから、髪の毛も染めずに、こんな恰好してるんじゃねぇか」と一人だけ明らかに体にフィットしていないリクルートスーツに身を包んだ学生が答えます。

　「大体さぁ、面接に行くと、控え室からして違うんだぜ。国立大学と私立の有名校だけ別室で、おれたちは『その他』ってところに入れられるんだ。『その他』って何だよ、って感じさ。そんでさ、結局どこの大学を出たかどうかだけできまってんじゃねえか。いまさら勉強したって、何にもならないよ。」

　「必死にミクロ経済学の課題やって、いま出してきたんすけど。そんなとじゃ空しいっすねー」と、黄色い髪。

　「先生は、学校歴は関係ない、入試の成績なんて人間の能力のほんの一部だって言うけどさあ。やっぱり、先輩の話し聞くと、学歴の差を思い知らされるよなあ」と、青い髪。

　「やっぱ、資格とっといたほうがいいよ。お前らも。ほら、学校がどこかなんて全然気にならないようなやつ。」

　「どんな？」

　「なんとか士とかさあ。今いろいろあんじゃん。おまえはいいよな。パン屋を継げばいいんだろう。」

　「そうもいかないんすよ。なんか、職人と妹が仲良くなっちゃって。それより、夏、どこ行きますか。青い空、白い雲、美しいお姉様たちにかこまれて、ビーチバレーなんてよさそうじゃないすかあ。」

第5章 情報とゲーム 75

「先輩、就職、決まったんすか」

「いいねえ」

と、リクルートスーツの先輩の憂鬱をよそに、夏休みの計画を立て始めてしまいました。心配事はすっかりどこかへ消えて、心はビーチバレーに飛んでいる3人でした。

5.1 資格の時代

賃金引下げだとか人減らしなどという話が、毎日のように聞かれる時代になりました。自分の勤める会社が突然破綻してなくなってしまうということが、誰にでも起こり得る時代になったかの観があります。いざ会社がなくなって、再就職ということになると、元の会社での役職はあまり役に立たず、卒業した学校の名前の威力も、若ければまだしも、過去に見られた神通力を失いつつあるそうです。賃金の決定にしても、個々の能力が強調されるシステムに移行されつつあり、解雇されないまでも給料が年齢とともに減っていくという事例も、近い将来には珍しくはなくなるのかもしれません。国家公務員である筆者は、現在は毎年自然に給与の号俸が上がるという年功制の標準見本のような世界に居るわけですが、大学の統廃合、教官の任期制、さらには大学の独立行政法人化まで議論される世の中では、これもいつまで続くかわかりません。この本の執筆にも力が入るゆえん

です。

　一方で、この能力給へ移行するかに見える雇用環境の変化に対して、比較的若い世代、20代、30代の人々は、不安をもちながらもむしろ歓迎するというアンケートの結果もあります。新卒学生の就職先として、外資系の会社の人気はあがる一方ですが、その志望動機の一番は、外資系の会社は能力主義が徹底しているという点だそうです[1]。自分の能力、仕事に見合った給料がもらえるというのは、若くして高い給料をもらえる可能性のある世界なのですから、能力がある（と信じている）人々には、歓迎すべきなのでしょう[2]。

　しかし、個人の仕事に対する能力をどのように正当に測るか、というのは大問題です。いくら能力主義といっても、自分の能力を評価する人が結局は給料を決めるのですから、能力はあっても、評価されずにかえって不満がつのるという可能性もあるわけです。能力があるだけではなく、それを評価する側に目に見える形で示せるということが、能力主義の給与体系では重要です。転職の場合には、雇う相手が数回の面接のみであなたを判断しようとするわけですから、相手に自分の能力を示す何かがとくに必要になってきます。

　こういった現状を反映してか、資格取得が流行しています。資格というと、医師や弁護士などそれがないとまったく仕事にならないものもありますが、英語検定、TOEFLやTOEICなどの語学検定にはじまり、簿記会計の資格、証券アナリスト、ファイナンシャル・プランナーなど、それがあれば仕事や給与にプラスになるという資格は、その例をあげればきりがありません。大学卒業（学士）、修士号や博士号も、もちろんこういった資格の仲間です。現在でも、資格のあるなしで、就ける仕事や給料の額に違いがありますから、今後の傾向を予想しての流行は当然といえます。

　ところが、個人の能力や生産力の観点からすると、仕事に必要なのは資格そのものではなくて、資格が認定している（と思われる）能力です。たとえば、仕事に必要なのはその人がどれだけ英語が話せ、理解できるのかという能力なのですから、英検1級をもっているかどうかということそれ自体は、仕事の能力とは必ずしも一致しないでしょう。一方で、すでに十分な語学力のある人でも、試験と

---

1) 就職情報会社ディスコ調べ。日本経済新聞1998年5月4日付より。
2) 第14章では個人の努力を評価する成果主義がどのような経済効果を持つのかを分析します。

なるとまた別のテクニックが必要になります。そこで資格試験合格のための受験技術のためだけに、余計な労力を費やすことになりますから、経済学的にはとんでもない資源の無駄使いをしているわけです[3]。

能力を知ってもらうために浪費をするというこの現象を理解する鍵は、「情報の非対称性」です。これは個人の能力という情報は、仮にその人自身にわかっていても、評価する人には必ずしもわからないという、情報に偏りがある状況を意味します。私たちは、自分の能力を正しく評価してもらおうとして、資格取得という必ずしも生産的でない活動にいそしむわけです。しかし、それには雇う側が資格に応じて「十分に」給料を増やすという前提があるわけです。一方で雇う側には、賃金はできるだけ低く押さえるにこしたことはないという事情がありますから、本当に資格を持った能力のある人が十分に高い給料をもらえるかどうかということになると、問題は少し複雑です。企業が資格に対して余計に払う給料があまりにも高くなるとすると、誰もが無理をしてでも資格を取ってしまうかもしれませんから、そもそも能力を区別しようと給料に差をつけたのに、給料だけ高くなって肝心の能力判別はさっぱりうまく行かないということになりかねません。ですから企業の立場からすれば、このように資格を優遇しにくい事情もあるわけで、資格の時代には、能力に応じた「正当な」給与が支払われると期待するのは、戦略的関係を十分考慮したものとはいえないようです。

本章のテーマは、このような情報の非対称性のある状況の戦略的分析です。

5.2 情報集合と情報構造

ふだん私たちが使っている「情報」という言葉には本来二つの側面があります。戦略的意思決定ではその区別が重要なのですが、日常会話ではその区別があまり意識されていません。まずそのあたりからはじめましょう。

天気予報は立派な情報です。予報は、朝傘を持って出るかどうかということから、農産物市場の動向まで左右しますので、人によっては大金を積んででも正確な予報を知りたいと思っています。予報の一つの側面は、「今日の天気は雨」というような、その内容です。これを**情報の内容**と呼びましょう。日常会話で情報

---

[3] 修士号や博士号などにいたっては、そもそもこれらの資格が何を認定しているのかがとてもあいまいですから、何をかいわんやです。

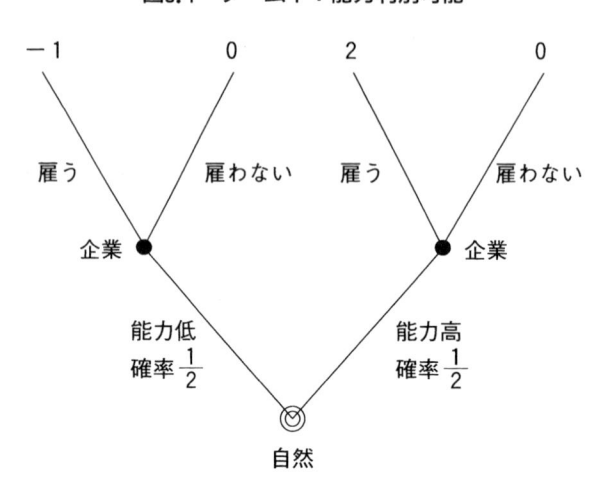

図5.1　ゲーム1：能力判別可能

```
   −1      0          2       0
    \     /            \     /
    雇う 雇わない      雇う 雇わない
      \ /                \ /
      企業                企業
        \                /
      能力低           能力高
      確率 1/2         確率 1/2
          \            /
           \          /
             自然
```

という言葉が使われるとき、ほとんどの場合、情報の内容のことを指しています。一方、天気予報で、「晴れ」や「雨」という単純なものだけでなく、降水確率も合わせて発表することの評判は上々のようです。降水確率は0％から100％まで（10％刻みとしても）11通りの情報を伝達することができますから、「雨」、「曇り」、「晴れ」という3通りの情報だけ伝えていた時代に比べて、情報の網の目が細かくなっています。この「網の目」のこと、すなわち、あり得る情報の内容をすべて列挙したものを**情報の構造**と呼びます。降水確率を併記する予報のやり方は、情報の構造－「網の目」をより細かくすることで、人々のニーズに応えたものと言えるでしょう。

さて、情報の内容と情報の構造の違いを踏まえた上で、資格取得の役割を見るために、企業から見た簡単なゲームを定式化してみましょう。非常におおざっぱな考え方ですが、労働者の能力は高いか低いかのいずれかで、能力の高い労働者を雇うと企業の生産力は高まり、逆に低い場合には生産量が落ちるものとします。少々極端な仮定ですが、労働者は生まれながらにして、その企業のための仕事をする能力が高いかどうかが決まっているものとしましょう。話を簡単にするために、能力が高いか低いかは半々の確率で決まるものとしましょう。

まず最初に、企業は労働者の能力を判別できるものとしてみます。それに対応するゲームの一例を図5.1にゲーム1を展開形で描いてみました。これまでに見たゲームの樹とほとんど同じですが、いくつか目に付く点があります。まずゲー

ムの始めに動くプレーヤーは「自然」とあります。これは労働者の能力が、企業や労働者の努力に関わらずに勝手に決まっていることを表します。一般に、ゲームに参加しているプレーヤーの意思とは無関係に偶然に決まってしまうものを表現するときに、このように「自然」という仮のプレーヤーを考えます。したがって「自然」というプレーヤーは自分で意思を持って戦略を選ぶことはありません。このゲームの場合、「自然」は「能力高」か「能力低」を無作為に確率1/2で選ぶ仮のプレーヤーです。その確率も、このように展開形表現の中に書きこむのが約束になっています。

　自然が能力を決めたあとは、企業の手番です。「能力高」が選ばれたときに、雇うと利得にして6単位の生産物があります。給与は利得にして4単位と決まっているものとしましょう。したがって、能力の高い労働者を雇えば、企業の利得は差し引き2単位です。労働者なしには生産ができないので、雇わなければ利得は0です。この状況はゲームの樹の右半分に記述されています。左半分は「能力低」が選ばれたときです。この時は雇うと利得にして3単位しか生産物がありません。能力の高いときに比べると、生産力が下がってしまうことを表しています。したがって、給与4単位を支払った後の企業の利得は、差し引きマイナス1単位となってしまいます。雇わなければ利得は0です。

　第3章で議論したバックワード・インダクションやサブゲーム完全均衡の議論をひくまでもなく、企業にとっては、右側の節では「雇う」、左側では「雇わない」のが、最適な戦略であることは明らかでしょう。つまり、それがこのゲームのナッシュ均衡戦略になっています。企業の利得は能力の高い労働者を雇えたときに2で、能力の低いときには0ですから、期待利得は$2 \times \frac{1}{2} + 0 \times \frac{1}{2} = 1$です。

　それでは、労働者の能力にかんする情報が得られないときはどうなるでしょう。企業はゲーム1でのように、自然が選んだ能力に応じて自分の態度を決めるわけにはいきません。ところが、図5.1では、ゲームの展開形表現の約束から、左右の節で企業は違う行動をとることができてしまいます。たとえば能力の高い労働者は雇い、能力の低い労働者は雇わない、ということも可能になります。それでこちらのゲームの方は図5.2のように表現します。図5.1との違いは、企業が態度を決める中ほどの2つの節が囲まれているところです。展開形表現での約束事として、企業はこのようにいっしょに囲まれた節では、まったく同じ行動をとらなければならないとします。このように、そこでは同じ行動をとらなければならな

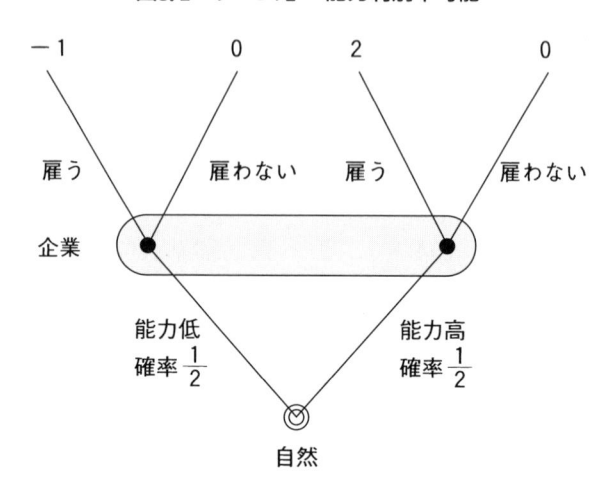

図5.2　ゲーム2：能力判別不可能

```
    −1      0       2       0
     \    /          \    /
      雇う 雇わない    雇う 雇わない
       \  /            \  /
   企業  ●━━━━━━━━━━━━━●
         \              /
      能力低          能力高
      確率 $\frac{1}{2}$    確率 $\frac{1}{2}$
           \          /
            \        /
             ◎
             自然
```

いようないくつかの節を集めたものを**情報集合**といいます[4]。情報集合は、企業が受け取る情報の内容を表すものです。

　それでは、労働者の「能力高」とか「能力低」という情報の内容がわかるゲーム1では、情報はどう表現されていたのでしょうか。実はゲーム1は図5.3の形に書くべきなのです。図5.3では、企業が受け取る情報の内容を反映させて、左右の節をそれぞれ情報集合で囲んであります。もちろんこのように1つの節だけを情報集合で囲んでも、さきほどの最適な戦略を決める議論には何ら影響はないのはあきらかでしょう。しかしこれまで取り上げてきた展開形表現でも、本当はすべての独立した節は、対応する情報集合で囲まれているべきだったのを省略してきたのだということ、すなわち企業が独立した節で自由に行動を決められると約束した背景には、企業がそこの節に居るという情報の内容を受け取っているという暗黙の了解があったことは覚えておきましょう。

　ですから私たちはすでに、間接的にではありますが、情報の問題についての考察もしてきているのです。たとえば、第3章で取り上げた裁量 vs. ルールのゲームでは、企業には政府の方針がわかる、つまり政府が裁量による政策を取るのか、ルールによる政策を取るのかという情報の内容が、完全に公開されているという

---

[4]　「能力が高い」という「情報の内容」が得られないために、同じ行動をとらなければならないのですから、無情報集合といってもよさそうなものですが、情報集合と呼ぶのが慣例になっています。

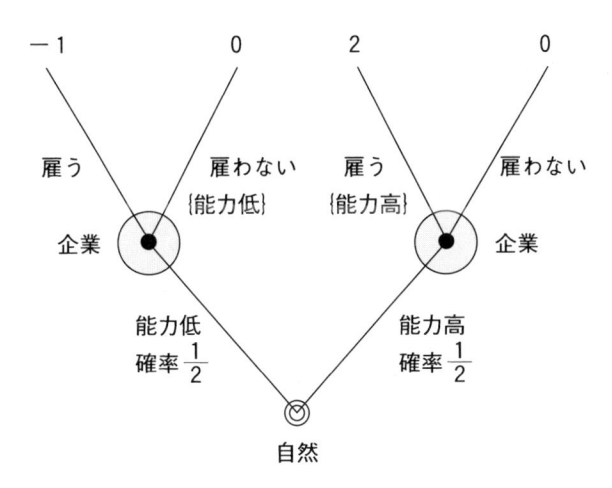

図5.3 ゲーム1のより正確な展開形表現

ことが仮定されていたのです[5]。そうは言っても、節が一つしか入っていない情報集合をいちいち書き込むのは面倒ですから、そのような情報集合は書き込まないというのが、展開形表現での慣習になっています。以後私たちも図5.1のような表記で、より正確な図5.3の表記に代えることにします。

このようにすると、情報の内容と情報の構造の違いとその役割がはっきりしてきます。ゲーム1においての情報の構造は、情報の内容にあたる情報集合を列挙したものですから、この場合は｛｛能力高｝、｛能力低｝｝と書くことができます。一方ゲーム2では、情報集合｛能力高、能力低｝が唯一の情報の内容ですから、｛｛能力高、能力低｝｝が情報の構造です。

ゲーム1のほうがゲーム2よりも、企業にとってはるかに有利なゲームであるということは、何もこんな理屈をこねなくてもわかりますが、もう少しお付き合いください。ゲーム1では、情報の内容に対応して、企業はどの行動がよいのか的確な判断を下すことができます。すなわち情報の内容は、プレーヤーが意思決定をするとき、どの行動が最適なのかを決めるのに重要です。いっぽう、情報の構造は、ゲームにおいて行動を機敏に変えることができるかどうかを表しています。ゲーム1のほうが有利なゲームであるのは、「能力高」という情報の内容ももちろんですが、行動を的確に選ぶことができるところにあってこのゲーム1の

---

[5] ですから、裁量かルールかの議論も、もし情報の公開の可能性自体に問題があれば、まといっそう深い問題になります。

情報の構造がより豊かなためと解釈できます。

5.3 ベイズ完全均衡

ところで、ゲーム2のほうでは企業はどのように行動するのが良いのでしょうか。このゲームでは、原理的にはバックワード・インダクションを用いることができません。そこで、サブゲーム完全均衡が、バックワード・インダクションよりも優れた解概念として用いられることになります。サブゲームの定義は、「ある意思決定点から出発してそこから先の部分だけを切り取ったときにそれ自体ゲームの形をしているもの」というものでした。その考えを適用すると、情報集合の一部の点が1つのサブゲームに含まれている場合には、同じ情報集合に属する他の点がそのサブゲームに含まれていなくてはならないことがわかります。情報集合内の全ての点では同じ行動を採る必要があるので、これらの点を切り離して独立したゲームとして分析できないからです[6]。そうすると、このゲームにおけるサブゲームは元のゲームただ一つということになりますから、ナッシュ均衡を求めればよい、ということになります。ここで、**戦略**とは、それぞれの情報集合でどのような行動を採るかを定めたものです。したがって、企業の戦略は「雇う」と「雇わない」の2つということになります（ゲーム1で4つの戦略があったことと比較してください）。「雇う」ときの平均利得は $2 \times \frac{1}{2} + (-1) \times \frac{1}{2} = 0.5$ で、「雇わない」ときの利得0を上回っていますから、この企業は労働者を雇ったほうがいいということになります。

図5.2に戻って理屈を言うと、次のようになります。まず「能力は高いか低いか、確率は半々」というのは、企業が中ほどの情報集合において自分の態度を決めるときに、いま自分が右の節にいるのか左の節にいるのか、その可能性を半々と見積もっているということです。この見積もり確率のことを企業の見積もり確率とか、**信念**（belief）と呼びます。このゲームの場合、確率1/2以外に合理的な見積もりを考えにくいですが、後に見るようにゲームが複雑になるとそうでもありません。「平均的には雇った方が儲かりそう」というのは、「雇う」という行動をとった場合、もし右の節にいれば利得は2、左にいれば利得は−1で、この

---

6) これはサブゲームやサブゲーム完全均衡の意味を考えれば当然の要請です。

利得の期待値（平均値）を先ほどの信念に基づいて計算すると2と−1の平均で0.5です。同様に「雇わない」という行動をとった場合の信念に基づく期待利得は0ですから、「雇う」という行動に対応する期待利得がいちばん高くなっている、ということです。

　ゲーム1の解についても同じように解釈できます。図5.3で、企業はそれぞれの情報集合において、その中の節にいる確率を見積もる。この場合、たとえば右の情報集合の手番になったときは、もちろんどの節にいるのかはっきりわかりますから、確率1で右側の節にいると見積もるわけです。その見積もりのもとで雇うという行動をとると、期待利得は2で、雇わないならば0ですから、雇うという行動はやはり合理的な信念に基づいた期待利得を最大にしているわけです。

　これらのゲームを比較して、情報構造の価値の比較分析をすることもできます。ゲーム1での利得が1で、ゲーム2では0.5ですから、ゲーム1の情報構造はゲーム2の情報構造よりも、企業にとって利得0.5だけ価値が高いといえます。

　以上をまとめると、これまでの均衡概念よりも精緻化された概念を提示することができます。まず、ナッシュ均衡やサブゲーム完全均衡と異なり、戦略の組だけではなく、各情報集合における信念も記述の中に含めます。各プレーヤーは、自分の手番を表すそれぞれの情報集合において、その中のどの節にいるかという見積もり確率（信念）を持っている、とするわけです。ゲームの**ベイズ完全均衡**（Perfect Bayesian Nash Equilibrium）とは、戦略の組とすべての情報集合における信念の組合わせのうち、次の2つの要請を満たすものとします。

- 各プレーヤーは、相手の戦略に対して、自分の信念の下で自分の期待利得を最大にしている。（最適反応）
- 信念は確率法則に反さない。（信念の合理性）

　ベイズ完全均衡で用いられる戦略の組はサブゲーム完全均衡になっていますが、逆は必ずしも成り立ちません。この点に関しては、章末の練習問題5.4を参照してください。

　ところで知らずに行動しなくてはならない情報は何も自然が選んだものだけとは限りません。この点を見るために、図5.4で表されるゲームを考えましょう。実はこのゲームは第2章で議論したチキン・ゲームと同じ構造をもっています。ゲームの解を探すために、まずプレーヤー1の行動を仮に「家事やる」としてみ

図5.4　チキン・ゲーム再び

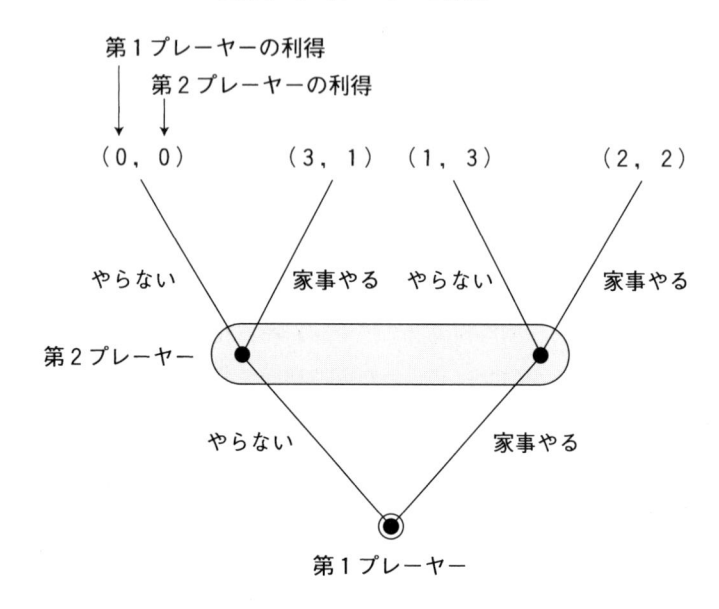

第1プレーヤーの利得
第2プレーヤーの利得

（0，0）　（3，1）　（1，3）　（2，2）

やらない　家事やる　やらない　家事やる

第2プレーヤー

やらない　家事やる

第1プレーヤー

　ましょう。相手がこの戦略を採ってくると信じていれば、プレーヤー2の合理的な信念は、情報集合の右側の節に確率1を見積もり、左側には確率0を見積もることです。この信念のもとで、もし「家事やる」ならば期待利得は2、「やらない」ならば期待利得は3ですから、「やらない」のが最適な反応になっています。それではこれに対してプレーヤー1は最適に行動しているでしょうか。プレーヤー1の情報集合には節が一つしか入っていませんから、信念に問題はありません。相手が粘ってくるとき、自分が粘るのは最悪で、期待利得は0になってしまいますので、プレーヤー1にとって「家事やる」のは最適反応です。
　したがって、プレーヤー1が家事をして、プレーヤー2はプレーヤー1が「家事やる」と信じて「やらない」のはベイズ完全均衡です。同様にプレーヤー1が「やらない」で、プレーヤー2は相手が「やらない」と信じて「家事やる」のも均衡です。
　さて、企業は能力の判別ができるとき、能力の低い労働者を雇わないのは給与が4単位で高すぎるためです。一方で、能力が低い労働者といえども、生産力としては3単位の余剰を生み出すことができるのですから、雇用されないとすると経済全体の余剰の観点からすると無駄があります。もし能力の低い労働者の給与

を下げることができれば、企業はこれらの労働者も雇えるようになり、労働者としても仕事がないよりはマシです。しかし、問題は企業が能力を直接は判別できない、ということでした。ですから、資格に応じた能力給の時代となるかというと、話はそんなに単純ではありません。次節で詳しく分析しましょう。

5.4 シグナリング・ゲーム：見える資格、見えない能力

　できるだけ単純なゲームで分析するのですが、それでもゲームの記述は結構込み入っていますので、このあたりは図を見ながらゆっくりと読み進んでください。
　資格取得の役割を見るためにいくつかのゲームを比較します。いずれのゲームでも、2人のプレーヤー、労働者と企業と、仮のプレーヤーである「自然」を考えます。前と同じように、労働者の能力は生まれながらにして高いかどうかが決まっているものとします。能力が高くなるか、そうでないかは半々の確率です。
　企業は労働者に高い賃金、利得にして4単位、または低い賃金、利得にして1単位払うことができます。もし企業が能力の高い労働者を雇ったならば、生産物は利得にして6で、一方能力の低い場合は生産性が落ちて、企業の粗利得は3になるのも、前と同様です。したがって、もし高い給料を払って、能力の高い労働者を雇うならば、企業の利得は6−4＝2となりますし、高い給料で雇った労働者の能力が低ければ、企業の利得は3−4＝−1です。一方能力の低い労働者でも、低賃金で雇えれば、企業の利得は差し引き2単位ですから、企業からしてみると「正当な」給与水準を支払えば、ちょうど同じだけ儲かるように設定されています。すなわちここでは、能力の高さによって余分に生じた生産物は、すべて能力の高い労働者に帰着するという給与体系を考えているのです。
　能力の高い労働者は、仮にこの企業を辞めてもほかに利得3を得られる就職口がある関係で、もし給料が低ければ自分の能力が評価されないと憤慨して会社を辞めてしまいます。一方、あてにしていた労働者に辞められてしまうと企業の方も利得を1単位損するものとしましょう。したがって、能力のある労働者に低い賃金を払った場合には、労働者の利得は3で、企業の利得は−1となります。能力の低い労働者は、残念ながら1単位以上の給与を得るすべは他にはありません。したがって、給料が低くても働きます。
　まずは、後の比較のために、企業側が労働者の能力をはっきり判別できるもの

図5.5 能力判別可能

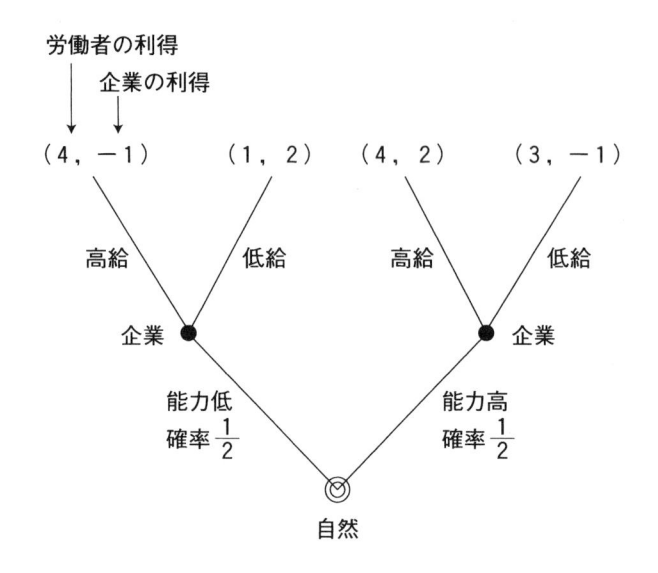

労働者の利得 企業の利得

(4, −1)　(1, 2)　(4, 2)　(3, −1)

高給　低給　高給　低給

企業　　　　企業

能力低　　　能力高
確率 $\frac{1}{2}$　確率 $\frac{1}{2}$

自然

としましょう。すると労働者と企業の戦略的関係は、図5.5のような展開形表現でかくことができます。ここでは労働者に意思決定の節がありませんが、労働者の利得は企業と自然の意思決定に依存して決まりますので、これでもれっきとした2人ゲームです。この状況では、もちろん企業としては能力の高い労働者を高給で迎え、低いほうには低い給料を払うのが最適です。これはバックワード・インダクションの議論で簡単に確認できますね。企業の利得は、能力の高い労働者を雇ったときには2で、そうでないときも2ですから、均衡での企業の利得は2です。労働者の利得は能力の高い場合は4で、そうでないときは1になります。

しかし、個人の能力が企業にはわからないということが問題なのでした。そこで能力の高低に応じて給料を変えることができないということを考慮に入れると、企業と労働者の戦略的関係は図5.6で表されたゲームであると考えられます。中ほどの情報集合で、労働者の能力が判別できないことが表されています。このゲームで企業は高給を払えば利得は2または−1なので平均0.5、一方で給料を低くすると、利得は2か−1で平均はやはり0.5ですから、低い賃金を払うかも知れません。そうすると、完全な能力主義が可能だった先ほどのゲーム（図5.5）と比べると、能力の低い労働者は同じ待遇を受けていますが、企業の利得は2か

第5章 情報とゲーム 87

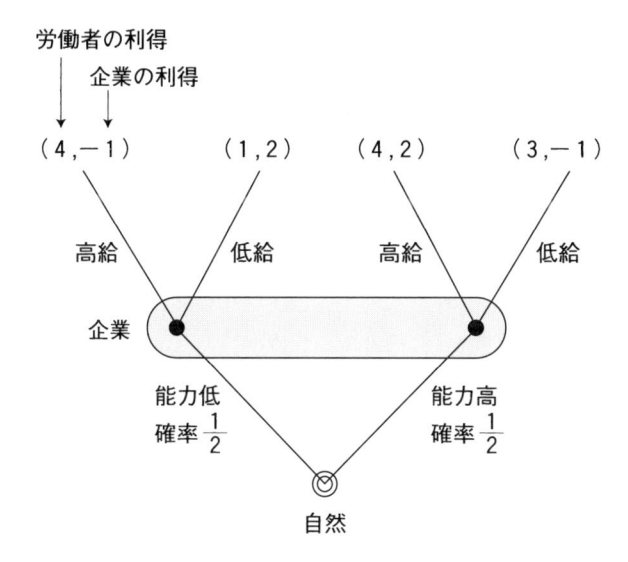

図5.6 能力判別不能

労働者の利得
企業の利得

(4, −1)　(1, 2)　　(4, 2)　(3, −1)

高給　低給　　高給　低給

企業

能力低　　　　　能力高
確率 $\frac{1}{2}$　　　確率 $\frac{1}{2}$

自然

ら0.5に下がり、一方能力の高い労働者はフンガイして仕事を引き受けていませんからやはり損をしています。

したがって、この2つのゲームの比較からは、能力のある労働者が何とか自分の能力を企業に知らせたいと思ったり、企業としても労働者の能力の判別をしたいと考えるのは、当然のことのように思われます。そこで、資格取得の可能性の効果を見ましょう。

図5.7は資格取得の可能性も加味したゲームです。まずは「自然」が中央に書いてありますが、ここからゲームがスタートします。自然が行動を終えたら、今度は労働者が資格を取るかどうか決める番です。労働者と書いてある場所が2個所ありますのでご覧ください。これらの節は情報集合で囲まれていませんから、労働者に「自然」の行動がわかるということです。つまり、また極端な仮定ですが、労働者は自分の能力をはっきりと、しかも正しく、自覚しているものとしています。能力のある労働者は、資格も苦労せずに取れますが、そうでない労働者は資格を取ると利得にして3単位失うこととします。要するに、努力すれば報われるのですが、努力はただではできないのです。

これまでのように、企業には労働者の能力は直接はわかりませんが、資格を持

図5.7 シグナリング・ゲーム

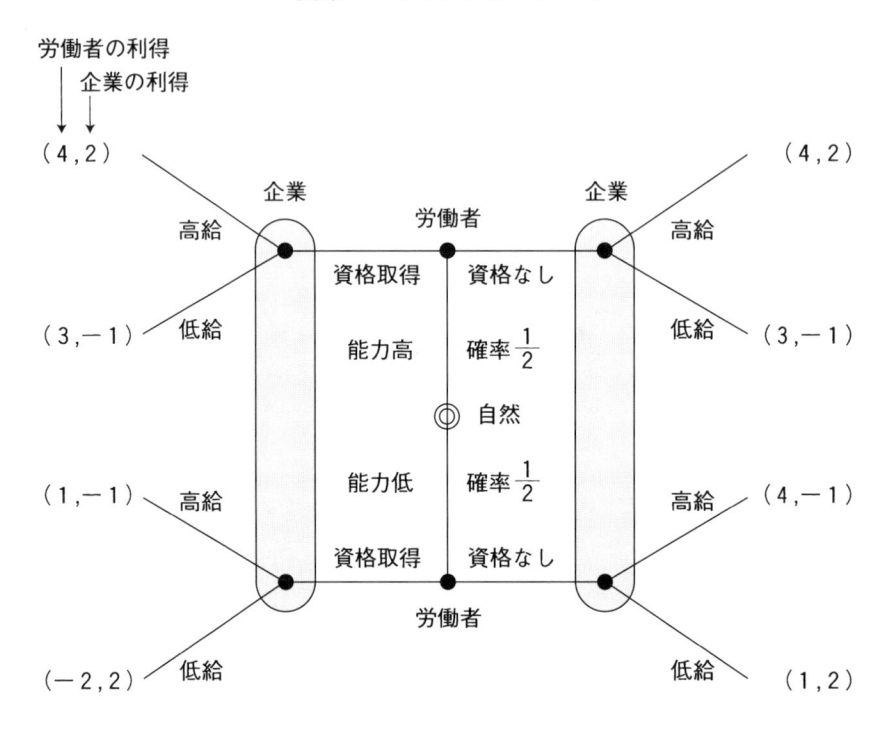

っているかどうかはもちろんわかります。図5.7で、2つのたてに長い情報集合を見てください。情報集合内の節では、同じ行動をとらなければならないという約束でしたから、たとえば左側の情報集合は、企業が資格のある労働者には同じ給料を払わなければならない、すなわち能力を直接見ることはできないということを示しています。よって、企業の持っている情報の構造はこの2つの情報集合からなります。展開形表現の約束により、企業は自分が右の情報集合にいるのか左にいるのかがわかる、すなわち労働者が資格を持っているかどうかはわかるという関係が表されています。

図5.7で、展開形表現の約束はすべて満たされていることに注意して下さい。このようなものもゲーム理論では樹なのです。

ここでまた極端な仮定ですが、資格そのものはまったく生産的ではないものとします。したがって、資格というのは企業に見せるシグナルですが、それ以上のものではありません[7]。したがって、資格を持っていようがいるまいが、前と同

様能力の高い労働者を雇えば企業の（粗）利得は6で、能力の低い場合は企業の（粗）利得は3になります。

ですから、労働者の能力の高い場合と労働者が資格を取らない場合は、利得の関係は先ほどのゲームと変りません。もし能力の低い労働者が、資格を取って高給で雇われたとすると、労働者の利得は、給料(4)−資格を取る苦労(3)＝1で、企業のほうは（粗）利得(3)−給料(4)＝−1となります。資格を取っても低給で雇われたとすると、労働者の利得は1−3＝−2で、企業のほうは3−1＝2となります。これらの利得の組は図の左下に現れています。その他の利得の組もこの要領で計算してありますので、確認してください。

さて、資格によって能力給が定められる状況が、このゲームで記述できているでしょうか。言い換えれば、企業は資格のある労働者に高い賃金を払い、そうでなければ低い賃金を払うという戦略を採り、労働者のほうは、能力があるときは資格を取り、能力がなければ資格取りをあきらめるという戦略をとるのが、このゲームの均衡になっているでしょうか。

そこで仮に、企業の戦略を、右の情報集合では「低給」、左では「高給」としてみましょう。この戦略に対して、労働者は、上の節では「資格取得」のほうが、「資格なし」よりも良い行動です。下の節では、資格を取っても取らなくても利得は1ですから、資格を取らないのが最適行動の一つです。したがって、労働者の戦略として、能力があれば資格を取り、そうでなければ資格を取らないというのは、企業の戦略への最適な反応です。

企業のほうは労働者の戦略に最適に反応しているでしょうか。それを調べるためには、情報集合の中の節に「合理的な」確率の見積もりを考えなくてはなりません。労働者の戦略からすると、もし資格を持っているならば、この労働者は当然能力が高いわけですから、左側の情報集合では、上の節に確率1を割り当てるのが合理的です。資格を持っていない労働者は能力が低いはずですから、右側の情報集合では下の節を確率1に見積もるのが合理的です。この信念のもとでは、企業は左側の情報集合では、上の節にいると信じているので、高給を払えば利得2、そうでなければ−1になると考えますので、高給を払うのは最善です。一方

---

7) 資格のシグナルとしての効果のみを抽象化するためにこう仮定しているので、資格を取るための勉強で、本当に生産力があがらないと筆者が考えているのではありません。念のため。

図5.8 分離型均衡

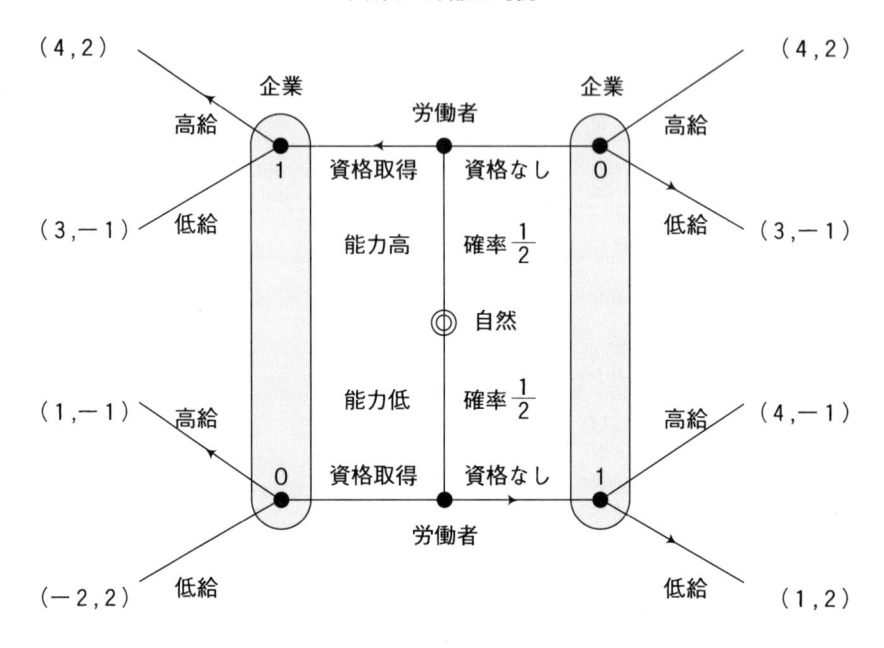

```
(4,2)            企業      労働者           企業            (4,2)
    高給          ●                          ●      高給
                 1     資格取得  資格なし    0
                           能力高  確率 1/2
(3,-1)   低給                                       低給    (3,-1)
                              ◎ 自然
                           能力低  確率 1/2
(1,-1)   高給                                       高給    (4,-1)
                 ●     資格取得  資格なし    ●
                 0                           1
    低給                  労働者                     低給
(-2,2)                                                      (1,2)
```

右側では、下の節にいると信じているので、低給を払うのが最善です。したがってめでたく企業の戦略も労働者の戦略に最適な反応であることがわかりましたので、はじめに予想した戦略の組が均衡戦略になっていることがわかりました。図5.8がその均衡を表しています。ここで、矢印が均衡で採られる行動を表しています。また、企業の2つの情報集合中、各節に割り当てられた数字（図中では0か1）は、それぞれの情報を得たときの見積もり確率（信念）を表しています。これが文中の説明に対応していることを確かめてください。

このように、プレーヤーが選ぶ観察可能な行動のおかげであるプレーヤーのみが知っていた情報の内容が、相手プレーヤーにわかるタイプの均衡を**分離型**（separating）の均衡と呼びます。

しかし、均衡はそれだけではありません。はじめに懸念したように、誰もが資格を取ってしまって、企業としては困ってしまう状況も均衡状態なのです。これをみるために、企業はさきほどと同じ戦略を採りますが、労働者は上の節でも下の節でも「資格取得」という行動をとるものとしましょう。もともと労働者は、下の節では資格を取っても取らなくても利得は変わらなかったので、これも企業

図5.9 混在型均衡

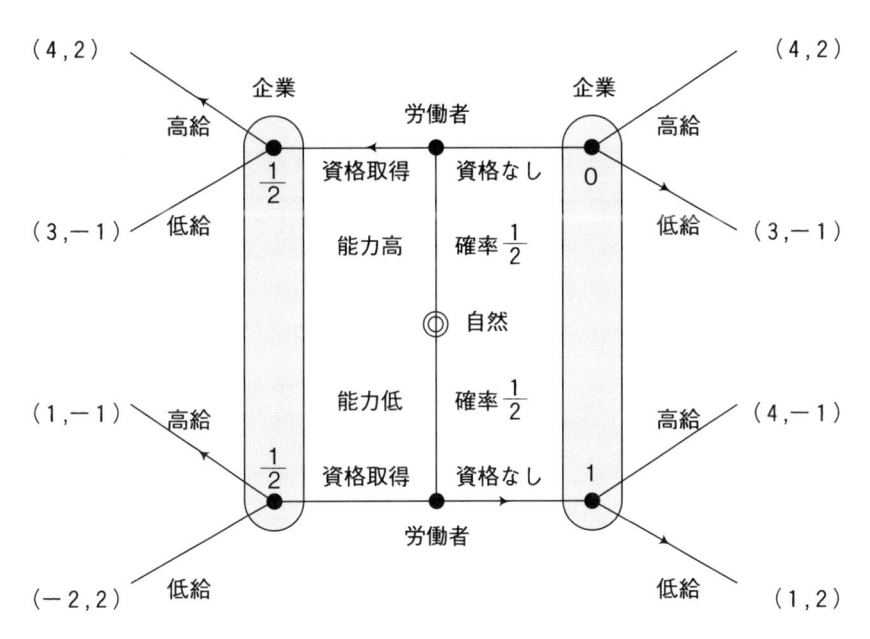

に対する最適な反応になっています。

　企業の方はどうでしょうか。右の情報集合では、さきほどのように、労働者は能力が低いと信じてもかまいませんが、労働者がどちらにしても資格を取る以上、左側で労働者は能力が高いと考えるのは合理的ではありません。資格ではもはや判別できないのですから、合理的な見積もりは確率 $\frac{1}{2}$ ずつです。すると、高給を払うと利得は、上の節にいたならば2、下にいたならば−1、平均は0.5です。一方、低給にすると、−1と2の平均になりますからやはり期待利得は $\frac{1}{2}$、よって高給を払うのは最適戦略の一つです。したがって、労働者がどちらにしても資格を取るという戦略を採るときに、資格を持つ労働者に高い給料を払うという戦略は最適反応になっていますので、これも均衡であることがわかりました。このように情報内容が相手にわからないような均衡を**混在型**（pooling）の均衡と呼びます。

5.5 資格による能力判別の是非

　経済的な資源の無駄使いの点からいえば、前節の混在型の均衡はあまり感心しません。なぜなら、これまで見てきたどの戦略的環境でも、労働者が得をするかどうかの差はありましたが、企業が生産できる利得はすべて誰かのもとに配分されていました。ところがこの均衡では、労働者が資格を取るために労力を無駄にしてしまっています。図5.7をもう一度ながめると、能力の低い労働者が労力を費やしても、高い給料をもらえば割に合うところが問題だとわかります。

　それではどのように制度をいじれば、無駄がなくなるでしょうか。たとえば、企業が高い方の給与をほんの少しだけ下げたらどうでしょうか。すると、図5.7のゲームで、高給に対応する労働者の利得が少し下がることになりますから、こんどは能力の低い労働者は資格を取るよりは取らない方がよくなりますので、先ほどの混在型の均衡は生じません。分離型の均衡では、能力の低い労働者はよけいな労力を費やしませんから、経済的な無駄を省くという観点からは高い方の給料は下げられた方がよいのです。実際、高いほうの給与を3まで下げても、分離型戦略の組が均衡になっていることを確認してみて下さい。その結果を図5.5の場合と比較すると、給料を少し下げた分だけ企業が得をして、少し皮肉な結果ですが、相対的に「搾取」されるのは高い能力を持った場合の労働者です[8]。

　同じような効果は資格試験をもう少し難しくしても得られます。仮に資格取得が難しくなって、低い能力の労働者の苦労は3単位を少し上回り、能力のある労働者も少しだけ労力を費やさなければ資格が取れないものとします。するとやはり高給に対応する、資格を持った労働者の利得が少し下がることになりますので、混在型の均衡はなくなります。しかしこの場合、こんどは高い能力の労働者が浪費をしますので、高い能力を持った労働者の利得は下がり、経済的な無駄も生じます。

　資格試験をもっと簡単にして、能力のない労働者でも苦労せずに取れるようにすると、誰もが資格を取るでしょうから、実質的に図5.6のゲームに戻ってしまいます。

---

　8) この点を詳しく分析するためには、本当は生産性に見合った賃金決定のメカニズムを経済全体の枠組みで見るべきです。

というわけで、資格取得を難しくし過ぎると、資格に応じた給与制度は企業にとっては有用ですが、経済的には浪費が生じ、その分能力の高い労働者は余計に搾取されるという皮肉な結果になってしまいました。しかし、資格取得がやさしすぎて能力の判別ができないケースに比べればまだマシですから、この余計な負担は、自分が低い能力の人間と間違われないようにするためにかかる費用と考えることもできます。資格取得のコストは、情報の非対称性から生じた必要悪と呼べるでしょう。

最後にここで紹介した分析の限界をひとつ指摘しておきましょう。それは、いったん雇ってしまえば、給料の高低に関わらず労働者の生産力は変わらないと考えていたことです。能力評価のポイントの一つは労働者によりやる気を出させて、生産性を高めようということにありますから、これはちょっと問題です。しかしこれは戦略的アプローチの限界というわけではありません。雇用されたあと、労働者がどれだけ熱心に働くかを決めるかどうかという問題は第14章で考えます。

練習問題5.1 図5.4のゲームを戦略形表現で書け。

練習問題5.2 本文中のシグナリング・ゲームの混在型均衡では、資格のない労働者は必ず能力が低いと企業が信じていたが、仮に企業が資格のない労働者の能力が低い確率を $\frac{1}{2}$ と信じていたとすると、これは均衡といえるか。また、どの労働者も資格を取らないという型の混在型均衡は存在するか。

練習問題5.3 本文中のシグナリング・ゲームの設定で、能力の低い労働者が資格をとるときに失われる利得は4単位であるとしよう。対応するゲームを展開形表現で書き、分離型の均衡を求めよ。両方の労働者が資格をとる混在型の均衡と、両方ともに資格をとらないという混在型の均衡が存在するかどうか、おのおの調べよ。

練習問題5.4 以下の図5.10で表された展開形表現のゲームのサブゲーム完全均衡を求めよ。また、このゲームを戦略形で表現し、ナッシュ均衡を求めよ。それぞれの均衡について、それが（適当な信念を付与することで）ベイズ完全均衡になりうるかどうか議論せよ。

練習問題5.5 2人のプレーヤーが次ページの表のような状況に直面している。まず、第1段階で、プレーヤー1がゲームをプレイするか（*IN*）、しないか（*OUT*）を選択する。*OUT* が選択された場合には、ゲームはそこで

図5.10

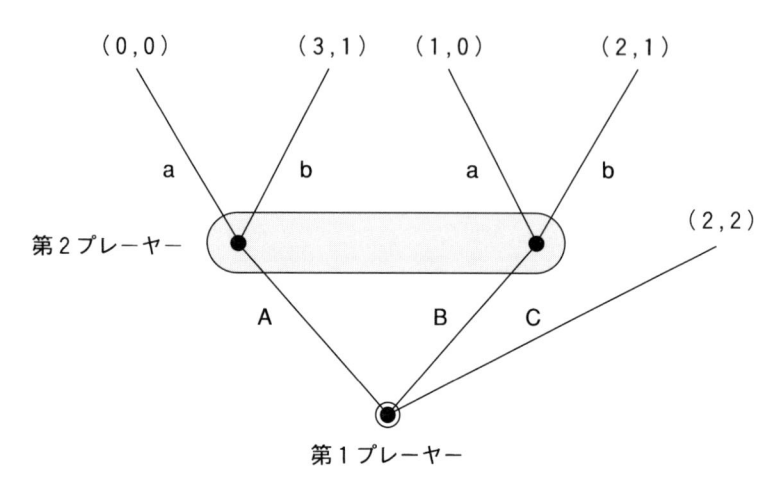

```
   (0,0)    (3,1)    (1,0)    (2,1)
     \      /          \      /
      a    b            a    b
       \  /              \  /
第2プレーヤー ●────────────● 　　(2,2)
              \          /    /
               A   B   C
                \  |  /
                 \ | /
                  \|/
                   ●
               第1プレーヤー
```

		プレーヤー2	
		L	R
プレーヤー1	T	0, 0	1, 3
	B	3, 1	0, 0

終了し、プレーヤー1は利得2、プレーヤー2も利得2を得る。IN が選択された場合には、図5.10で示されるゲームがプレイされる（表中の利得は最終的な利得である）。

1．このゲームを展開形表現で描け。
2．各プレーヤーの戦略をすべて書き出せ。
3．部分ゲーム完全均衡を求めよ。
4．このゲームを戦略形で表現し直し、ナッシュ均衡を求めよ。
5．弱支配されている戦略をくり返し削除していったときに残る各プレーヤーの戦略は何か。削除のプロセスとともに記せ。

Chapter 6
オークション

ピアスの引越し

「まちのパン屋」にやってきたあの茶髪ピアス職人ですが、懸念された腕のほうは実際はなかなかのものでした。「べーかりー」のフランスパンとはまた一味違った、こくがあってかつ繊細な感じが受けて客が増え、いくつかのレストランにも納入しはじめました。ピアス職人の給料が増えたことは言うまでもありません。かれの腕もさることながら、クールに自分の仕事はいつもきっちり仕上げるというプロ意識の強い態度を、経子はとても気に入っています。一方、自分の仕事が終わると店がいくら忙しくてもさっさと帰ってしまうので、主人はいまだに文句を言っています。もっとも娘の済子までピアス職人を気に入っているのがおもしろくないというのが本音のようですが。

ピアスの方はといえば、意外にもこの家族と町を気に入ってしまいました。給料が上がったのを機会に、本格的に町に溶け込もうと、都心のアパートを引き払って引っ越してきました。田舎町のことで、洒落たマンションというわけには行きませんが、農家の4部屋もある離れを借りることができました。ところが、広いのは良いが、家具が少ないのでどうも落ち着かない。将来は独立を考え無駄使いはしたくないと思っていたピアスは、銀行の伝言板でみつけた、大きな中古のテレビを買うことにしました。

「気に入ったんならば、買っちゃえばいいじゃない」
という済子に、ピアスは

「それがさ、なんかアメリカ帰りの大学の先生とかいうのが現れちゃって、その人も買いたいっていうもんだから、売り手の人が高い値段をつけた方に売るって言い出してさ。いくらにすればいいかと悩んでるんだ。今日電話しないといけないんだけど。」

「めんどうねぇ。他のじゃだめなの？」

「うちは、あんな古い家じゃない。下手なものを置くと、浮き上がっちゃってだめだよ。まあそれでも他にまったく代用物がないわけでもないかな。うーん、いいとこ6千円というところかな。」

「え、それで6千円で買いますって電話するわけ？ それはちょっとね。それじゃ、買えてもぜんぜん感激がないじゃない。意味ないわよ。いいとこ6千円なら、3千円くらいにしといたら。」

第 6 章　オークション　97

「でもさ、相手がそれで 4 千円って言っていたら、とられちゃうわけだろ。ちょっと悔しくないか。」

「なにいってんのよ。6 千円って言って、相手が 2 千円だったらもっと悔しいじゃない。」

ピアスは考え込んでしまいました。

6.1　さまざまなオークション

オークションという言葉で何が思い浮かびますか。美術品や骨董品のオークションなど、何か特殊なものを取り引きするための手段というイメージをもってしまいがちですが、実はオークションという取引の形態は、経済活動のいたるところで見かけられるものなのです。農産物の卸し売り、貴金属もある種のオークションで取り引きされています。日本銀行のいわゆる「債券売り・買いオペ」などもオークションの一種です。不良債権をオークションで売り払って換金（流動化）するのは、欧米では広く普及している方法です。インターネットの普及に連れて、インターネット上で気軽にオークション形式で物を売買できるサイトも増えています。

アメリカでは小さなオークション場が身近なところにいくつもあって、要らな

くなったけれども捨てるには惜しいような物を持っていくと、驚くほどの高値で売れてしまったりします。これらのオークション場には一種独特の雰囲気があって、見ているだけでも楽しいものですが、もし買う気があれば、まずオークションの始まる1、2時間前に一度会場に出かけていって、その日にオークションにかけられる物の実物をじっくり見たり触ったりして品定めをしておくのがこつです。時間になってから会場に行くと、まず身分証明書（自動車免許証が普通）を預けるよう言われますから、預けるのと引き換えに入場カード（大きく数字の書いてある厚紙のことが多い）を受け取ります。そのうちに、マイクを持った競り人（オークショニアー）が売り物をひとつずつ取り上げて最初の値段を言いますから、それで買う気があればカードを挙げます。もし複数の人が残っていれば、だんだんカードを挙げる人が少なくなるよう競り人は少しずつ値段を上げていきます。最後に一人だけ残るところまで値段があがると、残ったその人がその値段で品物を競り落としたわけですが、これを後ろの方でちゃんと記録している人がいて、帰りにカードを返して、預けておいた身分証明書を返してもらう時に支払いを求められるという仕組みです。売りに出される物は家具、洋服、食器の類から電気製品、あとよくわからないガラクタ風の物がゴマンと出てきますが、この一見ガラクタ風の物が、実は信じられないような高値で競り落とされたりします。筆者の目撃した物で印象に残っているものといえば、おもちゃ屋の倉庫で20年雨ざらしになっていたようなミッキー・マントル（最近亡くなった有名な野球選手）の人形が、100ドルを超える金額で競り落とされたのと、筆者自身がティファニー製の皿のセットを一枚1ドルで競り落としたときでしょうか。

物を売りたい時には、現物をオークション場に持って行っておきます。こんなものは売れないと門前払いになることもありますが、そうでなければ預かり証をくれ、引き換えにいくつかの契約書にサインをさせられます。契約書の内容は、たとえばいくら安く売れてしまっても文句を言わないとか、売れた場合には25%の手数料を支払うなどというのから始まって、買い手がつかなければ3日以内に取りに来るだとか、不良品の場合は無料で引き取るなどという項目まであります。下手をすると、本当のガラクタばかり集まりかねませんから、こういった誓約をさせるのは良い考えです。というのも、筆者（の1人）は新しいテレビを手に入れたときに、それまで使っていた古いテレビを、どうにも始末に困って、半分捨てる気で持っていったことがあるものですから。それはどう少なく見積もっても

10年以上は使い込んでいて、選局はダイヤルのガチャガチャ回し、もちろんモノラルでリモコンなんかついていないという代物でした。この厳めしい契約書を見たとき、こちらの意図を見透かされたようで、さすがにアメリカの商売人だと感心したものでした。付け加えれば、くだんのテレビは50ドル（当時6千円弱）で売れたので仰天しました。手数料を差し引いた代金の37ドル50セントを受け取ったときに、アメリカにはいろいろな人が居るものだと改めて感じ取ったものでした。

　このような形でのオークションは、競売（きょうばい。法律用語では「けいばい」ともよむ：イングリッシュ・オークション English auction ともいう）と呼ばれ、世界中で最も広く行なわれているオークションの形式です。競り人がオークション中に買い手全員にわかるようにしだいに値段をかえていく形式を総称してオープン・ビッド・オークション（open bid auction）と言いますが、オープン・ビッド・オークションにはこの競売と逆に、競り人が次第に値を下げていって、初めに手を挙げた人が競り落とすというオランダ式オークション（Dutch auction）があり、これはオランダのチューリップの競り売り、シドニーの魚市場などで実際に使われています。日本の花の卸し売り市場や、映画で「寅さん」がやっているたたき売りも、オランダ式オークションです。バーゲンの時期になって、週末に出かけるたびに季節外れの洋服の値段が下がるのも、オランダ式オークションの1変形といえます。

　「入札」とか「競争入札」と呼ばれるものも、オークションの一種です。商品を買いたい（または売りたい）人が、買い値を他にわからないように紙に書いて差し出して、参加者のなかで最高の買い値をつけた人がその値段で商品を競り落とす方式を指すのが普通です。公共工事の発注は、売り手となる建設会社が、売り値である工事費用見積もりを出し、最も低い見積もりを出したものが契約にこぎつけられるわけですから、この形式に属します。経済学ではこの形式のオークションをファースト・プライス・オークション（first price auction）とも言いますが、あまりなじみのない言葉なので、**競争入札**と呼ぶことにします。競争入札以外にも、競り値が最後まで公開されない形式のオークションはあって、これらを総称してシールド・ビッド・オークション（sealed bid auction）と言いますが、これもあまりなじみのない言葉なので、たんに入札方式のオークション、またはもっと簡単に**入札**と呼ぶことにしましょう。ピアスの場合も、この方式と

みなして良いでしょう。

　競争入札の変形に、セカンド・プライス・オークション（second price auction）と呼ばれるものがあります。ルールは競争入札と、最高の値をつけた人が競り落とすところまでは同様ですが、変わっているのは競り落とした人が支払う値段が、二番目に高い入札価格となる点です。例えば三人入札をして、1,000円、1,200円、1,500円が入札価格ならば、競争入札では1,500円の入札をした人が1,500円にて落札するわけですが、セカンド・プライスの場合は1,500円の入札をした人が、1,200円支払って商品を手に入れることができるわけです。この例だけで考えると、売り手にとってセカンド・プライスのルールで入札を行うのは損のように見えますが、そもそもルールが違えば同じ人が同じ入札価格を書くとは限りませんから、そう判断するのは早計です。競争入札で1,200円を入札した人も、セカンド・プライスのルールのもとでは、実際に払うのは自分の書き込んだ値段ではありませんから、1,200円以上の入札をしてくる可能性があると考える方が自然でしょう。セカンド・プライス・オークションは理論の産物というべきもので、実際に使われている例はあまりないようですが、後にわかるように理論的には非常に興味深い方法です。

　買い手の立場からすると、なるべく安く品物を競り落としたいわけですが、そのためにはほかの買い手がどのようにふるまうかを知ることが重大になります。たとえば、ほかの買い手が3,000円と入札することがわかっていたならば、いずれのオークションの形式にせよ、3,000円を少しだけ上回るように自分の価格をきめればよいわけです。ここに、戦略的な関係が生まれていることがわかります。

　しかしほかの買い手の入札額は、その買い手が売りに出ている商品をどう評価するかに依存しています。自分にとってはあまり価値のない古いテレビでも、人によってはその古さがたまらない魅力になっているのかもしれません。したがって、オークションの分析では各個人が相手の評価をどれだけ知っているか、言い換えれば、各個人がほかの買い手の評価額に関する情報を、どれだけ持っているかということが重要になることがわかります。

　一方、売り手にとっての大きな関心事は、どの形式のオークションで品物を売ると儲けが最大になるかということになります。先に競売の形式が最も多く使われていることを述べましたが、はたしてそれは競売が売り手にとって最も有利になるということが、経験的にわかっているからなのでしょうか。売り手の得失は、

買い手の方がいくら払う気があるかに依存しますから、この分析をするのにも、まず買い手の方の事情から考えていく必要があります。

さあ、前置きはこのくらいにして、オークションの戦略的分析に入りましょう。

6.2 オークションのゲーム表現

オークションでの戦略関係は、情報の構造の問題ともかかわって、一般には大変微妙で複雑です。そこで以下ではわりあい簡単に分析できる極端なケースを考えることにして、そこから何が学び取れるのかを見ていきましょう。

売りに出る商品は一つだけです。それに対して、オークション会場に集まった買い手は2人だけいるとします。買い手は各自、自分にとってのその商品の価値を知っているものとしましょう。この価値をV_1とV_2で表すことにします。すなわち買い手1はV_1円までは払って良いと考えていて、買い手2はV_2円まで払って良いと考えている状況です。売り手にとって、商品はまったく価値がないとしましょう。始末に困ったテレビをイメージしておいて下さい。

6.2.1 完全情報の場合

あとで情報の役割を比較検討するために、まずは売り手が買い手にとっての価値を完全に知っている場合はどうなるのか分析しておきます。これは、言い換えると、売り手が商品に対する需要を知っている場合です。もし$V_1 = 0.8$万円、$V_2 = 0.4$万円とすれば、価格が8,000円より高いと誰も買いませんからその時の需要は0個、V_1円とV_2円の間だと、買い手1だけが買うので需要は1個、それ以下になれば二人とも買うので2個となります。

このとき売り手はどうしたら良いでしょうか。売り手の方はV_1とV_2の高い方を選んで、より多く払う用意がある人と直接交渉にあたることができます。どちらでも同じことなので、仮にV_1の方が大きい、つまり買い手1のほうがより多く払う意志があるものとします。これは第4章で議論した交渉の問題ですね。この場合は売り手が、V_1円で買うか、さもなければ決裂、という最後通牒を買い手1につきつければ、買い手1は受け入れるので、結局ちょうどV_1円で、売りさばくことができます。この時に売り手と買い手1の間で生じる余剰はV_1で、それをすべて売り手が取り込むことになります。ついでに言っておくと、これは

需要に対する独占価格付けになっています。（第1章参照）

以上をまとめると、売り手が買い手の需要を完全に知っていて、自由に価格をつけられるときには、商品の取り引き価格 p は V_1 と V_2 の高い方、つまり $p = \max(V_1, V_2)$ となることがわかりました。対応する余剰は $\max(V_1, V_2)$ で、これを売り手がすべて受け取ることになります。

6.2.2 競売

これ以降は、売り手は買い手たちがどれだけ払う用意があるのか、その金額を知らないものとしましょう。買い手の間にも、お互いに相手について何を知っているか、という情報の問題がありますが、相手の手の内が完全にわかっている状況はあまり面白味がありませんから、買い手は自分にとっての価値は知っているものの、相手に関しては直接には知らないものとしましょう。たとえば買い手1の立場からいえば、自分は最大 V_1 円まで支払う用意があるということは、自分自身良く知っているわけですが、相手の評価額 V_2 円はすぐにはわからないので、何か他の情報から推測するしかないという状況です。

さてオークションの中で最も広く行われているのは**競売**ですが、この状況で競売が行われたとすると、どのような結果になるでしょうか。競売人が次第に商品の価格 p をつり上げていった時、買い手1は価格 p 円が自分が払っても良いと思う最高額 V_1 円を超えない限り、つまり $p < V_1$ である限り、競売から脱落する必要は全くありません。なぜなら、降りてしまえば利得は0ですし、降りなかった場合、相手が降りなければ競売は続くので、とりあえずの利得は0、相手がたまたま降りてくれれば、自分が V_1 円だけ払う気があったのにもかかわらず、p 円で買えたので、差し引き $V_1 - p$ 円だけ得になりますし、これ以上に得をする手だてはありません。つまり買い手2がどう出てこようとも、「p が V_1 よりも小さい限り競売に残る」という戦略を採用しておくと、買い手1にとってこれ以上の結果は期待できませんから、この戦略が買い手1にとっての弱支配戦略であることがわかります。買い手2にとっても状況は同じですから、「p が V_2 よりも小さい限り競売に残る」という戦略は弱支配戦略です。

以上をまとめると、競売というゲームには（厳密に定式化したわけではありませんが）両プレイヤーともに支配戦略があり、お互いが共に支配戦略をとるナッシュ均衡があることがわかりました。その結果両者とも自分の思っている価値

V_1 円より価格 p 円が高くなるまで競売に参加しますので、V_1 と V_2 のうち小さい方に p が等しくなった瞬間にその人が降りて、競売は終わることになります。したがって、価格 p 円は評価額の低い方と等しく、$p = \min(V_1, V_2)$ となります。この時に生じた余剰はいくらでしょうか？ 競り落とすのは、評価額の高いほうの買い手で、高いほうの評価額とは $\max(V_1, V_2)$ 円ですから、取り引きによって実現した余剰の総額は $\max(V_1, V_2)$ であり、完全情報の場合と変わりません。そのうち売り手のほうが売り上げ価格に相当する $p = \min(V_1, V_2)$ 円を受け取り、買い手のほうは競り落とした人が差額の $\max(V_1, V_2) - \min(V_1, V_2)$ 円を受け取る計算です。

売り手が需要を知っていた場合は余剰はすべて売り手の手許に残ったのですから、売り手からしてみると情報がないばかりに、取れるものも取れなかったわけです。言い換えれば、買い手の需要を知るというのは、その差額分の価値がある情報だということができます。

しかし、売り手にとって競売は最善な販売方法なのでしょうか。初めに紹介したように、商品をオークションにかけるやり方は他にもありますから、ひょっとしたら他の方法で売れば、より有利になるかもしれません。そこで次節以降で、セカンド・プライス・オークションと競争入札（ファースト・プライス・オークション）を分析して、比較することにします。

そのまえにちょっと脱線して、人数が二人以上、一般に n 人いる時にも全く同様な推論が成り立つことを指摘しておきます。各買い手は、競売価値が自分にとっての価値を下まわる限り、おりてしまう理由がないのは 2 人の場合で見たのとまったく同じです。したがって、n 人の中で最も商品を高く評価している人が最後まで残って、最後に脱落者が出る価格で競り落としますが、最後に脱落するのは 2 番目に高く評価している人なので、結局競り落とす金額は 2 番目に高い評価額になることがわかります。したがって売り手は、買い手がどのような評価をしているかはわからないものの、買い手の中で 2 番目に高い評価額で品物を売却できることが期待できます。こうしてみると、競売とセカンド・プライス・オークションは似通った性質を持つのではないかと類推できるでしょう。

6.2.3 セカンド・プライス・オークション

セカンド・プライス・オークションは、最高の入札金額を提示したものが、第

2位の入札金額を払って商品を受け取ることができるゲームです。もし最高の入札額が複数の入札参加者によって提示された場合、くじ引きで順位を決めます。たとえば1万円で2人が並んでいるとき、くじで勝ったほうが1位となって、2位の入札価格の1万円で商品を競り落とすわけです。

セカンド・プライス・オークションに関しては、楽しい実験があります。まず商品として、ポケットにたまたま入っていた1000円札を1枚用意します。つぎに入札参加者を集めます。筆者の場合は講義に出席している学生たちです。そして、かれらにセカンド・プライス・オークションのルールを説明し、実際に入札金額を紙に書き込ませて集めます。このルールだと、勝ったときに支払う金額は、自分で書いた金額ではなくて、それよりも低い第2位の金額です。30人くらいのクラスだと、どうせ払うのは他人の書いた金額だからと、勝ちたい一心で10万円くらいの金額を書き込んでくる学生がいます。この学生は他の学生はせいぜい900円くらいと書いてくるだろうと勝手に想像しているわけですが、10万円という度胸はなくても、1万円くらいの入札金額をおそるおそる書いてくる学生がたいてい2、3人はでてきます。すると第2位の入札金額にしても1万円くらいの高値になりますから、労せずして1000円札を1万円で、このあたりになると自分の運命を悟ってすでに顔の青ざめているその10万円の学生に売り渡すことができます。学生相手の場合はこのあと笑ってお茶を濁すしかありませんが、社会人の方は職場で手軽に小遣いが稼げますので試されては？[1] もちろんセカンド・プライス・オークションは売り手に利益をもたらす打手の小槌ではありません。ポケットの1000円札の価値は普通は1,000円ですから、1000円札が1万円で売れてしまうとすると、買い手の行動のどこかがおかしいはずです。2人の場合に戻って分析を始めましょう。

買い手1は、自分の評価額が V_1 円の時、どのような入札を行えばよいのでしょうか。実は、V_1 をそのまま入札金額にするのが弱支配戦略になることが、次のように示されます。買い手1が支払うのは買い手2が書いた入札金額ですから、買い手1の立場で考えると、商品を競り落としたいのは、買い手2の入札価格が V_1 円よりも低い場合で、またその時に限ります。なぜなら、この場合に競り落とせば支払い額は買い手2の入札価格で、よって買い手2の入札価格と V_1 円と

---

[1] 筆者はこれに関して生じた一切の問題の責任を負いません。人と場所を選んでやるように。

の差額だけ儲かりますし、逆に買い手2の入札価格が V_1 円よりも高いときには競り落としても損をするだけです。ここで注目すべきことは、どちらにしても買い手1にとっての儲けは、買い手1の入札価格に直接は依存しないということです。買い手1にとっては、買い手2の入札価格が V_1 円よりも低い時に限り競り勝つようにするのが最善だとわかりましたので、相手の戦略に関わらずこれを実現できるような戦略がもしあれば、それは弱支配戦略です。相手の入札価格にかかわらず入札価格を V_1 円とすれば、この条件が満たされることを確認してみてください。

まとめると、セカンド・プライス・オークションでは各買い手とも自分の真の評価額を入札価格にする戦略が、弱支配戦略によるナッシュ均衡であることがわかりました。買い手がこの戦略をとっているとき、競り落とすのは評価額の高いほうで、その時支払う価格は低いほうの入札金額ですから、それは低いほうの評価額にほかなりません。したがって、この均衡においては先の競売の時と同様、取り引きで生じる余剰は競り落とす人の評価額 $\max(V_1, V_2)$ 円で、そのうち売り手のほうが価格に相当する $\min(V_1, V_2)$ 円を受け取り、競り落とした人が $\max(V_1, V_2) - \min(V_1, V_2)$ 円を受け取ることになります。

6.2.4 競争入札

競争入札とは、最高の入札金額を提示したものが、その金額を払って商品を受け取ることができるゲームです。もし最高の入札額が複数の入札参加者によって提示された場合、やはりくじ引きで順位を決めます。

まずわかることは、競売や、セカンド・プライスのルールの時と異なり、各買い手に弱支配戦略はありません。もし相手の入札価格が5,000円で、自分では1万円まで払っても良いと思っていれば、入札金額は5,000円以上でできるだけ5,000円に近いのが得ですが、相手の入札金額が違えば、自分にとって最善な入札金額も変わってきます。ですから、先のように相手の入札戦略にかかわらず最適な入札価格というものはないということがわかります。したがって、買い手1の戦略の是非を調べるためには、買い手2の戦略を想定する必要があり、ここに微妙な戦略的な関係が生じていることがわかります。これをゲームとして定式化するためには少し工夫が必要です。

買い手2に関してこれ以上何も情報がないときには、買い手1としてはいかん

ともしがたいのですが、実際のオークションでは、競争相手がどの程度商品に興味があるのか、多少は情報があるものです。古いテレビの例で言えば、相手がそれをいくらに評価しているのかは、正確にはわからないものの、ふつうのテレビのことですから、常識と経験から言って相手がどのくらいまで払っていいと思っているのか大体の範囲は予想がつくでしょう。最低は 0 円、つまり相手はテレビにまったく興味を持っていないケースとして、最高はまあ 1 万円くらいとか。オークションに参加している常連ならば、その程度の予測はつくものです。売るほうも、おそらくその程度の予測はつくでしょう。

そこで、買い手 1 は買い手 2 の評価額 V_2 円にかんして、V_2 は 0 から 1 万円のあいだの数のどれかで、可能性としてはどの数も同じ程度にありうる、ということまでは知っているものとしましょう。数学的に言えば、V_2 は区間 $[0, 1]$ 上の一様分布に従うということですが、とくに難しい知識は必要ありません。

さて、買い手 1 の商品への評価が0.5万円だったとして、入札金額はいくらが良いでしょう。あまり低すぎると、競り落とす可能性が少なくなるでしょうし、高すぎると競り落としても儲けが少なくなってしまいます。相手の評価額は 0 と 1 万円のあいだと仮定したのですが、買い手 1 が本当に知りたいのは、買い手 2 の入札金額のほうで、それよりもちょっと高い入札をしたいわけですが、買い手 2 の入札金額は買い手 2 の評価額に依存して決まるでしょう。それはどのような関係でしょうか。

まずは手がかりとして、買い手 2 は自分の評価額が V_2 のとき、V_2 円を超える金額を入札してくるかどうか考えましょう。これは相手がよっぽど負けず嫌いでアツクなるタイプの人でない限り、期待薄です。確かに入札金額をとても高くしておけば、入札に買って商品を競り落とす可能性は高くなりますが、これでは落札しても損をするばかりです。それでは、V_2 円と入札するのはどうでしょう。これも相手がよっぽど戦略的思考法に疎くない限りありえません。なぜなら、これでは買い手 2 が仮に落札しても儲けはありませんが、もし入札金額を少しだけ下げておけば、競り勝つ可能性は減りますが、勝ったときには必ず利益が上がります。言い換えると、入札で勝利してしまったのちには、ほかの買い手の入札金額は実は自分のよりも低いとわかるわけですから、そんなことならもう少し入札金額を下げておけばよかった、ということになるわけです。この効果を称して**勝者への呪い**（winner's curse）といいます。したがって、「勝者への呪い」の効

果を考えに入れて戦略的に思考すれば、買い手2は入札に勝つ可能性を少し犠牲にしても、競り落としたあかつきにはしっかり儲けがあるようにしてくるでしょう。

さて問題は、買い手2が評価額を実際にどのくらい割引いて入札してくるかです。とりあえずはどれだけかわかりませんから、その割合を$k(k>0)$で表すことにしましょう。つまり買い手2が評価額V_2万円を得た時に入札する金額はkV_2万円と想定するわけです。たとえば$k=0.8$のときには、買い手1は買い手2が自分の評価額の8割の金額を書いてくる、と推定しているわけです。まずはこの想定を正しいものと信じて、買い手1はどのように入札したら良いのか調べましょう。その後で、どのような想定をするのが合理的なのかを議論することにしましょう。

さて計算の取っ掛かりをつかむため、例として買い手1の評価額を0.5万円、彼の入札金額を0.4万円、買い手1の想定する買い手2の使う割引率を$k=0.8$としてみましょう。したがって、買い手2の評価額がV_2万円のとき、買い手2の入札金額は$0.8V_2$万円です。買い手1にはV_2の値はわからないものの、この想定のもとでは買い手2の入札金額が0.4万円を下回るとき、すなわち$0.4>0.8V_2$のとき競り落とすことになります。この式を書き直すと、$V_2<\frac{0.4}{0.8}=0.5$万円となりますから、競り落とすのはV_2が0.5万円よりも小さいときです。V_2の値としては、0と1のあいだの数が等しい可能性でありうるという仮定でしたから、$V_2<0.5$となる確率はちょうど$\frac{1}{2}$です。一方で競り落としたときの儲けは、自分の評価額と入札金額の差ですから、$0.5-0.4=0.1$万円となります。落とせなかったときの儲けは0ですから、買い手1にとっての期待利得は$0.1\times\frac{1}{2}+0\times\frac{1}{2}=0.05$万円です。

このように、買い手1の評価額V_1万円、彼の入札金額b_1万円、買い手1の想定する買い手2の使う割引率kがわかると、買い手にとっての期待利得がわかります。買い手1にとっての最適反応とは、その期待利得を最大にする入札金額にほかなりません。相手の割引率kは一定として、一般のケースで計算してみましょう。

買い手1が競り落とすのは買い手2の入札金額がb_1万円を下回るとき、すなわち$b_1>kV_2$のときです。これは$\frac{1}{k}b_1>V_2$と書き換えられますので、買い手1が競り落とす確率は、V_2が$\frac{1}{k}b_1$以下となるような確率で、これは先ほどと同

じように考えて $\frac{1}{k}b_1$ だということがわかります。一方で競り落としたときの儲けは評価額と入札金額の差で V_1-b_1 万円となります。落とせない確率は、1 から落とせる確率を引いたもので、これは $(1-\frac{1}{k}b_1)$。落とせなかったときの儲けは 0 ですから、買い手 1 にとっての期待利得は

$$(V_1-b_1)\times\frac{1}{k}b_1+0\times(1-\frac{1}{k}b_1)=\frac{1}{k}(V_1-b_1)b_1 \qquad (6.1)$$

万円です。ここで V_1 は買い手 1 が既に知っている数ですから、式 (6.1) は、買い手 1 の想定 k が決まると、買い手 1 の入札金額 b_1 に応じて買い手 1 の期待利得がどのくらいになるのかを示した式です。式 (6.1) を変形して平方完成すると、$\frac{1}{k}\{-(b_1-\frac{1}{2}V_1)^2+\frac{1}{4}(V_1)^2\}$ となりますから、$b_1=\frac{1}{2}V_1$ のとき期待利得は最大になることがわかります。

したがって、買い手 2 が一定の割合 k を割り引いて入札してくるという想定のもとでは、買い手 1 はなんと自分の評価額のたった半分を入札金額にするのがよいということがわかりました[2]。たとえば $V_1=0.5$ 万円のときは、最適な入札金額は 0.25 万円です。

同様に買い手 2 も自分の入札金額について悩んでいます。ここで新たな仮定ですが、買い手 2 も買い手 1 と同様な経験から、買い手 1 の評価額は 0 と 1 万円の間が、均等にありうると想定しているものとしましょう。すると、買い手 2 も式 (6.1) と同様な式に思い至るでしょうから、買い手 2 も自分の評価額のちょうど半分を入札するのが最適と考えます。さかのぼって、割引率 k に関する買い手 1 の合理的な予想は $k=\frac{1}{2}$ であったことがわかります。

さて、売り手の立場からみるとどうでしょう。確かにそれぞれの買い手は競売に臨むときには自分の評価額を知っているわけですが、第三者である売り手にはわかりません。分析をしているものにとってもこれはわかりませんから、戦略的分析の帰結を、2 人の買い手のみが知っている個人情報に依存して導いても役に立ちません。そこで、第三者から見たこの買い手の間の戦略的関係を記述することにします。

売り手が知っているのは、買い手がお互いに相手の評価額は 0 と 1 の間の数が

---

2) 最適な入札金額が k に依存しないのは、一様分布の特殊性からです。

第6章 オークション 109

同じ可能性でありうる、と想定している点であるとしましょう。つまり売り手から見れば、あたかも「自然」がそれぞれの買い手に評価額 V_1 と V_2 を独立に選んで、売り手に内緒でそれぞれ買い手に知らせてから、実際のオークションが始まって、V_1 と V_2 に対応した行動を買い手がとっているかのように見えます。したがって、オークションの戦略的関係をゲームで記述する場合、買い手 i の（第三者から見た）戦略とは、自分の未知の評価額 V_i に対応して入札金額を決めるルール、つまり V_i に入札金額を対応させる関数です。

したがって、買い手が2人の競争入札というゲームは：

- プレイヤーは2人
- プレイヤーの戦略の集合は、V_i に入札金額を対応させる関数（ルール）全体
- プレイヤーの利得は競争入札での期待収益

となります。このゲームのナッシュ均衡とは、お互いに相手の戦略に対して自分の戦略が最適になっている組です。これまでの分析の結果でわかったのは、それぞれの買い手 i が、戦略

$$\text{自分の評価額が } V_1 \text{円ならば、入札金額を } \frac{1}{2}V_1 \text{円にする} \qquad (6.2)$$

をとる状況は、このゲームのナッシュ均衡になっているということです[3]。

6.3 オークションの比較

さて、売り手にとってはどのオークションの形式が好ましいのでしょうか。

競争入札の時、ナッシュ均衡において、V_1 と V_2 の高い方の買い手が競り落とすことになるのに注意しましょう。したがって、売り手の収益は V_1 と V_2 の高

---

3) ちょっとごまかしました。式 (6.1) で計算したのは、評価額を知った後の期待利得でしたが、ここでいう期待利得とは、評価額を知る以前にさかのぼってそれらの期待利得をさらに平均したものです。したがって、先ほど計算したルールが、ここでいう期待利得を最大化していないのではないかと不安に思われる方がいるかもしれませんが、大丈夫です。これ以外の戦略を取るとは、ある V_i について、$\frac{1}{2}V_i$ 以外の入札をするということですが、それは式 (6.1) から、得にならないことがわかっていますので。

い方の半分です。一方、競売とセカンド・プライス・オークションでは$\min(V_1, V_2)$が収益でした。したがって、評価額がお互いに近いときは競売とセカンド・プライス・オークションのほうが収益が高くなります。なぜならそのようなときには$\min(V_1, V_2)$はほとんどV_1と同じですが、競争入札の収益はこの半分になってしまいます。一方で、評価額がかけ離れているときには、競争入札の収益の方が高くなります。そんな時は競売だと、評価の低い方の買い手はあっという間におりてしまうでしょうから。

しかし、売り手が買い手の評価を知らないので、この比較はあまり役に立ちません。競売と競争入札とで、平均的にはどちらが得なのでしょう。実は平均値は同じで、いずれも1/3になるのです。これを確認するのに必要な計算は補論1を見てください。言い換えると、われわれの仮定のもとでは、競売と競争入札とでは、売り上げ価格の決まり方は違うものの、平均してみれば、売り手にとって同じだけの収益が得られるという結論が出ました。本書のレベルを超えますが、もっと一般的に、このように商品に対する評価が個人的に独立に与えられている場合に、商品が必ず売られるという前提の下では、先に述べた四つの形式以外のどのような形式のオークションを用いても、売り手にとってはこれ以上に平均収益を上昇させることはできないことが示されます。これを「オークション理論における収益同値性定理」と言います。特に売り手にとっては、競売で売っても、競争入札で売っても、収益は最大になっているので、これ以上に良い売り方はないのです。

もっともこの収益同値性の結果には、いろいろな仮定がありました。これまで考えてきた場合では、品物の価値が各個人にとって固有のもので、各個人はそれを知っていて、しかも評価の分布は独立であると仮定してきました。この意味でこれらを「個人価値のオークション」と呼びます。買い取った商品をさらに転売することができるならば、この仮定は少々極端なものと言えるでしょう。なぜなら買い手にとっての利益は、転売した時に生じる利益ですから誰にとってもそうは変わらないでしょう。いっぽうで、この利益は不確実で売り手はおろか買い手にもわかりません。例えば国債の新規発行では、国債を競り落とした証券会社は、のちにそれを市中で売りさばくわけですが、国債自体はこの証券会社が売っても他の会社が売っても同じですが、入札時には転売価格は証券会社にとっても不確実です。

この章では個人の評価額の分布が独立で等しいケースを考察しましたが、それ以外の場合には、必ずしも収益同値性は成り立ちません。実際、競売の形式のほうが入札よりも期待収益が大きくなる場合が多く知られています。世界中で、競売が最も多く使われているオークションの形式であるゆえんです。

とはいっても、実際にこのようなオークション・モデルを学生を集めて実験してみると、競争入札で売ったほうが、まず間違いなくはるかにもうかります。競売の場合、自分の評価額まで降りないという戦略は、本人が支配戦略として意識しているかどうかは別にして、割合簡単にわかるものです。一方で、競争入札のほうでは、これまで見てきたとおりかなり高度な読みと計算が必要になりますから、なかなか最適な戦略には思い至らないようです。じっさい、読者の中でも自分の評価額の半分だけを入札にするという戦略は、ちょっと意外だった方も多いのではないでしょうか。

もう一つ重要なのは、買い手がお互いに、相手の評価額を直接には知らないものの、それがどのような確率的法則で選ばれるかということを「知っている」ということです。実際問題として、これは成り立つかどうかかなり怪しい仮定ですが、この仮定なしにどのようなことがいえるのかは、まだあまり良くわかっていません。

6.4 入札最低価格と最適オークション*

収益同値性のための前提としてあった、「商品が必ず売られるという前提の下では」という注意書きに、なぜこんなことを断っておく必要があるのか、少々妙に思われた方も多いのではないでしょうか。私たちの大前提は、商品は売り手にとっては価値がないということでしたから、売り手がもし品物が売れないような状況に陥りそうになったら、捨て値で売りさばいても、売れないよりはましですから。したがって、商品が売れ残る可能性のあるようなオークションの方法を使うと、かならず売り手にとっては損になるように思われます。ところが意外なことに、最低入札価格を設けてそれを公開し、この価格に満たない入札しかえられないときには品物を売らずに捨ててしまうほうが、実は売り手になって得になるのです。これはなぜでしょうか。

この事情を理解するために、もう一度先に求めた均衡戦略 (6.2) を見てみま

しょう。各プレイヤーは、自分では最大 V_i まで払う用意があっても、「勝者への呪い」の効果のため、実にその半額しか入札金額としては書きません。したがって、売り手の立場から見れば、「勝者への呪い」の効果を減らすことができれば、それだけ入札金額を相対的に高めることができるわけです。もし最低入札価格があると、次のような効果が期待できます。仮にある買い手の評価額が、最低入札価格の少しだけ上だったとしましょう。この時には、半額だけ入札するという行動は最適ではありません。なぜなら、もしそうすると最低入札価格を下回る入札になってしまうので、品物を競り落とすことはできませんが、一方で最低価格をほんの少し上回る入札金額にしておけば、儲けは小さいでしょうが、それでも競り落とす可能性がでるので多少の期待利得が見込めます。このことから、買い手たちは最低入札価格があるときには、ない場合に比べて相対的に高めの入札金額を書くであろうと想像できます。これは売り手にとってよいことですが、一方では誰の評価額も最低入札価格に満たない場合には、当然どの買い手も入札を断念してくるでしょうから、売り手は泣く泣く品物を捨てなくてはなりません。ですから、あまり最低入札金額が高いと逆効果です。

ちょっと数学的に重いですが、最低入札価格が a（ただし $0 \leq a < 1$）とすると、買い手 i の均衡戦略は次のようになることが示せます（補論2参照）。まず、もし $V_i < a$ ならば入札金額は0、$a \leq V_i$ ならば、入札金額 b_i は

$$b_i(V_i) = \frac{1}{2}\left(V_i + \frac{a^2}{V_i}\right) \tag{6.3}$$

と計算されます。先に求めた最低入札価格のないケースは、ちょうど $a = 0$ の場合に対応していることに注意して下さい。売り手の期待収益は $2\left(\frac{1}{6} + \frac{1}{2}a^2 - \frac{2}{3}a^3\right)$ となります（補論1参照）。これが最大になるのは $a = \frac{1}{2}$ のときで、そのとき最大値10/24をとります。ですから、最低価格を1/2にすることで、売り手の期待収益は最低価格のなかったときの1/3にくらべ約25％も増加するのです。つまり、売り手としては最低価格以下では売らないという覚悟を買い手に示すことができるならば、そのほうが相対的に売り手にとってより有利な入札行動を引き出すことができるのです。

したがって、現実に最低入札価格が設けられているオークションが多いのは理論的にもうなずけることです。売り上げをなるべく大きくしたいときには、最低

入札価格を設けて競争入札にする方が、これまでの設定では、競売よりも優れています。ただし、売れなかったときに捨ててしまうというのが肝要です。もし買い手のほうが、入札が不調に終わったときには同じ商品が近い将来もう一度オークションにかけられると予想すれば、現在のオークションではより消極的に入札することになるでしょう。なぜなら、最低入札金額があるときにより高く入札金額を決めたのは、自分の評価額が最低価格よりも高いにもかかわらず競り落とせずに品物がなくなってしまう可能性を嫌うからでした。品物がもう一度オークションにかけられるとわかっていれば、この心配はする必要がなくなりますので。

ただし、余剰の実現の見地からすると、この最低価格制度は感心しません。取り引きで生じる余剰は競り落とした買い手の評価額であったことを思い出しましょう。すると、最低入札価格のないケースでは、常に評価額の高いほうの買い手が競り落としますから、総余剰は $\max(V_1, V_2)$ です。一方で、最低入札価格があると、商品が売れれば総余剰はかわらず $\max(V_1, V_2)$ ですが、売り損ねるケースでは総余剰はもちろん 0 です。したがって、総余剰を最大にするという観点からは、最低入札価格を設けるのは良くありません。たとえば、政府が資産を処分するときなど、売り手である政府の目的は、必ずしも売り上げを最大にすることではないので、最低入札価格を設けるかどうかは慎重に判断しなくてはなりません。

6.5 入札と談合——くり返しゲーム

日本でも公共工事発注等に入札が用いられることはすでに述べました。この入札をめぐって、ここまでお話しした理論だけでは、捉えられない現象が日本で蔓延しています。いわゆる**談合**の問題です。これは複数の業者が示し合わせて、落札する業者や落札価格を事前に決めてしまい、結果的に入札の制度そのものを骨抜きにしてしまうものです。相手に勝ちたいから、低い価格を入札しようとするわけで、入札側が共謀してしまうと、理論上の入札価格は最高価格となり、工事発注側はまったく入札の利益を得られないこととなってしまいます。談合による入札価格のひきあげとそれに伴う「税金の無駄使い」——もう少し経済学的に捉え直すと資源配分の歪み——がどの程度の額に上っているか信頼性のあるデータはありません。公共工事の中にはもちろん談合があったとしても採算ぎりぎりの

線で落札される場合もあるでしょうが、つぎのようなケースもあります。

　1996年に茨城県のつくば市で発覚した談合事件では同市の建設業親睦会の会員業者による落札価格が3億9,000万円でした[4]。この入札をめぐって談合の存在が指摘され、他市の業者で改めて入札を行ったところ、水戸市の業者が約2億6,000万円で落札しました。もしかりに後者の価格を適正な競争価格と考えると、談合による価格上昇は50％に達していたとみなせるわけです。このようなわたしたちの目に触れる事件は氷山の一角であるとすると、相当な歪みが発生していると言わざるを得ません。

　これまで見てきたように、そもそも競争入札は、コストに関する知識が少ない発注者側が複数の企業に見積の段階で競争をさせてより低い価格で工事を請け負わせようというシステムです。このように競争を促すよううまく作られたはずのシステムが実際に機能しないのはなぜでしょうか。

　業者間の事前の話し合いがあったとしてもそれだけでは高い落札価格には結びつきません。採算ラインが6億円の公共工事の入札を考えてみましょう（もちろん、この採算ラインを知っているのは企業だけです）。今回限り顔を合わせない業者に「自分は10億円を入札するからあなたは9億9,000万円で落札しなさい」と言われ、それを素直に信じて9億9,000万円を入札するとしたらあなたはお人好しと呼ばれることになります。相手は裏で舌を出して9億8,000万円を入札してくるでしょう。相手の言葉は高い値で落札するための罠だったのです。もちろん、あなたは相手を信じたふりをして9億5,000万円を入札するのも面白いでしょう。しかし、やはりプロ同士が読み合いを行えばどちらの読みも外れていない状態での入札価格は6億円になってしまうのは前の場合とまったくかわりありません。話し合いを超えたなんらかのメカニズムがまだ裏にあるようです。

　日本の公共工事入札の特色として指名競争入札制度があげられます。これは、発注側が審査の結果、適格と認めた業者にのみ入札の権利を与える（指名する）というものです。この点で日本の制度はアメリカ型のだれでも入札に参加できる一般競争入札とは大きく異なります。指名競争入札では、通常公共工事実績のある業者数社が指名されることになり、発注側としてはかれらが適格か否かを一から調べる必要がないので事務手続きが簡素化されます。また能力が十分でない企

---

[4] この記述は、筑波大学大学院経営・政策研究科の佐川君の修士論文からとってきたものです。ここに謝意を表します。

業の落札を未然に防ぐことができます。しかし、海外や他地域の企業や新規参入企業が指名名簿に名を連ねることはたとえ能力があってもむずかしく、入札は特定のメンバーの間で行われることが多くなります。しかも公共工事の発注は一回きりということなく、何度もやってきます。このアウトサイダーのいないくり返しの状況というのが実は談合の成立に大きく寄与しているのです。

この状況はくり返しゲームとして分析することができます。いま、簡単化のために本来の競争価格が6億円の工事がくり返し発注される状況を考えてみましょう。毎回入札するのはA社とB社の2社のみとします。発注者側の適正価格帯は上限（これを予定価格といいます）が10億円、下限（最低制限価格）が4億円だとしましょう。業者もこのことを予め知っているとします（現実にも知っているケースが多いようです）。第1回の入札ではA社が10億円で落札し、それ以降は交互に10億円で落札することが決まっていたとします。ここでかりにA社が落札する順番のときにB社が出し抜いて9億5,000万円を入札、落札したとしましょう。以降、A社はB社を信用しなくなり、6億円を入札し続けることも考えられます。もし、そうだとすると、B社は今日A社を裏切って3億円強の利益を得たとしても次回以降一回おきに訪れる4億円ずつの利益を失ってしまうことになるのです。したがってB社が非常に近視眼的でなければ、そのような裏切り行為は慎むはずです。談合破りをしないのは将来の報復を怖れてのことだったのです。さらに遡っていえば、くり返しの状況の中での制限された競争が談合の余地を生み出していたといえるでしょう。

最後に登場した新たな分析手法はともかく、入札や競売を実施するにあたっては、このような長期的な共謀関係が発生しないように気をつけなくてはなりません。1つの方法はさきほど、つくば市の例にあったように、地元以外の業者を混ぜて、入札を行うというものです[5]。地元優先の公共工事発注も地域振興の観点から無視し得ない要素ですが、談合による国民の税金の無駄使いを上回るほど大切なことなのか、われわれ1人1人が考えなくてはならない時期が来ていると言えるでしょう。

---

5) ただし、現在のところ、その試みは、よそ者がお付き合いで入札し、落札できないような金額を書くらしく、談合の体質を崩すには至っておりません。

補論1　平均収益の計算

競争入札のときの売り上げ価格の平均値は、$\max\left(\frac{1}{2}V_1, \frac{1}{2}V_2\right)$の平均で、これが競売のときの価格$\min(V_1, V_2)$の平均と等しくなり、それが$\frac{1}{3}$であることを示します。

$\max\left(\frac{1}{2}V_1, \frac{1}{2}V_2\right)$の平均値を考えましょう。いま、$V_1 = v_1$に固定して、たまたま$V_2 > v_1$であれば、$\max\left(\frac{1}{2}V_1, \frac{1}{2}V_2\right) = \frac{1}{2}V_2$なので、その時の平均値は$\int_{v_1}^{1}\frac{v_2}{2}dv_2 = \frac{1-(v_1)^2}{4}$です。したがって、$V_2 > V_1$であるという場合の平均値は$\int_{0}^{1}\left(\int_{v_1}^{1}\frac{v_2}{2}dv_2\right)dv_1 = \int_{0}^{1}\left(\frac{1-(v_1)^2}{4}\right)dv_1 = \frac{1}{6}$となります。一方、$V_2 < V_1$である場合も対称的に計算できますから、求める平均は$2 \times \frac{1}{6} = \frac{1}{3}$です。

同様に考えて、$\min(V_1, V_2)$の平均は$2\int_{0}^{1}\left(\int_{0}^{v_1}v_2 dv_2\right)dv_1 = 2\int_{0}^{1}\left(\frac{(v_1)^2}{2}\right)dv_1 = 2 \times \frac{1}{6} = \frac{1}{3}$となります。

最低価格がある場合の売り手の期待収益を計算するには、$\max\left[\frac{1}{2}\left(V_1 + \frac{a^2}{V_1}\right), \left(V_2 + \frac{a^2}{V_2}\right)\right]$の期待値を、$V_i \geq a$に注意して求める必要があります。上のように求めても良いですが、$V_i \geq a$の条件が面倒なので次のように考えましょう。独立な一様分布の仮定から、第1プレーヤーの評価額がvのときに、第2プレーヤーの評価額がそれ未満である確率はちょうどvで、その時に$\frac{1}{2}\left(v + \frac{a^2}{v}\right)$だけ収益があるわけですから、売り手の期待利得は$2\int_{a}^{1}\frac{1}{2}\left(V + \frac{a^2}{V}\right)V dV = 2\left(\frac{1}{6} + \frac{1}{2}a^2 - \frac{2}{3}a^3\right)$と計算できます。

補論 2　均衡戦略の計算

ここでは個人価値が独立の場合のより一般的な議論を簡単に紹介しておきます。

各個人の評価額が、分布関数 F、確率密度関数 f をもった確率分布で独立に与えられているものとして、入札を考察します。つまり V_i が x 以下になる確率が、$\Pr[V_i \leq x] = F(x)$ であたえられていて、$F'(x) = f(x)$ が成り立っています。

買い手 i の入札ルールを $b_i(V_i)$ と書くことにして、最低入札価格が a である競争入札における対称的な均衡解、すなわち $b_1(V) = b_2(V)$ がすべての V にかんして成り立つような均衡を求めてみましょう。議論を簡単化するために、すでに関数 $b_i(V)$ が増加関数で微分可能であることがわかっているものとします。記号として、g で、b の逆関数を表すことにしましょう。すなわち $b_i(V_i) = s$ のとき、またその時に限り $g_i(s) = V_i$ で、逆関数の微分法の公式から、$g'_i(s) = 1/b'_i(g_i(s))$ が成り立つことに注意しておきます。

さて、買い手2が戦略 b_2 に従って入札しているという前提の下で、自分の評価が V_1 である買い手1がどうすべきかを考えます。$V_1 < a$ ならば、入札しても得はありませんが、そうでなければ入札金額を s とすれば、買い手1が落札する確率は $\Pr(s > b_2(V_2)) = \Pr(g_2(s) > V_2) = [F(g_2(s))]$ です。その時の儲けは $(V_1 - s)$ ですから、これに確率を掛け合わせて、利得の期待値は

$$(V_1 - s)[F(g_2(s))] \tag{6.4}$$

となります。均衡ではこれを最大にするように s を決めているはずです。したがって、これを s に関して微分して 0 に等しくおくと、

$$(V_1 - s)f(g_2(s))\, g'_2(s) - F(g_2(s)) = 0 \tag{6.5}$$

を得ます。したがってこの式に $s = b_1(V_1)$ を代入したとき、すべての V_1 について成り立つことが必要条件になります。ここで対称性から、$g_2(s) = g_1(s) = V_1$ と $g'_2(s) = g'_1(s) = \dfrac{1}{b'_1(V_1)}$ が成り立つことに注意して、式 (6.5) を書き直せば、

$(V_1 - b_1(V_1))f(V_1)\dfrac{1}{b'_1(V_1)} - F(V_1) = 0$、これを整理して、

$$(V_1 - b_1(V_1))f(V_1) - b'(V_1)F(V_1) = 0 \quad (6.6)$$

を得ます。したがって、均衡解を求めるにはこの微分方程式を解く必要があります。もし分布が本文と同じ $[0,1]$ 上の一様分布であれば $F(V) = V$ ですから、$(V_1 - b_1(V_1)) - b_1'(V_1)V_1 = 0$ となり、これを解くと $b_1(V_1) = \dfrac{V_1^2 + 2C}{2V_1}$ (C は定数) となります。一方で、もし $V_1 = a$ ならば、買い手1にとっての最適入札金額は当然 a 円ですから、$b(a) = a$ でなければなりません。これを使えば $C = \dfrac{a^2}{2}$ であることがわかります。これで、式 (6.3) が得られました。買い手2についても同様に計算できます。

これまでの議論は、最大化の必要条件のみを使っていましたから、実際これが均衡であることを確かめるには、本当に期待効用が最大化されていることを確かめる必要がありますが、これは式 (6.4) に戻れば、容易に確かめられます。

練習問題6.1 2人の買い手が、1つの商品を競り落とすセカンド・プライスルールの競争入札を考える。各プレーヤーの評価額は1万円、8千円、6千円、4千円のいずれかであることがわかっている。以降、金額は千円単位で、入札の最低金額は4千円、最高は1万円とする。

1. 買い手1の入札金額が8千円で、買い手2の入札金額が5千円のとき、どちらがいくらで商品を手に入れることができるか。
2. 買い手1にとっての商品の価値は8千円で、買い手1は買い手2にとっての価値は知らない。この時の買い手1にとっての利得と入札金額（自分のと相手のものと）の関係をあらわす表をつくれ。そして買い手1は入札金額をいくらにすべきか、説明せよ。商品の価値が6千円のときはどうか。

練習問題6.2 2つの建設会社が、公共工事の競争入札に参加している。第 i 番目の会社にとって ($i = 1, 2$)、工事の費用は C_i 億円で、それぞれの C_i は独立に区間 $[1, 2]$ 上の一様分布に従うことがわかっている。談合はないものとすると、平均的には、落札価格はいくらになると予想されるか。予定価格（最高入札価格）を設けることは、得策か。

練習問題6.3 スーパーマーケットの生鮮食料品売り場では、閉店間際に次第に値段を下げて商品が売れ残らないようにすることがある。これも、オー

クションの一種と考えられる。一方で、値下げを一切せずに、売れ残った商品は捨ててしまうところもある。捨てるくらいならば、値下げしてでも売ってしまったほうが得なように思われるのだが、値下げしないで捨ててしまうことを理論的に正当化できるのか議論せよ。

練習問題6.4 江戸時代にできた蔵から発見された絵巻物を、2人の古書店の店主 $i=1,2$ が競り落とす競売を考える。絵巻物は転売できるが、いくらで売れるかは確実でない。絵巻物は X_1+X_2 円で売れるということをお互いに知っている。しかし、店主1は X_1 の値は知っているが X_2 の値は知らないし、店主2は X_2 の値は知っているが X_1 の値は知らない。本文での分析のように、それぞれの X_i は独立の確率変数で、区間 $[0,1]$ 上に一様に分布しているものとする。

1. X_1 の値は知っている第1番目の店主にとって、期待される絵巻物の転売価値はいくらか。
2. 次のような戦略を考える。「価格が $2X_i$ まであがるまでは競りつづけ、$2X_i$ になったらおりる。」お互いにこの戦略を採っているのはナッシュ均衡であることを示せ。
3. 競売でなく、競争入札ならば入札額をいくらにするだろうか。

発展問題6.5 第1章で考察した「まちのパン屋」と「ベーかりー」の間の価格競争が、無限期間くり返されるゲームを考える。各店は、利子率は無視し、平均の利潤を最大化しようとしている、とする。また、第3の参入企業の可能性も無視する。このとき、各店が、相手がずっと140円以上の価格をつけている限り、次の期も140円をつけ、相手が過去に1回でも140円未満の価格をつけたら、それ以降は50円をつけ続ける、という戦略を採っていると、その組がナッシュ均衡になることを示せ。

Chapter 7
公共財

パン屋の憂鬱

あの二軒のパン屋のある町は、その後ある国立大学が都心から移転してきたのをきっかけに、もとは一面田んぼだったあたりにみるみるうちに建物がたって、見違えるほど大きくなりました。洒落たレストランがいくつもできて、パン屋さんたちはそのレストランにも納入しはじめました。客の数も格段に増えて、仕事もずいぶん忙しくなりました。儲けも増えて、子供たちの教育費の捻出に頭を悩ませていたことがあったのがうそのようです。

しかし、そのうちに「まちのパン屋」夫婦は将来に不安を感じるようになりました。というのも、それまでは開発は進んだものの外部への公共交通手段がないため、陸の孤島と揶揄されてきたこの町に、都心へ直行する高速バスが運行されはじめ、バスのターミナルができてしまったからです。高速バスはもとより、町の中を走るバスもここを起点にすることになりました。ターミナルには大手デパートも出店、巨大な駐車場を備えたショッピング・モールもできました。将来は都心と直結する電車もターミナルに乗り入れる計画まであります。パン屋さんのある例の商店街は、今では旧市街とよばれる場所になってしまいました。

商店街には、「まちのパン屋」をはじめ、なかなかほかにはない味のある店がそろっているので、ショッピング・モールができた後でも、昔からのお客さんたちはやはりこちらに立ち寄ってくれます。しかし、自然発生的にできた町並みなので、駐車場がないのが旧市街の弱点の一つでした。これまでのように路上駐車に頼っていたのでは、集客力に難があることは、商店主たちも十分承知しています。広々としたこの町に住む人たちは、どこに行くにも車ですし、最近は学生も車を持っているほうが多いくらいなのです。

そのような頃、商店街の裏手にあった畑の持ち主が、跡取りもいないし、農作業ももうきついので、畑を手放したい、商店街で買わないか、という話を持ちだしました。整地して駐車場にすれば、50台は収容可能でしょう。商店街にとってはまたとない場所です。農地ですからすぐには商業地にはできませんが[1]、今では商店街の組合の会長になっている「まちのパン屋」の主人は、持ち前の調子の良さを発揮して、役所の責任者にちょっとここでは書けないようなさまざまな接待攻勢をかけて、なんとか「便宜」をはかってもらう約束を取り付け、いよいよ商店街にも駐車場を作るという計画が、現実

味を帯びてきました。ところが、肝心の土地の購入資金を商店街の店で出し合おうとなったときに、どうもうまくいかなくなったようです。主人が妻の経子に文句を言っています。ちょっと話を聞いてみましょう。

「で、じいさんのほうは3000万でいいというんだから、工事費用とあわせて4000万でできるんだ。もちろん今の組合の予算じゃ到底足りないから、4000万は別に用意しなきゃいけないというのはみんな納得してる。銀行のほうも金は貸してくれることになっている。みんなの駐車場なんだから、均等に分担すれば結局1軒あたり月に3万出すだけでいいんだが、いざ分担金の話が出ると、みんななんか不都合を言いだすんだ。『べーかりー』の若造なんか、自分のところは駐車場から遠いから御利益がない、一文も出せないなんてぬかしやがる。遠いって言っても、たかが100メートルくらいのもんだ、御利益がないどころか、駐車場があれば月に5万は儲けが伸びるのさ。『べーかりー』が無茶言っているのはわかってるんだが、そのうちにほかのやつまで、うちも払えないなんて口々に言い出して、収拾がつかない。まあ、俺

---

1) 日本の現行法では、農地を農家でない商店主が所有することはできません。そのため、企業資本が農業経営をする際、大きな制約が課されます。このことが日本の農業の非効率性の一因になっているという指摘はかねてからありました。最近は、ようやくこのあたりの規制も少しは緩和されるようです。

表7.1　フリーライダーの問題

		べーかりー	
		賛成	反対
まちのパン屋	賛成	2, 2	−1, 5
	反対	5, −1	0, 0

もそのあたりは読めなかったわけじゃないが」と、反対されるとは夢にも思っていなかったくせに、すべてお見通しだったかのような口ぶりです。主人は、得意そうに説明をはじめました。念頭にあるのは、表7.1のようです。

「まあ何人いても問題は同じだから、うちと「べーかりー」にするさ。両方賛成すれば、月5万の利益増、支払いの3万を差し引いても2万の儲け。でも、うちが賛成して駐車場ができるのなら、『べーかりー』の方はあくまで反対して3万の支払いも拒否してしまえばまるまる5万儲かる。そのとき『べーかりー』の分の3万はうちがかぶるしかないから、うちのほうは儲けが5万増えても結局1万の損だ。でも、うちだって同じことさ。両方とも反対してしまえば、駐車場はできないから儲けの増え分は0になってしまうだろう」といいます。なるほど、表7.1のゲームでは「反対」という戦略が支配戦略になっている、囚人のジレンマの状況です。確かにこれでは、みな口々に反対し出すわけです。「要するに、駐車場がどうせできるのならば、自分のところでは血を出さずにただ乗りしようというわけだ。」

「でも、寄り合いは明日でしょう。それじゃせっかくの駐車場の話もまとまりそうにないわね」と経子。しかし主人は自信ありげです。「でも駐車場ができたほうがいいというのは、みんなわかっているのさ。要するに、『べーかりー』みたいなやつがほかの店を扇動してるのがいけないんだから。明日は民主的に、無記名の投票をやるんだ。そうすれば、『べーかりー』だって結局賛成票を入れるよ。」

すると、この日は仕事が終わったあとすぐには帰らず、珍しく横で主人たちの会話を聞いていた茶髪ピアス職人が口を開いて、「でも、それは『べーかりー』が本当に5万儲かれば、の話ですよね。それにボスの議論には『べーかりー』の扇動云々は関係なかったと思いますが」といいます。おまえに

は何もわかっていないと、頭ごなしに怒鳴る主人に、茶髪ピアスは、「僕はサラリーさえきちんといただければ、ボスの方針には口を出しませんよ」と言うと、すたすたと店を出て行きます。経子も茶髪ピアスの発言には一理あると思ったので、バイクに乗ってエンジンをかけようとしている彼を呼び止めてたずねると、「ボスは『べーかりー』は5万儲かるといってましたけど、どうですかね。『べーかりー』に限らず、他にも儲からないところもあるかもしれない。それへもってきて費用を頭割りするんじゃ、決まるものも決まらないと思いますよ。それぞれの店にあった分担をさせなきゃ。もちろん本当に全部の店の儲けがわかっているのなら、そういう最終案を作ってしまえばいいんですよ。1人でもこの案に反対したら駐車場なんか造らない、と宣言してね。本当にみんな儲かるんだったら、誰も反対しませんよ。でも、実際にはボスにもそれぞれの店がどれだけ駐車場から利益を得るのかがわかってないみたいですよね。だからって、どれだけ儲けが増えるか教えてくださいと素朴にたずねたって、正直に答えるわけがない。だからうまく聞き出す方法を考えないと」と言い残すと、爆音を立てて走り去っていきました。

　夜になって、営介がそう無茶を言ったとは信じられない経子は「べーかりー」へ相談をしに行きました。「べーかりー」の息子の営介は、月3万円の負担をするのでは得になるかどうか本当にわからない、と発言したら誤解されてしまったと釈明した上で、かれの言い分を話し始めました。営介によれば、「べーかりー」も「まちのパン屋」同様、今や店頭での売り上げよりも、レストランに毎日卸している方からの売り上げの方が大きくて、店には売り子のバイトも置いていないから客が急に増えてもそうは嬉しくない。そもそもパンを買いに来る人は店に何時間もいるわけではなく、店の前に3分も車を止めれば用が足りるから、わざわざ駐車場に停めてから店までやってくる人がいるかどうか怪しいものだ。確かに駐車場ができれば、多少は売り上げが伸びるだろうが、それだけで純益が月々3万以上も増えるとは到底考えられない。せいぜい1万円、もし2万円増えれば御の字というところだ。3万はもちろんそんなに大金ではないが、損をするとわかっていては出せない。駐車場ができて本当に月3万円以上儲けが増えるのは、商店街にあるスーパー「霧」と居酒屋「少将」くらいのものじゃないかといいます。おばさんのほうでは、本当に月3万円以上儲けが増える成算があるのですか、と逆に切

り返されて、経子は返答に困ってしまいました。

　経子にしても、月3万という数字はちょっと大きすぎると思いましたし、実際店でパンを売っているのは経子だけで、バイトの大学生には配達だけしてもらっていたので、たいして嬉しくないという営介の説は説得力がありました。家に戻ると主人の方は、「いったん工事をすると決めたんだから、今更止められない。男の約束だ。ここで止めたら、これまでの俺の努力がみんな無駄になるじゃないか」と、どこかで良く聞くようなことを繰り返し言っています。どうも主人の方も、月3万円も儲けが増えるという確信は持っていないようですが、「べーかりー」がなんといおうと、組合長の権限で無理やり駐車場を作ってしまいそうです。商店街の運命やいかに、これが今回のテーマです。

7.1　公共財とフリーライダー

　まず初めに注目したいのは、これまでの各章の対象になってきたモノと比べて、「駐車場」という財がちょっと違った性質を持っていることです。「駐車場」ができてしまえば、程度の差はあれ、商店街の人みんなが便益を受けます。一方、「パン」のようなものは、ある個人にとって、それを食べて、すなわち直接消費してしまわない限り、まったく利得を得る可能性がないと考えられました。言い換えると、ある個人にその財を直接与えないことによって、その経済主体のそのパンへの消費の可能性を排除することができます。この性質を**消費の排除可能性**と呼びます。商店街では、商店街にやってくるお客さんたちを、店ごとに区別して駐車場を使うということにしないようですから、ある商店の駐車場サービスの消費が妨げられることはありません。計画されている駐車場は商店街にとって、排除可能性を満たさない財になっています。

　もちろん、やり方によっては、駐車場に排除可能性を、ある程度は、持たせることもできます。たとえば駐車場に自動のゲートを造って、利用する客が駐車場を出るときには、「駐車券」と呼ばれる小さなカードをゲートの機械に差し込めば、ゲートがあくようにしておきます。一方駐車券の方は、駐車場のためにお金を払っている商店のみに配布しておき、それらの商店では自分の店で買い物をした客に駐車券を渡すようにします。こうすれば、たとえば「べーかりー」だけで

買い物をしようとする客には駐車場を使わせないようにできます。しかし、「べーかりー」のほかでも買い物をする客は、ほかの店で駐車券を手に入れてしまいますので、「べーかりー」は、間接的にですが、駐車場からの利得を享受できます。読者の中でもこういったタイプの駐車場を利用されたことのある方は多いのではないでしょうか。しかし、この町の商店街の場合、ある特定の店を排除するだけの目的で、わざわざゲートまで造ると言うのは費用がかかりすぎるようです。

ほかの視点もあります。主人は、ある商店が駐車場サービスからの利得を受けるとき、それは他の商店が受ける利得を減らすものではないとして、議論をしています。つまり、ある商店の駐車場サービスの消費が、ほかの店が得ることのできる駐車場からのサービス量を減らさないと仮定しています。パンの場合には、ある個人が食べてしまえばほかの個人はそのパンを消費できませんから、これもこの駐車場の特殊事情と言えましょう。ある経済主体の消費量の増加が、ほかの経済主体の可能な消費量の減少を意味することを称して、**消費の競合性**と言います。計画されている駐車場は商店にとって、競合性を満たさない財になっています。

厳密に言えば、駐車場が競合的ではないとするのは、ちょっと極端かもしれません。商店街の人気にもよりますが、参加する商店の数が多すぎると、50台の駐車場がいっぱいになってしまうかもしれません。この場合、ある商店が受ける駐車場サービスの量の増加は、ほかの店が受けるサービスの減少を意味するでしょう。しかし、小さな商店街のことです。50台も入る駐車場があれば、この心配はないようです。

まとめると、商店街で計画中の駐車場は、商店街の人々にとって、排除可能性を満たさず、かつ競合的でない財と言うことになります。経済学では、このような排除不可能かつ非競合的な財のことを**純粋公共財**と言います。一方で、パンのような、消費の排除可能で、しかも競合的である財は**私的財**と呼ばれます。実際にはこの中間に属するものがたくさんあるわけで、これらを総称して**公共財**と言いますが、文脈によっては「公共財」で「純粋公共財」のことをさすのも慣例になっているようです[2]。公共財の分析は、排除可能性と競合性の程度に応じて、

---

2) 公共財とは何か説明せよ、と言う問題を出すと、かならず「公共的な財のこと」と、単純明瞭な回答をしてくる学生がいます。問題は、経済学的には何をして「公共的」と言うべきかということなのですが。

多種多様なものがありえますが、以降はまちのパン屋が想定していたような純粋公共財のみを考えることにして、それを単に公共財と呼ぶことにします。

　消費の排除可能性と競合性の区別は少々微妙なので、いくつか例を挙げておきます。まずはテレビやラジオの一般放送を考えましょう。放送サービスの消費、すなわち放送の受信を妨げるには、その人が持っているラジオやテレビを取り上げるしかありませんが、これは現実には不可能です。つまり、一般放送のサービスは、排除可能性を満たしません。また、私が受信していても、あなたの受信をまったく妨げませんので、競合性もありません。よって、一般放送サービスは公共財と言えます。しかし、最近増えつつあるケーブル・テレビはどうでしょう。競合性のないのは一般放送と同じですが、ケーブルの場合、ある特定の家庭のケーブルを遮断しておけば、そこに放送を流さないことが可能なので、排除可能です。このように、参加するか否かで、排除が可能ではあっても、いったん参加してしまえば競合的でない（または、競合性のとても弱い）サービスを受けられるという類のものは、身の回りにたくさんあります。いわゆる「会員制」の活動は程度の差こそあれ、この種類に属するものが多いですね。このタイプの財を称して**クラブ財**と言うことがあります。排除は可能でないが、競合的であるような財もあります。一般の道とか駅前の広場はどうでしょう。人が来ることを妨げることはできませんが、人が来ればそれだけ混雑しますから競合的です。

　本来私的財でありえても、政策によって公共財になっているものも多くあります。消防、警察サービスなどは、競合的ですし、会員のみに奉仕することに決めておけば、排除も可能です。実際、私的な警備サービスは、普通のビジネスとして成り立ちます。商店街の駐車場にしても、やり方によっては排除可能性を持たせることができるわけですから、一般に公共財という性質は、必ずしもモノに固有の物理的特性というわけではありません。

　まちのパン屋の主人が指摘していた問題は、**フリーライダーの問題**（free-rider problem）と言って、公共財に関する経済問題のもつ本質的な困難さを表しています。駐車場ができてしまえば、つまり公共財が生産されてしまえば、そこからのサービスは分け隔てなく享受されるのですから、公共財の生産にかかる費用は負担しない方が得です。したがって、仮に費用の負担をしても儲けがあるにもかかわらず、公共財の生産にはとりあえずは反対しておいて、費用を負担せずに公共財からの便益を受け取ろうとする行動が支配戦略になってしまう可能性

表7.2 フリーライダーの問題と多数決 (その1)

		べーかりー	
		賛成	反対
まちのパン屋	賛成	2, 2	0, 0
	反対	0, 0	0, 0

があるのです。このような状況で、各経済主体の希望を聞いて公共財を生産するかどうかを決めるとすると、生産した方が経済全体のためには良いにもかかわらず、生産が行われないという不都合が生じてしまうのです。

さてそれでは主人の思うとおり、多数決投票の結果として商店間の合意が得られるのでしょうか。主人は、一人のプレーヤーのみ賛成したときに、そのプレーヤーが費用を負担して公共財を生産すると仮定していました。2人の場合は多数決と全会一致が同じになってしまうので、ちょっと極端になってしまいますが、多数決のばあい、もし2人のうち1人が反対すれば、案件は不成立になるものと考えましょう。したがって、両方とも「賛成」という戦略を選ばない限り、プレーヤーの利得はともに0になります。これに応じて、主人の考えたゲームを書き換えると、表7.2のようになります。

今度は、前のように「反対」するのは支配的ではなく、「賛成」するのが弱支配戦略になっていることがわかります。もちろん両者とも「賛成」するのはナッシュ均衡です。一方で、両者とも「反対」するのは、一応ナッシュ均衡になっていますが、被支配される戦略なので、実際問題として主人が「べーかりー」も賛成票を入れるとふんだのは、確かに理屈のあることでした。

しかし、ここで茶髪ピアスの発言を考慮に入れなくてはなりません。そのポイントは「べーかりー」に本当に月々5万円の利益の増加が見込まれるか、ということでした。つまり、仮に「まちのパン屋」は本当に5万円儲けが増えるが、「べーかりー」のほうは、営介の言うように儲けはせいぜい2万円しか増えないとしたらどうでしょう。すると、両者とも賛成して駐車場ができたときの「べーかりー」の利得は1万円のマイナスになってしまいます。すると、「べーかりー」にとって、「反対」するのが弱支配戦略になります。この状況を表7.3に表してみました。今度は両方が「賛成」をとるのは、ナッシュ均衡でないことがわかりま

表7.3　フリーライダーの問題と多数決（その2）

		べーかりー	
		賛成	反対
まちのパン屋	賛成	2, −1	0, 0
	反対	0, 0	0, 0

表7.4　フリーライダーの問題と多数決（その3）

		べーかりー	
		賛成	反対
まちのパン屋	賛成	0.5, 0.5	0, 0
	反対	0, 0	0, 0

す。

　しかし、これは費用を3万円ずつ負担するのがよくないのです。たとえばまちのパン屋のほうが「べーかりー」の負担分を1.5万円分肩代わりするとどうなるでしょうか。すると、「べーかりー」のほうも、駐車場ができれば5千円儲かることになります。「まちのパン屋」のほうも、負担は4万5千円に増えましたが、差し引き5千円だけ儲かります。対応するゲームの状況は表7.4です。表7.2と同様に、両方とも「賛成」するのが均衡です。

　しかし、もし経子の危惧する通り「まちのパン屋」も儲からないとすると、このように負担額を調整してもうまくいきません。そもそも、そのような場合には本当に駐車場は造られるべきか、はなはだ疑問です。一方で、どのくらい売り上げが増えるかを判定するという問題を考えると、それぞれの商店は自分のところに関してはある程度の見積もりがたつでしょうが、ほかの商店にははっきりとはわからないでしょう。このような情報の問題もあるので状況は複雑です。

　情報に関しては、もう1つ深刻な問題があります。仮に、「べーかりー」が、本当は5万儲かるのにもかかわらず、2万しか儲からないと主張して、それが受け入れられ、「まちのパン屋」が1.5万円を肩代わりしたとしましょう。そうすると、「まちのパン屋」が5万円儲かるとしても、差し引き5千円の純益増である

のに対し、負担額の減った「べーかりー」のほうは3.5万円もの純益増が出てしまいます。安易に負担額を調整しようとすると、うそをつくことで得をしてしまう店が出てきてしまうのです。もう少し理論的に整理して議論することが必要のようです。

7.2 集団意思決定とインセンティブ

いつものように、一番簡単な、2人のプレーヤーのケースを考えましょう。第 i プレーヤーに関して、v_i はプレーヤーにとっての公共財の価値、彼が負担する公共財生産のための費用を c_i とします。すなわち、第 i プレーヤーは、もし公共財が生産されるのならば、その代償として v_i 円までは支出をしてもよいと考えています。公共財の生産に関する決定をする主体を「政府」と呼びましょう。政府の役割をになっていたのはまちのパン屋の主人で、主人の想定では、$v_i = 5$ で $c_i = 3$ でした。v_i とはその公共財が生産された結果第 i プレーヤーのために発生する価値額ですから、もし費用 c_i を負担して公共財が生産されれば、第 i プレーヤーの受け取る余剰は $v_i - c_i$ です。したがって、第 i プレーヤーにとっては、もし $v_i \geq c_i$ ならば、公共財は生産されたほうが良い、ということになります。

それでは、経済全体（商店街全体）から見たときには、どのようなときに公共財（駐車場）は生産されたほうが良いのでしょうか。これを見るために、公共財の生産にかかる総費用を c とかくことにします。すると、$v_1 + v_2 < c$ が成り立つときには公共財は生産されるべきではありません。なぜなら、もし生産するならば、個人の費用負担の合計は生産の総費用を上回らなければならないので、$c_1 + c_2 \geq c$ が満たされないと生産を行うことができません。上の2つの不等式をつなげると、$c_1 + c_2 > v_1 + v_2$、これを整理して、$(v_1 - c_1) + (v_2 - c_2) < 0$ を得ます。左辺は第1プレーヤーと第2プレーヤーの受け取る余剰の和、すなわち公共財の生産で生じた総余剰ですが、それが負になっているので、生産しないで総余剰が0になっている方が良いわけです。

逆に $v_1 + v_2 \geq c$ のときはどうでしょうか。個人の負担金が無駄に使われない、すなわち $c_1 + c_2 = c$ となるという前提の下では、前の不等式に代入して、$v_1 + v_2 \geq c_1 + c_2$、すなわち $(v_1 - c_1) + (v_2 - c_2) \geq 0$ を得ます。したがって、確かに

左辺で表される総余剰は総費用を上回りますが、気をつけなければならないのは個人の受け取る余剰です。たとえば $c_1 = c$、すなわち費用をすべて第1プレーヤーが負担するとなると、$(v_1 - c_1)$ が負になってしまうかもしれないので、いくら総余剰が正でもこれは考えものです。しかし、これは費用の分担方法が悪いのです。余剰を仲良く分ければよいのです。余剰の総額を s と書くことにすると、$s = v_1 + v_2 - c$ ですから、$c_1 = v_1 - \frac{s}{2}$、$c_2 = v_2 - \frac{s}{2}$ としておけば、$c_1 + c_2 = \left(v_1 - \frac{s}{2}\right) + \left(v_2 - \frac{s}{2}\right) = c$ となり、費用はすべて分担されるので公共財の生産が可能で、その時第1プレーヤーの受け取る余剰 $(v_1 - c_1)$ は $\frac{s}{2}$ で正、第2プレーヤーが受け取る余剰 $v_2 - c_2$ もやはり $\frac{s}{2}$ で正ですから、公共財は生産された方が良いことになります。

以上をまとめると、各プレーヤーの評価額の和が費用を上回るときに、政府は公共財を生産するという決定をすべきで、ただし費用の配分には注意が必要、という結論を得ます。この公共財の場合の基準は、私的財のときとは異なっていることに注意しておきます。私的財のときには実際に消費をする人の評価額が費用を上回るときに余剰が生じるので、このときに生産消費が起こるべきなのでした。

このように整理すると、主人が抱えていた公共財に関する問題とは、次のように言いあらわすことができます。いま総費用 c がわかっているときに、$v_1 + v_2 \geq c$ であるとき、またそのときに限って公共財が生産されるような手続きは何か、ということになります。

前節での議論をふりかえれば、もしそれぞれの評価額 v_i がわかっていれば、公共財の問題は多数決を通じて（実際には全会一致でも）解決されることがわかります。具体的な手続きとしては、もし $v_1 + v_2 < c$ ならば公共財の話はなかったことにします。もし、$v_1 + v_2 \geq c$ であれば、上で議論したようにして、第 i プレーヤーの受け取る純余剰が正か 0、つまり $(v_i - c_i) \geq 0$ がそれぞれの i について成り立つように c_i の値を定めておきます。そして、各プレーヤーに投票させ、両者が賛成するとき、その時に限って公共財を造る、と宣言します。すると、プレーヤーたちにとっては、表7.5の戦略形ゲームで表現されますので、両者とも「賛成」するのが（弱支配戦略による）均衡になりますから、問題解決です。

しかし、それぞれの評価額 v_i が、そのプレーヤー自身のほかにはわからないときにはどうなるでしょう。極端なケースですが、政府には各 v_i が非負であること以外は何もわかっていない場合を考えることにします。すると上の手続きは、

表7.5 多数決による解決

		第2プレーヤー	
		賛成	反対
第1プレーヤー	賛成	$v_1-c_1,\ v_2-c_2$	0, 0
	反対	0, 0	0, 0

$v_1+v_2 \geq c$ かどうかがわからないので使えません。

 それでは費用を「公的」に負担することにして、つまりプレーヤーは費用を直接負担することがないようにして、評価額をたずねたらどうでしょう。それならば、プレーヤーは評価を過少申告して、自分の負担を減らそうとはしないでしょう。しかしこれではフリーライダーの問題は解消しないどころか、もっと深刻になります。たとえば、商店街が一致団結して駐車場の建設を訴えると、市から補助金が出て建設が進むとしましょう。そうすれば、少なくとも直接の費用負担は生じないので、こんどは商店主たちは喜んで駐車場建設に賛成するでしょう。つまり $v_1+v_2 < c$ のときでも、公共財は生産されてしまいますから、これではお話になりません。

 それでは、まず第1段階として、各プレーヤーにそれぞれの評価額を聞いてみたらどうでしょう。もしプレーヤーが正直に評価額 v_i を教えてくれるのならば、その後で上記の手続きを踏めば問題が解決します。

 この状況を戦略形ゲームで表現してみましょう。第 i プレーヤーの申告する評価額を r_i と書くことにします。評価額を負と申告すると、これはさすがに政府にうそがばれてしまうので、$r_i \geq 0$ でなければならないとしましょう。プレーヤーの戦略とは申告する自分の評価額をきめること、すなわち r_i をきめることです。手続きによれば、もし $r_1+r_2 \geq c$ ならば公共財は生産されて、第 i プレーヤーの負担分は $c_i = r_i - \dfrac{s^*}{2}$、ここで $s^* = r_1+r_2-c$ です。ですから第1プレーヤーの利得 v_1-c_1 は、$v_1-r_1+\dfrac{r_1+r_2-c}{2} = v_1-\dfrac{1}{2}c-\dfrac{1}{2}(r_1-r_2)$ となります。まとめると、戦略の組 (r_1, r_2) が採られたとき、プレーヤーの利得は

- もし $r_1+r_2 \geq c$ ならば、第1プレーヤーは $v_1-\dfrac{1}{2}c-\dfrac{1}{2}(r_1-r_2)$、第2プレーヤーは $v_2-\dfrac{1}{2}c-\dfrac{1}{2}(r_2-r_1)$

- そうでなければ、両プレーヤーとも 0

となることがわかります。$v_1 + v_2 \geq c$ であるとき、どのような戦略の組が均衡になるかを考えましょう。公共財が生産される場合の第 1 プレーヤーの利得 $v_1 - \frac{1}{2}c - \frac{1}{2}(r_1 - r_2)$ は、第 2 プレーヤーの申告する額 r_2 に関わらず、r_1 に関して単調に減少し、$r_1 = c - r_2$ のとき最大値 $v_1 - (c - r_2)$ をとります。よって、この値が負にならないとき、すなわち $r_2 \geq c - v_1$ となるときには、$r_1 = c - r_2$ とするのが r_2 への最適反応です。同様に第 2 プレーヤーにとっても、$r_1 \geq c - v_2$ となる r_1 への最適反応戦略は $r_2 = c - r_1$ です。要するに、相手の申告額を所与としたときに、公共財ができる範囲で、できるだけ自分の申告額を少なくするのが最適な行動です。

このことから、ナッシュ均衡はたくさんあることがわかります。たとえば、余剰の半分を自分の権利として申告する戦略の組、$r_1 = v_1 - \frac{v_1 + v_2 - c}{2}$ と $r_2 = v_2 - \frac{v_1 + v_2 - c}{2}$ はナッシュ均衡になっています。また、第 1 プレーヤーが余剰の全額を受け取ろうとし、第 2 プレーヤーがけなげにも正直に申告して余剰を受け取らない戦略の組、$r_1 = c - v_2$ と $r_2 = v_2$ もまた然りです。

いっぽう、$v_1 + v_2 < c$ であるときは、上のように最適反応を考えたとき、$r_2 \geq c - v_1$ と $r_1 \geq c - v_2$ は同時には満たされないので（不等号の各辺をたしあわせてみてください）、均衡ではお互いに 0 を申告するのが最適な行動になります。

それでは、問題は解決したのでしょうか。生産が行われる場合の均衡はいくつもあるので、いざ自分の行動を決めるとなると、お互いに相手の申告額を正確に予測している必要があります。そのためには、最低でも、相手の評価額を正確に把握している必要があるでしょう。実際、上の戦略的表現では、政府は知らないもの、プレーヤーはお互いの評価額を知っているということが、前提とされていたのでした。「まちのパン屋」と「べーかりー」の言い争いから考えてみても、この前提が満たされている状況はあまりないでしょう。もしお互いに相手の行動が読み切れないとすれば、プレーヤーが上記の均衡戦略を採用する可能性は少ないでしょう。

以降、各プレーヤーは相手の評価額を全く知らない、という状況を考えていきます。そのまえに、上で考えたゲームのいずれの均衡戦略においても、各プレーヤーは必ずしも自分の評価額を正しく申告しないことに注目しておきましょう。

自分の置かれた戦略的状況を考慮したときに、自分の評価額を正しく申告すると得にならないことを知っているからです。彼らには、自発的に政府の予定する行動をとる理由がないのです。したがって、政府の意思決定の手続きが政府の想定するような結果を生み出すためには、各プレーヤーが自発的に政府の思うとおりに行動するように、各プレーヤーを何らかの形で奨励する必要があります。たとえば、政府の期待する行動を採ったときにはお金を払うとか、採らなかったときには罰則を課すとか。このように各プレーヤーの行動に影響を与えるであろう刺激（の手段）のことを**誘因**とか**インセンティブ**（incentive）と呼びます。ついでに用語を紹介しておくと、上で考えた手続きのように、ルールを定めて、あとは各個人の自由意思に任せて（自動的に）政府等の行動を決定する方法・手続きのことを**メカニズム**（mechanism）といいます。

つまり、単に評価額を自己申告させるだけのメカニズムには、各プレーヤーが公共財の効率的な生産に必要な情報を申告するための正しいインセンティブがないのです。それでは、どのようなインセンティブを与えれば、公共財の生産が行われるべきときに行われるようにできるのでしょうか。その一つの解決法を次節で議論します。

7.3 Groves-Clarke メカニズム

前節で考えたメカニズムに正しいインセンティブがなかった理由は、各プレーヤーは自分の申告する評価額を変えることによって、自分の負担金を減らすことができたからです。ですから正しいインセンティブを与えるためには、各プレーヤーの負担金が、そのプレーヤー自身の申告する評価額に依存せずに決まればよいことになります。以下に説明する **Groves-Clarke メカニズム**[3]は、この性質を上手に利用したものです。まずは次のような手続きを考えましょう。

1　各プレーヤーは評価額 r_i を申告する。（r_i は本当の評価額 v_i と等しい必要はない。）

2　もし申告された評価額が総費用よりも大きければ、すなわち $r_1 + r_2 \geq c$ ならば、公共財を生産する。そうでなければ生産しない。

---

[3]　Clarke [1971]、Groves [1973]

3　生産するときには、第 i プレーヤーの負担額は、総費用から相手の申告した額を引いたものとする。たとえば、第1プレーヤーの支払う額は $c-r_2$ になる。

こうしておくと、戦略の組（r_1, r_2）が採られたとき、第1プレーヤーの利得は

- $r_1+r_2 \geq c$ のとき、v_1+r_2-c
- $r_1+r_2 < c$ のときは 0

です。第2プレーヤーの利得のほうも同じアイディアで導くことができますので、横のほうに書きこんでおいてください。この手続きが各プレーヤーに正しいインセンティブを与えていることを細かく見ていきましょう。

まずは、戦略 $r_1=v_1$、すなわち第1プレーヤーが正直に自分の評価を申告するのが、弱支配戦略であることを示します。そのためには、相手のどのような戦略 r_2 に対しても、$r_1=v_1$ がそれ以外の戦略を弱支配していることを示す必要があります。

そこで、まず v_1 が $r_1' < v_1$ となる r_1' を弱支配していることを示しましょう。分析を3つのケースに分けます。

1. $v_1+r_2-c > r_1'+r_2-c \geq 0$ のとき、v_1、r_1' どちらの戦略でも、公共財は生産され、第1プレーヤーの利得は v_1+r_2-c となります。
2. $v_1+r_2-c > 0 > r_1'+r_2-c$ のとき、v_1 を採ると公共財は生産され、第1プレーヤーの利得は v_1+r_2-c となり、これはこのケースでは正の値です。一方、r_1' を採ると生産されませんから、利得は 0 です。したがって、第1プレーヤーにとっては、v_1 のほうが r_1' よりも厳密に望ましいことになります。
3. $0 \geq v_1+r_2-c > r_1'+r_2-c$ のとき、v_1、r_1' どちらの戦略でも生産されませんから、利得は 0 です。

この3つのケースをまとめると、ケース1と3で、v_1 と r_1' は同じ利得をもたらし、ケース2で、v_1 のほうが、r_1' よりも厳密によいことがわかりました。したがって、v_1 を申告するという戦略が $r_1'(<v_1)$ を申告するという戦略を弱支配す

ることがわかりました。

v_1 を申告するという戦略が $r'_1 > v_1$ を満たす r'_1 を申告するという戦略を弱支配することも同じような分析で示すことができますので読者の練習問題とします。

第2プレーヤーにとっても、$r_2 = v_2$ とするのが弱支配戦略になるのは、同様に示されますので、試してみてください。上の議論でわかるように、このメカニズムでは、公共財が生産されるときには必ずプレーヤーの利得は非負になっています。さらに、お互いに本当の評価額を申告しますから、$v_1 + v_2 \geq c$、またその時に限って、公共財が生産されます。これが、私たちの求めていた性質でした。

それでは、問題は完全に解決したのでしょうか。一つ忘れていたことがあります。公共財の費用は個人の負担金を集めてまかなわなければならないのでした。公共財が生産されるとき、$r_i = v_i$ を考慮に入れると、各プレーヤーの負担する額の和は、$(c - v_2) + (c - v_1) = c + (c - (v_1 + v_2))$ で、ここで $v_1 + v_2 \geq c$ でしたから、この和の値は公共財の生産費用 c よりも小さくなります。つまり、これでは個人の分担金が少なすぎるのです。言い換えると、このメカニズムでは各個人に正しい申告をさせるために、余計な費用がかかってしまっているので、実際に公共財を生産する決定をするにあたって、それを政府が何らかの形で負担しているのです。このように、情報の非対称性を解消するために、社会的に費用がかかる現象はすでに何度か見ました。 第5章では、労働者の能力が解らないがために、社会的に無駄が生じる可能性を見ました。第6章では、売り手は買い手の個人情報を知らないために、余剰をいくぶん取り損ないました。この公共財のケースも、本質的に同じ問題が生じていて、残念ながらこの余計な費用をなくすことはできません。

しかし、費用負担のルールを少し工夫して個人の負担金を追加すると、この情報の非対称性の社会的費用を個人の側に負担させることはできます。先ほど手続きに、次の条項を加えたものを**修正 GC メカニズム**と呼ぶことにしましょう。

- 生産するしないに関わらず、もし相手が費用の均等割りよりも高い申告をしているならば、申告額と均等割額の差額が自分の負担金に追加される。

このルールによれば、もし $r_2 \geq \frac{c}{2}$ ならば、第1プレーヤーの負担金の追加分は、$r_2 - \frac{c}{2}$ です。よって公共財が生産されるときは、第1プレーヤーの負担の総額は $(c - r_2) + (r_2 - \frac{c}{2}) = \frac{c}{2}$ です。しかし、この追加負担は公共財が生産されなく

ても第1プレーヤーに課されてしまうことに注意しておきましょう。つまり、もし $r_1+r_2<c$ であっても、$r_2 \geq \frac{c}{2}$ ならば、第1プレーヤーは $r_2-\frac{c}{2}$ だけ支払いを強制されますので、彼の利得は $\frac{c}{2}-r_2$ となり、これは負の数です。こうしておくと、戦略の組 (r_1, r_2) が採られたとき、第1プレーヤーの利得は

- $r_1+r_2 \geq c$ のとき、(公共財は生産される)
    1. $r_2 < \frac{c}{2}$ ならば v_1+r_2-c
    2. $r_2 \geq \frac{c}{2}$ ならば、$v_1-\frac{c}{2}$
- $r_1+r_2 < c$ のとき、(公共財は生産されない)
    1. $r_2 < \frac{c}{2}$ ならば 0
    2. $r_2 \geq \frac{c}{2}$ ならば、$\frac{c}{2}-r_2$

です。第2プレーヤーの利得も同様に導いて、横に書き加えておきましょう。さて、戦略 $r_1=v_1$、すなわち第1プレーヤーが正直に自分の評価を申告するのが、弱支配戦略であることを示します。$r_2<\frac{c}{2}$ を満たすような場合は、先ほどと費用負担ルールは同じですから、まったく同じ議論で $r_1=v_1$ が最善であることが解ります。そこで、第2プレーヤーが $r_2 \geq \frac{c}{2}$ と主張しているときを考えます。公共財が生産されたとき第1プレーヤーの利得は、$v_1-\frac{c}{2}$ です。一方生産されなければ $\frac{c}{2}-r_2$ です。その差を見ると $(v_1-\frac{c}{2})-(\frac{c}{2}-r_2) = v_1+r_2-c$ です。よって、もし $v_1+r_2-c \geq 0$ が満たされていれば、第1プレーヤーにとっては公共財が生産されるほうがよいので、$r_1=v_1$ とするのが最善です。一方、$v_1+r_2-c<0$ のときには公共財は生産されないほうがよいのですが、やはり $r_1=v_1$ とすれば公共財が生産されないようにできます。以上で $r_1=v_1$ が弱支配戦略であることが確認できました。第2プレーヤーにとって、$r_2=v_2$ が弱支配戦略になっていることを確認しておいてください。

さて問題の公共財は生産されるときの負担の合計ですが、追加負担を含める前は $c+(c-(v_1+v_2))$ でした。生産が行われるときには $r_1+r_2 \geq c$ でしたから、少なくとも片方のプレーヤーは費用の半額より高い申告をしているはずです。仮に片方だけ、どちらでも話しは対称的ですから第2プレーヤーだけ高い申告をしているとしましょう。つまり $r_2 \geq \frac{c}{2}$ かつ $r_1 < \frac{c}{2}$ です。この場合第1プレーヤーは $r_2-\frac{c}{2}$ だけ追加負担しますから、個人の負担額の合計は $2c-(r_1+r_2)+(r_2-\frac{c}{2}) = c+(\frac{c}{2}-r_1) \geq c$ となり、費用はまかなわれていることがわかります。

両方とも高い申告をしている場合、つまり $r_1 \geq \frac{c}{2}$ かつ $r_2 \geq \frac{c}{2}$ のときは、両者とも追加の負担をするので、負担の合計は $2c - (r_1 + r_2) + (r_2 - \frac{c}{2}) + (r_1 - \frac{c}{2}) = c$ となり、やはり費用が分担されています。

7.4 メカニズム・デザイン

　最後に分析から得られた結論を整理しておきましょう。第1は、もし公共財から得られる個人の余剰の総和が公共財の費用を上回るならば、公共財を生産すべきであり、そうでないならば、生産すべきではないという点でした。要するに、費用と便益を比較して意思決定をすべきという単純な原則ですが、残念ながら実社会にこの教えが浸透しているかどうかは疑問です。第2は、個人の余剰が個人情報になっているとき、素朴に各個人に公共財生産の是非をたずねて公共財生産の意思決定をするのはうまくいかず、個人に正しいインセンティブを与えるような意思決定の手続きを考える必要がある点。これは難しい問題ですが、少なくともわれわれはこの点をまじめに考えて公共の意思決定をする手続きを考えるべきでしょう。正しいインセンティブが与えられない手続きで物事を決めると、必要なものができなかったり必要のないものができてしまったりする可能性があります。必要性に疑問のある「公共の」施設の建設を、住民の賛成を得て国や自治体が推進したり、逆に必要と思われるものが、住民の反対で実現しなかったりする例を探すのは、それほど難しいことではありませんね。住民が「賛成」（または「反対」）しているからといって、公共財を造る便益が費用を上回る（下回る）と素朴に判断してはいけません。問題は、どのような手続きのもとで「賛成」したか、です。

　この章で見た公共財の生産の決定のように、ある主体が自分の目標とする結果を実現するために、決定に必要な個人情報を持っている主体の行動を、何らかのインセンティブを与えるメカニズムを使って間接的に操作して、自発的に実現しようとする問題を**メカニズム・デザイン**（mechanism design）の問題といいます。メカニズム・デザインの問題は、この章で取り上げた公共財生産の意思決定の問題に限りません。たとえば、前章で議論したオークションで、売り手にとってもっとも好ましいオークションの形式を探すという問題もメカニズム・デザインの問題でした。売り手にとって、もし買い手の評価額が解っていれば売り上げ

を最大にするのは容易でしたが、そういった個人情報がわからなかったため入札制度というメカニズムを使って、買い手の行動を間接的にコントロールしたのでした。各プレーヤーに自分の評価額を申告させたことと、入札で入札価格を書かせたことがちょうど対応していることに注意しましょう。第5章に登場した企業も、メカニズム・デザインの問題を解いています。そこでは資格を取るか否かをきめるということが、評価額の申告に対応していたのです。

これらの例のほかにも、情報の非対称性を含む戦略的状況がメカニズム・デザインの問題として把握されるケースは数多くあります。たとえば古典的な私的財の市場取引の問題も、メカニズム・デザインの問題としてとらえることができます。交渉やオークションも含めて、財の売買取引を仕切る手続きは、いろいろ考えられるのですが、その中でどのような手続きをすれば、売買から生じる余剰を最大にできるか、という問題です。さらに言えば、だれにどのような権利・義務を与えるかということも、広い意味でメカニズム・デザインの問題と言えます。メカニズム・デザインの考え方は、現代の経済学・ゲーム理論でもっとも重要なものの一つと言えるでしょう。

練習問題7.1 (修正前の) Groves-Clarke メカニズムにおいて、自己の評価額 v_1 を申告するという戦略が $r'_1 > v_1$ を満たす r'_1 を申告するという戦略を弱支配することを示せ。

練習問題7.2 2軒の隣り合う家、AとBが、共同で避雷針を建てる計画を立てている。建設費用は100万円で、避雷針が建設された場合、Aにとっての利得は80万円、Bにとっては40万円あるものとする。

1. 避雷針は公共財の性質を満たしているか。
2. 避雷針は建てられるべきか。
3. 両家ともお互いの利得を知っているものとする。交渉の結果、余剰が折半されるとすると、100万円の費用はどのように負担されるか。
4. 両家ともお互いの利得を知っているものとする。今、第三者である仲裁者が、お互いに避雷針にどれだけ払う用意があるかを聞き、その和が100万円以上になれば、避雷針を建設することが合意されたとしよう。申告する額は最低30万円最高90万円で、10万円単位であるとしよう。この状況を戦略形ゲームで表し、ナッシュ均衡をすべて求めよ。

5．Groves-Clarke メカニズムにしたがって避雷針の建設費の負担を決めるとすると、100万円の費用はどのように負担されるか。また、修正GC メカニズムではどうか。

練習問題7.3 練習問題7.2で、Bにとっての利得は80万円か40万円かのいずれかだが、実際にどちらであるかはB以外の人にはわからないものとしよう。Bにとっての利得が40万円である可能性はあまり大きくないことはわかっている。このとき、

1．避雷針の建設費用を50万円ずつ分担するとしたとき、Bは同意するか。全体の余剰の見地からすると、Bは同意すべきか。
2．余剰が発生するときには、必ず建設が行われるようにするためには、Bの負担する費用は最高でいくらになるか。

練習問題7.4 練習問題7.2で、Aにとっての利得もBにとっての利得も、80万円か40万円かのいずれかだが、実際にどちらであるかは本人以外にはわからないものとしよう。このとき、

1．避雷針が建設されるべきでない可能性はあるか。
2．避雷針が建設される時には、必ず建設費用がちょうど負担され、建設されないときにはお互いに一切出費せず、しかも余剰が発生するときには、両プレーヤーとも建設に賛成するのが弱支配戦略になるような手続きはありえないことを示せ。（ヒント：もしそのような手続きが存在すれば、Aにとっての利得が80万円であるときに、仮にBの利得が80万円であっても、40万円以上負担させることができるかどうか考えよ。）また、GC メカニズムは、なぜこの問題を解決していないのかを説明せよ。

練習問題7.5 練習問題7.2で、Aの利得とBの利得は、80万円か40万円かのいずれかで、それぞれ独立に確率 $\frac{1}{2}$ で起こるとしよう。たとえば、ともに80万円である確率は $\frac{1}{4}$ である。だが、実際にどちらであるかは本人以外にはわからないものとしよう。このとき、次のようなルール（メカニズム）を考える。まず両者に避雷針を建てることに賛成するかどうかを聞く。両方とも反対しない限り、避雷針を建てる。費用負担の方法は、両方とも賛成したときには、50万円ずつ、片方が反対したときには、賛成したほうが60万円、反対したほうが40万円負担する。両方とも反対した場合には、避雷針は建設せず、費用負担もない。このとき、

1．各プレーヤーが、「自分の利得が80万円のときは賛成、40万円のときは反対」という戦略をとる状況は、ナッシュ均衡であることを示せ。
2．余剰が発生するときには、必ず建設が行われるか。上の問題で想定した環境と、どこが違うのか。

Chapter 8
市場取引

秋の研究室

秋の気配が感じられてきたとある日の夕方、H大学の教官 1 年生、新米（あらごめ）助教授のオフィスを一人の学生が訪れました。新米先生の専攻は経済学で、コネなしにこの有名大学に就職したのが自慢です。お世辞にも授業がうまいとは言えませんが、自分の専門分野への思い入れと教育にかける情熱は相当なもので、質問されれば頼んでもいないことまで嬉しそうに 2、3 時間も話しつづけます。講義では黒板に向かって振り向きもせずに数式を書きまくることもしばしばです。週 2 回、学生が質問に自由にやってこられるオフィスアワーを設けていて、時間が迫るとゲストのためにオフィスでお茶まで沸かして待機していますが、肝心の学生はさっぱりやってきません。そんな「泣いた赤鬼」の状態が一学期間つづいて、さすがの新米先生も人間不信になりかけていたころですから、その学生を抱きつかんばかりに歓迎したのは無理もないことです。

「えー、わたしは先学期のテストを返してもらいにきただけなんですけどぉ」

と、グレーのニットワンピースにストール、黒いプラダのバッグを持ったその学生には先生の熱意も通じないのでしょうか。そんな事を言わずに、何か授業への感想とか、経済一般についての質問とか、なんかあるでしょう、と言いながら、その学生の試験をみてみると、「市場とは何か」という問いに、「経済学における市場とは財や生産要素を交換する場を抽象的にさす」と、教科書にあるような[1] 立派な答えが書いてあります。

「わたし、覚えるのは結構得意なんで」

とニットワンピ。

「でも、本当に納得している訳じゃないんですょ。チュウショウテキっていうか、あのへんがピンとこないんですぅ。わたし、先生の企画した東京証券取引所と中央卸売市場の見学会も行ったし、学校でやった取引実験にも参加したんですよぉ。ああいうのはいいんですぅ。なんか物が取り引きされてる、って感じでしょ。でも『労働市場』なんてなんだかわかんなかったしぃ。」

---

[1] 新開・新飯田・根岸著『近代経済学』有斐閣、60 ページ。

第 8 章 市場取引　145

　新米先生は、かかった獲物を逃がすまいとするかのように、得意のパン屋の話を始めます。パン屋のように売り手が自分の売り物に値段をつけて客を待つ形式を、「販売店型市場」と呼んでおきましょう。売り手が高い価格をつけ過ぎると、買い手がいなくなるから安売りしようとして、価格が下がる。低過ぎる価格をつけると、客があふれてモノが足りなくなるから高くしても売れると見込んで価格を上げようとする。「そういうわけで結局、『黄金のクロス』の交点（図8.1）に価格が落ち着くというわけなのです。あなたたちも使わなくなった教科書を個人的に売り買いするでしょう。そんな直接交渉だって、抽象的に見ればこの図で説明できるんですよ」と、新米先生は満足そうに締めくくりました。
　「わたしもグラフの交点を求めればいいって、覚えてるんですけどぉ。でも、パン屋はそんなにしょっちゅう価格をいじったりしませんよぉ。それに他の取引の形もあるじゃないですかぁ。たとえば中央卸売市場での価格の決まり方にしたって、競り売りや入札、それに『相対売り』っていいましたっけ、売り手と買い手双方の直接交渉の結果の合意で値段を決めて売買する方法がありましたよねぇ。これって、全部違う形だしぃ、しかも値段だって相手との駆け引きで決まりそうじゃないですかぁ。先生は簡単にチュウショウっておっしゃいますけど、わたし具体的にこれらをどうチュウショウすると

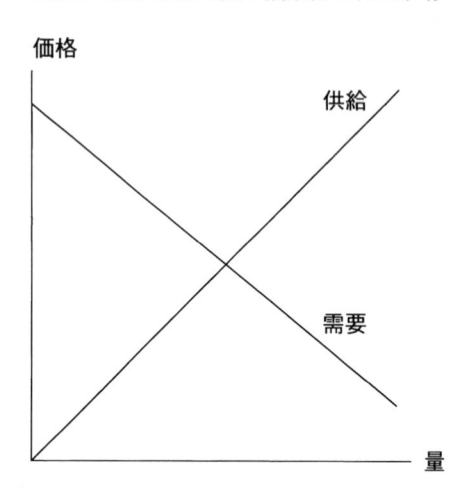

図8.1 競争市場均衡：抽象化された市場

価格／供給／需要／量

図8.1の『黄金のクロス』になるのか、わかんないんですよぉ」
と、ニットワンピはいいます。

　外見と話し方から少々みくびっていた先生は、いきなり鋭い点を指摘されて驚きました。この学生は結構真剣に経済のことを考えているようです。パン屋の競争では、パンの値段を決めるのはパン屋自身のはずなのに、供給曲線は生産者が価格を所与のものとして利潤最大化をした結果得られるものと説明しはじめるので、たしかに何が競争なのだかはっきりしません。ピアスの賃金交渉も、パン屋の主人とピアスの戦略的な直接交渉でピアスの労働の値段が決められたのでした。価格の調整にしても、ミクロ経済学の精緻な議論がすべてこめられているのかと思うと、少し心配になってきます。東京証券取引所のように、売り手と買い手が注文を市場に提出して、できるだけ儲かるように戦略的に行動している結果取引が成立する場合に、需要と供給の交点は何を意味するのでしょうか。本当に図8.1のバッテンの交点で価格が決まるのでしょうか。

　しかし、それでうろたえるような新米先生ではありません。むしろ水を得た魚のごとく、久しぶりに手応えのある学生を前にして胸の高鳴りを感じ、黒板に向かってとうとう説明を始めました。その中身を紹介しながら、図8.1のように価格が決まるということはどういうことなのか、売り手と買い

手の戦略的行動と価格の決定のルールまで掘り下げて分析していくことにしましょう。

8.1　戦略的取引──1対1のケース

　市場取引には多くの売り手と買い手が参加しますが、そのようにプレーヤーの数の多いゲームを分析するには慣れが必要です。そこで、まずは売り手と買い手が一人ずつの場合を考えて、戦略的分析の勘をつかむことにしましょう。もっとも、これ自体興味深い状況でもあります。

　売りに出る商品はある私的財一種類だけとします。市場に集まったプレーヤーは2人だけいるとします。プレーヤー1は商品を一つだけもっていて、プレーヤー2はもっていません。そこで適宜、プレーヤー1を売り手（Seller）、プレーヤー2を買い手（Buyer）と呼ぶことにしましょう。プレーヤーは各自、自分にとっての商品の価値を知っているものとして、この価値をそれぞれSとBで表すことにします。Sは売り手にとってのその商品の仕入れ値と考えるとわかりやすいでしょう。$S \leq B$のとき、すなわち買い手の評価額のほうが売り手よりも高いときに取引が成立すれば、売り手のもとではS円しか価値がなかったものが、買い手のものになればB円の価値を生じますから、余剰が$B-S$だけ発生します。同じ理屈で、$B < S$のときには、商品は売り手がそのまま持っていた方が価値があるので、取引で余剰は生じません[2]。

　以降、お互いに相手の評価額を知っている場合を考えます。言い換えれば、お互いに相手の手の内が解っている場合です。あと細かいことですが、価格と自分の評価額が等しい場合には、取引に応じても応じなくてもかまわないので、話がスムーズに進むよう、適宜省略したり、議論に含めたりします。

8.1.1　直接交渉

　ここでは売り手と買い手が、商品を取り引きするかどうか、またその価格について直接に交渉する場合を考えます。

　$S > B$のとき、すなわち商品を持っている売り手の方の評価が高いときは、

---

[2]　正確には、もし取り引きされてしまうとその差額だけ負の余剰が発生してしまいます。

取引が成立するとどちらかが損をしますから、取引が合意されることはありません。

それでは $S < B$ のときはどうでしょうか。この時は余剰が $B - S$ だけ発生することがお互いにわかっていますから、それを2人で分け合うという交渉の問題になります。これは第4章で議論しました。売り手と買い手がお互いに相手にオファーを出し合う形で交渉が進むとすると、どちらが先にオファーを出すかとか、交渉が長引くにつれてどれだけの割合で余剰が減少するかにもよりますが、おおまかに言えばこの余剰はおおよそ半分ずつに分配されるのでした。

8.1.2　仲買人のいる市場

つぎに取引を仲介する仲買人（マーケット・メイカーとも呼ばれる）のいる市場を考えましょう。

ここでの仲買人は、売り手から商品を買いつけ、買い手に商品を売りつけるのですが、うまく右から左へ売りさばけたときには小額の手数料を受け取れますが、過不足が出たときには、そのための品物を自分で何とかしなければならないのでペナルティーを科されます。ただし、売り手や買い手のあいだで、取引価格に関して差別することはできません。

仲買人を売り手と買い手とは独立した第三者のプレーヤーと考えます。このプレーヤーの戦略は、取引価格 p 円を表示し、その値段で商品を売り買いします[3]。彼の利得は、その価格で売り手が商品を売り、買い手が商品を買えば、うまく売りさばけたので 1、どちらか一方のみが取引に応じたときには、過不足が生じるので −1（金額的には十分大きいとしておきましょう）、そうでなければ 0 とすることにします。これで、仲買人は取引の活性化のみに興味を持っているということを表現できます。売り手は提示された p 円を見たあとで、その価格で商品を売るかどうか、つまり取引に応じるかどうかを決めます。取引に応じた場合の利得は $p - S$ で、応じないときには利得は 0 です。同様に買い手も、提示された価格で商品を買うかどうか−取引に応じるかどうかを決めます。買った場合の利得は $B - p$ で、買わなければ利得は 0 です。片方のみ取引に応じたときには、仲買

---

3) 実際には、仲買人は自分の売り値を仕入れ値より少しだけ高くして、その差額だけ儲けるわけですが、取引額に比べて差額はごく小さいと考えて、ここでは売り手用の価格も買い手用の価格も同じものを提示すると考えます。

人に科したペナルティーで、そのプレーヤーの利得を保証するとしましょう。議論をうまくまとめるために、仲買人に「価格をオファーしない」というオプションも戦略の1つとして与えておきます。このときには、全員の利得がゼロとなります。

価格 p が観察された後に、売り手と買い手がプレイするサブゲームにおいて、売り手と買い手の双方が何をすべきかは明らかでしょう。売り手は値段が安すぎれば売らないし、買い手は高すぎれば買わない。つまり、

$p \geq S$ ならば売り、$p < S$ ならば売らない

というのが支配戦略で、買い手にとっては、

$p \leq B$ ならば買い、$p > B$ ならば買わない、

というのが支配戦略です。このように、観察された価格を与えられたものとして、最善の（支配）戦略を選ぶ行動を**価格受容的行動**（price taking behavior）といいます。よく「価格を所与として、云々」というやつです。「受容的」というとあまり戦略的でないようですが、この仲買人のいる市場では、それが支配戦略になっていることを押さえておきましょう。それぞれのプレーヤーの行動の組は、どのサブゲームにおいてもナッシュ均衡となっていることも問題ないでしょう。

取引する人々の行動はこのように単純ですが、仲買人の方は少し微妙です。$S < B$ のとき、このゲームには仲買人の最適戦略がいくつもあります。仲買人が価格を S 以上 B 以下のどのような価格を設定するのも均衡戦略です。なぜなら、いま $S \leq p \leq B$ となるような価格 p が提示されたとき、売り手も買い手もそれぞれ取引に応じると儲かりますから、これが最適反応です。一方で取引が成立すれば仲買人の利得は1になりますから、彼にとってこれを上回る利得を得る戦略はありません。したがって、仲買人が $S \leq p \leq B$ を満たす価格 p を提示し、売り手も買い手も上記の支配戦略を採るのがナッシュ均衡です。この場合、それぞれのサブゲームにおいても均衡が成立していますので、この均衡はサブゲーム完全均衡です。結果的には売り手も買い手も取引に応じることになります。

ナッシュ均衡はほかにもあります。たとえば、どのような価格でも取引に応じるのは売り手のみで、それを読み込んだ仲買人は「価格をオファーしない」という戦略を採る、という戦略の組はナッシュ均衡です。均衡とはいっても、このよ

うに仲買人が自分の役目をはじめから放棄しているような状態は、興味深くありません。実際、これはサブゲーム完全均衡ではありません。なぜなら、買い手は、「価格がオファー」されなければ、どのような戦略を採っていようと、同じ利得を得ることになるので、最適戦略になるのですが、実際に $p < B$ という価格がつけられれば（すなわちそのようなサブゲームに到達すれば）、取引に応じたほうが得だからです。以降の分析でも、さまざまなサブゲーム完全でないナッシュ均衡が考えられるのですが、それらは無視することにします。

$S > B$ のときには、均衡で取引が成立することはありません。なぜなら売り手が取引に応じるためには価格は S 円以上でなくてはなりませんが、$S > B$ のときにはこれは $p > B$ を意味しますから、買い手が商品を買うことはありません。買い手に取引させるためには価格は最高でも B 円にしなければなりませんから、これでは売り手が取引に応じません。均衡上では、仲買人が「価格をオファーしない」という戦略を採ってゲームが終わります。

8.1.3　販売店市場

続いて、品物を扱う商店が戦略的に価格をつけて儲けようとする、ごく普通に私たちが見かける行動を考察します。

この取引形式では、売り手があらかじめ商品の値段 p を決めて、値札をつけておきます。買い手が店に現れると、買い手は値段が手頃と思えばその値段を払って買いますが、値段が高すぎると思えば買わないで立ち去ってしまいます。つまり売り手の戦略は価格 p 円を定めることで、買い手の方の戦略は価格 p を観察した後で、買うか買わないかを決めるということです。もし売買が成立すれば、売り手の利得は売り上げの p 円から仕入れ値の S 円を差し引いた $p-S$ となり、買い手の利得は自分にとっての価値 B 円から支払った p 円を差し引いた $B-p$ です。言い換えると、取引によって売り手が得る余剰（**生産者余剰**とも呼ばれます）は、差し引き $p-S$ で、買い手が得る余剰（**消費者余剰**とも呼ばれます）は差し引き $B-p$ です。したがって取引で生じた総余剰は $(p-S)+(B-p)=(B-S)$ となり、これは先ほど計算したようにこの二人の取引で生じうる最大の余剰です。ここからわかるのは、取引が起こればどうころんでも余剰が発生するのですが、取引価格 p 円はその発生した余剰をどちらがどれだけとるかを決めているのです。価格が高ければ買い手の余剰が小さくなり、売り手の余剰が大きくなります。

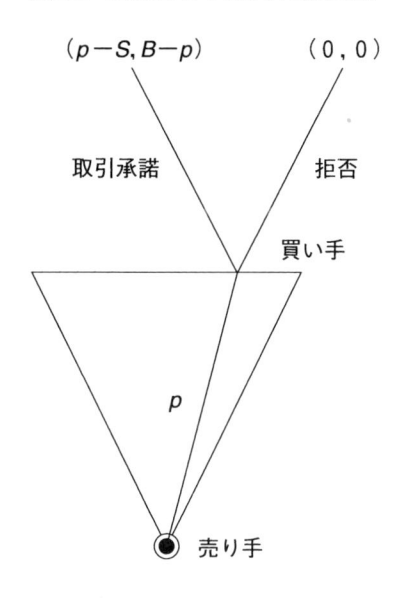

図8.2 販売店での取り引き模式図

$(p-S, B-p)$ $(0,0)$

取引承諾 拒否

買い手

p

売り手

　一方、売買取引が成立しなければ両者とも利得は0です。買い手の利得が0になってしまうのは、議論の前提として、売り手が一人しかいないと仮定しているからで、買わないでこの店を立ち去ってしまえば、ほかにはこの商品を手に入れる場所がないからです。展開形でこのゲームを表現すると、図8.2となります。

　もし$S<B$ならば、これは余剰$B-S$を分割するのに、売り手のほうが最後通牒を突きつけることができる交渉ゲームにほかなりません。売り手が価格をちょうどB円にして、余剰をすべてよこせと要求し、買い手がそれを承認（つまり、買うこと）するのがサブゲーム完全均衡の戦略でした。一方、売り手が価格を仕入れ値以下にすると、彼の利得は負になりますから、$S>B$のときには売り手としては価格をちょうどS円にして、買い手は買わないのがサブゲーム完全均衡です。余剰はすべて売り手のほうが受け取ることになります。

8.1.4　競売買方式市場

　最後に、東京証券取引所のように、実際に市場という場所に売り手と買い手が注文を出し合って、その結果取引が成立する**競売買方式**（order driven market）とよばれる形態を考えましょう。じっさいの市場での注文の出し方はいろいろあ

るのですが、ここでは分析を簡単にするため、売り手は「商品を1,000円（またはそれ以上）で売りたい」という形の売り注文を出し、買い手の方は「商品を2,000円（またはそれ以下）で買いたい」という形の買い注文を出すものとします。市場は、提出された注文を調べて、売り手の言い値が買い手の言い値を下回ったときに取引を成立させます。その時の取引価格は、両者の言い値が等しいときはもちろんその共通の価格にしますが、場合によっては買い値の方が高くなることもあります。この分析では便宜上、そのようなときには売り手の言い値を優先させることにします[4]。したがって、取引の具体的なルールは、売り手の言い値をp円、買い手の言い値をq円としたとき、もし$p \leq q$ならば、市場は取引が成立したことを宣言して、買い手はp円支払って商品を手に入れます。

$S < B$のとき、売り手と買い手が$S \leq p = q \leq B$となる価格pおよびqをそれぞれ入札するという状況がナッシュ均衡になります。もちろん、取引は両者の入札価格でなされます。

このルールのもとで、売り手は自分の仕入れ値以下の価格は注文しませんし、買い手は自分の評価額以上の買い値は提示しませんから、$S > B$のときには取引は成立しないのは明らかでしょう。

* * * * * * * * * *

>「先生、でもこれでは売り手の間での競争は全然ないですよね」、とたずねた瞬間、ニットワンピのバッグの中で携帯電話が鳴り出しましたが、新米先生の耳には入りません。「とてもよい質問です。そうなんですよ。それが正にポイントですからもっと説明しましょう。お疲れじゃないかって？　ありがとう、でも大丈夫ですよ。サッカーで鍛えてますから」と言うと、また黒板に向かって話し出してしまいました。友達に呼び出されたニットワンピでしたが、こうなったら乗りかかった船、どうも覚悟を決めたようです。

---

[4] このルールは取引価格がpとqの間にありさえすれば変更しても結果には影響ありません。

8.2 戦略的取引――多人数のケース

この節では取引に参加する人の数が多いときをそれぞれの取引形態について考察します。売り手も買い手もそれぞれ n 人（n は 2 以上の整数）いるものとします。それぞれの売り手は同質の商品を一つだけ持っています。それぞれの買い手は、商品を 1 つ買うか、または買わないかを決めます。1 人の買い手が商品を 2 つ以上買うことはないものとします。それぞれの売り手にはちゃんと由緒ある名前があるのですが、分析には直接関係はないので、ドライに番号で呼ぶことにします。第 i 番目の売り手（売り手 i さん）の評価額（仕入れ値）は S_i 円です。買い手の方も番号で呼ぶことにします。第 i 番目の買い手（買い手 i さん）の評価額は B_i 円です。ここで i は 1 から n までの整数のどれかですが、番号はどうつけても良いでしょうから、買い手は評価額の高い方から、売り手は仕入れ値の低いほうから順番につけましょう。ですから、売り手の方は売り手 n が最も仕入れ値が高く売り手 1 の仕入れ値が最も低いことになり、直観的には番号が若いほど儲かりやすい強い売り手と考えて良いでしょう。買い手の方は買い手 1 が最も商品への評価が高く（したがって、最も買いたがっていて）買い手 n の評価が最も低いことになりますから、これも直観的には番号が若いほど取引から便益を受けやすい買い手というようになっています。

さて、それぞれの取引方法でどのようなことが起こるか順に見ていきましょう。

8.2.1 直接交渉

売り手も買い手もそれぞれ 2 人以上いる場合、誰と誰が交渉するのかで結果が変わってきます。具体的なイメージを追うために、売り手も買い手もそれぞれ 2 人ずついるものとしましょう。

まず $B_1 > B_2 > S_2 > S_1$ としましょう。つまり、買い手の評価額はどちらも売り手の仕入れ値よりも高い場合です。この時はどの売り手がどの買い手と交渉しても、買い手の評価の方が売り手の仕入れ値より低くなりますから、それぞれ取引が成立するでしょう。また $S_2 > S_1 > B_1 > B_2$ のときには、誰がどう交渉しても仕入れ値のほうが高くなりますから、取引は成立しません。

しかし $B_1 > S_2 > B_2 > S_1$ となっているときには問題が生じます。買い手 1

はどちらの売り手と交渉しても取引ができますが、買い手2の方は、評価額が売り手2の仕入れ値よりも低いので、売り手2とは取引が成立しません。

第1番目の取引パターンとして、買い手1と売り手1、買い手2と売り手2が交渉した場合を考えましょう。この場合、上の考察から、買い手1と売り手1の組み合わせのみ取引が成立します。この取引から発生する余剰は $B_1 - S_1$ です。買い手2と売り手2の交渉は決裂せざるを得ませんので、こちらからは余剰は発生しません。したがって、総余剰は $B_1 - S_1$ となります。

それでは、第2番目のパターンとして、買い手1と売り手2、買い手2と売り手1がそれぞれ交渉した場合を考えましょう。そうすれば確かに両方とも交渉は成立しそうです。しかしそれらの取引から生じる余剰はどうでしょうか。買い手1と売り手2の方からは $B_1 - S_2$、買い手2と売り手1の方からは $B_2 - S_1$ ですから、全体で生じる余剰は、この和を計算して整理すると $(B_1 - S_1) + (B_2 - S_2)$ であることがわかります。ここで $S_2 > B_2$ だということを考慮すれば、この総余剰は先ほど計算した買い手1と売り手1が取り引きする場合よりも小さいことがわかります。つまり、取引が成立する数が多ければ、それだけ経済全体で見た余剰が大きくなるというわけではないのです。

まとめると、直接交渉の場合、どのような交渉相手の組ができるかによって、総余剰を最大にしない取引が行われてしまう可能性がある事が分かりました。言い換えると、直接交渉に任せる原始的な取引システムでは、余剰の損失が起こる可能性があるのです。これはミスマッチと呼ばれる現象の一つの例です。たとえばここでの商品を「労働」と考え、売り手を労働者、買い手を企業と考えてみましょう。取引成立はすなわち労働者がある賃金を支払われて雇用される、ということです。上の例だと、すべての労働者が雇用される場合よりも、1人だけ、それも適切な企業に雇用された方が、経済全体の余剰は増えるということを示唆しています[5]。

一方で、ほかの3つの取引形態においては、均衡では余剰を最大にする取引がおこります。これらのシステムと直接交渉との決定的な違いは、直接交渉形式では取引の際使われる商品とお金の交換比率、つまり商品の価格が、参加者に共通の公開された情報にならないという点です。これを次節以降詳しく見ていきまし

---

5) ミスマッチという言葉で、これらの売り手と買い手が相手を見つけられない状況をさすこともあります。

よう。

　その前に、一つだけ注意を要する点を指摘しておきます。総余剰が上回るといっても、第1番目のパターンでは、買い手2と売り手2には取り引きできないので余剰が発生しないわけですから、彼らにとっては総余剰が小さくなっても、全員が取り引きできる第2番目のパターンのほうが好ましいことがわかります。このように総余剰が大きくなるからといって、それでその経済ですべての主体がより満足していると結論するわけには行きません。

　われわれが理論的に主張できるのは、総余剰がより大きければ、余剰の再分配を通じてすべての主体の得る利得をより多くできる、ということです。たとえばこの交渉の例で、第2のパターンで売り手1、2と買い手1、2が受け取る余剰を基準にして、第1のパターンの場合で第2のパターンよりも増えた余剰を均等に追加してやれば、すべての主体が受け取る余剰は第1のパターンでより大きくなります。労働市場の例で言えば、もし雇用されない（そして雇用できない）プレーヤーに適切に余剰が補填されるという前提では、仮に失業者が出ても、余剰の大きな組み合わせで労働者が雇用される方が良い、という主張です。

　しかしそのような余剰の再分配がすべての人にとって得になるかといえば、そうでもありません。パターン1のように交渉するのを基準にして見ましょう。すると買い手1と売り手1の立場からしてみれば、ほかのプレーヤーへ渡される余剰は彼らの取引から生じたものの一部に他ならないわけですから、そのような余剰の再分配は、彼らの余剰を下げていることになります。

　以降私たちは総余剰の大小で取引形態を評価して行きますが、その背景には余剰が再分配されうるという仮定があり、これは必ずしも当然の基準ではないことに注意しておきましょう。総余剰が増えるからといって、すべての人に喜ばしいことかどうかは一概には言えないのです。分配の問題まで考えると、問題は複雑です。

8.2.2　仲買人のいる市場

　前の分析同様、仲買人の戦略は、取引価格 p 円を公表し、その値段で商品を売り買いします。仲買人は売り手や買い手に応じて価格を変えることはできません[6]。彼の利得は、もし売り手から出された商品の数と、買いに要求された商品の数が等しければ、ちょうど過不足なく取引が成立するので1、そうでなければ

どちらかに余りが出るので−1で、誰も取引しなければ0です。それぞれの売り手 i、$i=1,\ldots,n$、は提示された p 円を見たあとで、その価格で商品を売るかどうか決めます。売った場合の利得は $p-S_i$ で、売らないときには利得は0です。同様に、それぞれの買い手 i、$i=1,\ldots,n$、も提示された価格で商品を買うかどうか決めます。買った場合の利得は B_i-p で、買わなければ利得は0です。

人数が増えたといっても、価格 p が観察された後（のサブゲーム）では、すべての売り手と買い手に単純な支配戦略があることは、前節の分析と変わりありません。それぞれの売り手は p 円で売って損をしなければ売り、さもなければ売らないという価格受容的行動が支配戦略で、それぞれの買い手は、p 円以上払う気があれば買い、そうでなければ買わないという価格受容的行動が支配戦略です。

仲買人の行動を分析するにあたって、まずは価格に対する買い手の事情を整理してみましょう。図8.3は、4人の場合について、買い手の評価額の高い順に並べたグラフです。たとえば、数量が2のときは2番目に高い評価額 B_2 円が対応しています。

このグラフは次のようにも読むことができます。仮に仲買人が価格 p 円を提示したとき、何人の買い手が買うか（したがって何個買われるか）という関係です。たとえば $B_2>p>B_3$ となるような価格 p 円が提示されれば、買い手1と2は買いますが、3と4は高すぎるので買いません。グラフの縦軸にそのような価格を一つ印をつけて、水平に横にたどったときグラフとの交点が数量2になるのはこの事情を表しています。このように、このグラフは価格とその時に価格受容的行動をとる買い手が買う（需要する）量との関係を表すので、この商品に対する**需要曲線**と呼ばれます。

同様に、売り手の方の様子もグラフに整理したのが図8.4です。売り手の評価額（仕入れ値）を低い方からならべてグラフにしたものです。このグラフも次のようにも読むことができます。仮に仲買人が価格 p 円を提示したとき、何人の売

---

6) ここでは仲買人を1人だけと仮定します。アメリカの有力証券取引所の一つ NASDAQ は仲買人が何人もいるコンピュータ化された取引所です。仲買人が多くいる理由は、彼らの間の競争で売買手数料が小さくなると信じられているからです。私たちは仲買人の売買手数料は（ほとんど）ゼロと仮定しているので、この手数料の問題を捨象していることになります。

図8.3 需要曲線

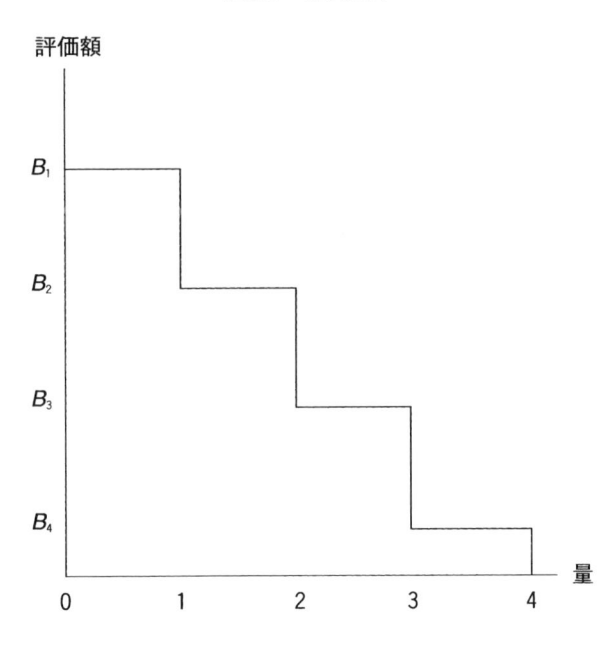

図8.4 供給曲線

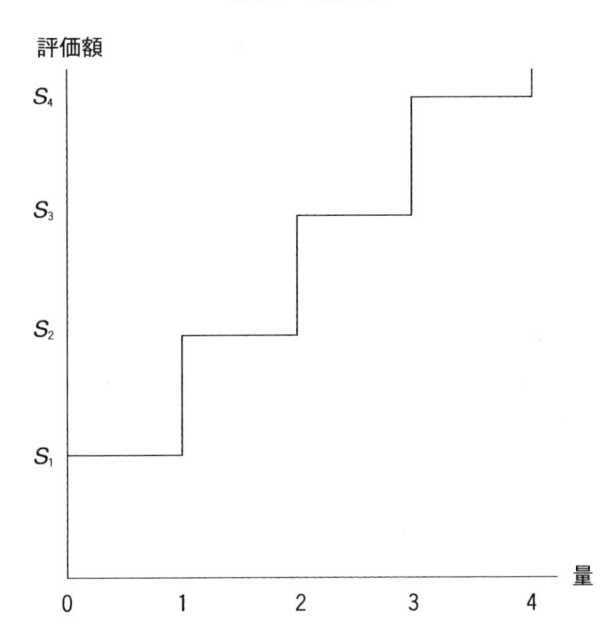

図8.5 需給の均衡

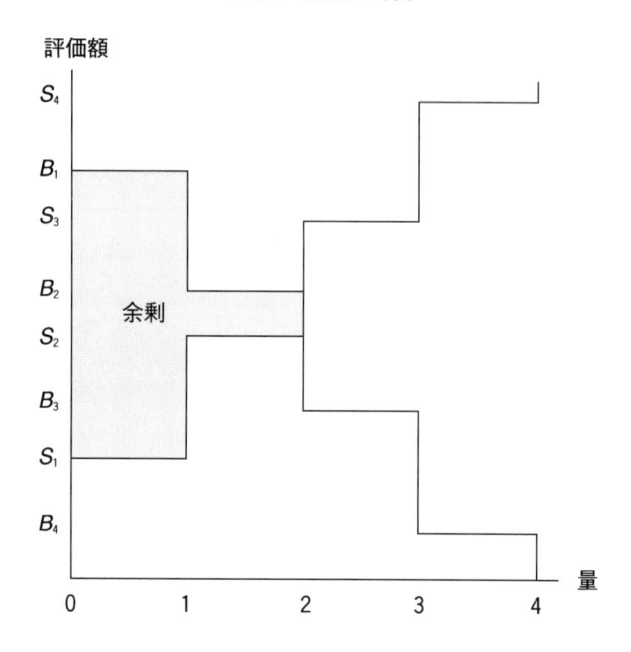

り手が売るか（したがって何個売れるか）という関係です。たとえば $S_4 > p > S_3$ となるような価格 p 円が提示されれば、売り手4をのぞいて皆商品を売りますが、それに対応する価格を水平にたどったときのグラフとの交点はちゃんと3になっています。このように、このグラフは、価格とその時に価格受容的行動をとる売り手が売る（供給する）量との関係を表すので、この商品に対する**供給曲線**と呼ばれます。

　図8.5は、図8.3と図8.4を同じところに重ねて描いたものです。この図では B_2 と S_2 の間で、二つのグラフが重なっていますが、これはたまたま $B_2 > S_2$ となっているからです。$S_1 < B_1$ のときには、必ずそのような交差する部分ができます。なぜなら需要曲線は B_1 から始まって右下がりで、供給曲線は S_1 から始まって右上がりですから、どこかで交差するしかありません。図の書き方から、もし数量 x で交差するならば、対応する売り手の評価額は、x 番目に低い売り手のものですから、その交差する部分の下端は S_x になるはずです。同様に、対応する買い手の評価額は x 番目に高いはずですから、上端は B_x になります。図では $x = 2$ ですから、ちょうど B_2 と S_2 が端点になっているわけです。

いま $S_x \leq p^* \leq B_x$ を満たす価格 p^* を一つ考えましょう。図8.5で言えば B_2 と S_2 の間にあるどのような価格でも良いわけです。そのような価格 p はこのゲームでの仲買人の均衡戦略になっています。すなわち売り手と買い手が上で見た支配戦略をとっているという状況で、この価格 p^* のもとでは、売り手は1からx番まで、買い手も1からx番まで取引に応じていますから、ちょうど過不足なく取引が起こるため彼の利得は1で、これ以上に彼の利得が増えることはありえません。実際、もし B_x を上回る価格をつければ売り手のほうが多くなってしまいますし、S_x を下回る価格をつけてしまうと買い手のほうが多くなってしまうので、仲買人の利得は下がってしまいます。

もし $S_1 > B_1$、つまり最も評価額の高い買い手よりも最も低い仕入れ値が高くなってしまう場合には、交点はできませんが、これもありうることです。この場合には $S_1 > p^* > B_1$ となる価格が均衡で、その時取引は一切成立しないことを確かめておいてください。

このような仲買人のいる市場は**完全競争市場**と呼ばれ、仲買人が均衡で提示する価格のことは、**完全競争均衡価格**と呼ばれます。売り手も買い手も戦略的に重要な相手は仲買人だけで、お互いにはまったく「競争」しないのですから、この均衡概念に「完全競争」という言葉がついているのは妙な感じがするかもしれません。この名前の由来は次の節以降に明らかになりますので、とりあえずは飲み込んでおきましょう。

興味深いのは、この完全競争市場均衡では取引から生じうる総余剰が最大になっているという点です。図8.5の状況に戻って考えましょう。均衡では第1、2番目の売り手と買い手が取引を成立させています。もしこのように商品が2個だけ取引されるのなら、第1、2番目の売り手と買い手が取引するのが余剰を最大にしていることは明らかでしょう。3個取引されるとどうでしょうか？　すると、第1、2、3番目の売り手と買い手が取引するのが余剰を最大にする組み合わせです。しかし、第3番目の売り手と買い手の取引では負の余剰が生じますから、これは取引されないほうが、かえって余剰は増えます。4個に増やしても、同じ理屈です。それでは取引されるのが1個だけのときはどうでしょう。この時は第1番目の売り手と買い手のみ取引をするのが余剰を最大にしていますが、それならば、第2番目の売り手と買い手を取引に加えたほうが余剰がさらに増えますので、やはり第1、2番目の売り手と買い手が取引を成立させているほうが余剰が

増えています。一般の場合は帰納法で証明できますので、元気のある方はチャレンジしてみてください。

8.2.3 販売店市場

完全競争の概念がちょっとぴんとこないのは、プレーヤーたちがまったく競争をしていないことと、またわれわれが日常生活で遭遇する商品の価格は、売り手が（ある場合は買い手が）戦略的にほかの商売敵をにらみつつ決めているはずなのに、完全競争市場ではプレーヤーたちはまったく受動的に価格を受け入れているからです。そこで、より私たちの具体的イメージに近い販売店型市場で、売り手が戦略的に行動する結果として価格がどう決定されるかを調べて見ましょう。

この取引形式では、それぞれの売り手 i 、$i=1,......,n$ があらかじめ商品の値段 p_i を決めて、値札をつけておきます。n 人の買い手たちは思い思いに店に現れると、値段が手頃と思えばその値段を払って買いますが、値段が高すぎると思えば買わないで立ち去ってほかの店に行ってしまいます。つまり売り手 i の戦略は価格 p_i 円を定めることで、買い手の方の戦略は、すべての価格を見た後で、すなわち $p_1,......,p_n$ を観察した後で、買うか買わないかを決めるということです。仮定として、買い手のほうは一人ずつ順番に買い物に出かけるということにしましょう。ある買い手がどこかの店で買い物をするか、またはあきらめて買い物を止めてしまったら、次の買い手が買い物にきます。誰が先に買い物に行くかはまったく偶然に決まるものとします。言い換えれば、買い物に行く順序は、「自然」がくじ引きで決めることにします。いったん家に帰った買い手は、再び買い物に出かけてもかまいません。ただし売り手はいったんつけた価格は変えられません。もし買い手 j、$j=1,......,n$、が売り手 i から商品を買ったとすると、売り手 i の利得は売り上げの p_i 円から仕入れ値の S_i 円を差し引いた $p_i - S_i$ となり、買い手 j の利得は自分にとっての価値 B_j 円から支払った p_i 円を差し引いた $B_j - p_i$ です。品物が売れなければ、その売り手の利得は 0 で、買わずに帰ってきた買い手の利得も 0 です。

これをゲームの樹で表現するのは結構しんどいですが、買い手の最適反応戦略は図を書かなくても簡単にわかります。まず出そろった価格 p_i 円をすべてチェックします。どの商品を買っても価値は同じですから、もし買うならば一番低い値段をつけている販売店から買います。しかし、その一番低い値段が自分の評価

額よりも高ければ、買わずに家に帰ります。低ければ買います。同じときはどちらでもかまいませんから、いったん家に帰ってほかの人が買い物が終わったときにまた出直してきて、最終的には品物を買うものとしましょう。これが支配戦略(の一つ)であることは議論を要しないでしょう。

このゲームには、次のような均衡があります。まず前節と同様、需要曲線と供給曲線の交点に対応する数量 x を探し、それに対応する買い手の評価額 p^* を計算します。つまり $p^* = B_x$ で、この価格 p^* 円が「相場」になります。図8.5の例では $p^* = B_2$ です。売り手 i の戦略は、もし自分の仕入れ値が p^* 以上のとき、つまり $S_i > p^*$ ならば(売るのをあきらめて)$p_i = S_i$ とします。もし $S_i \leq p^*$ ならば価格を相場と同じに、つまり $p_i = p^*$ とします。買い手の戦略は上に述べた通りですが、評価額と価格が等しいときには、商品を買わないことにします。したがって、この戦略のもとでは x 軒の店が価格 p^* 円を表示しています。

この戦略がとられているとき、最低の価格は p^* 円で、その値段で売れている商品の数は x 個あることをまず示します。この戦略の組がとられたとき、買い手の $x+1$ 番から n 番までは、自分の番がいつ回ってきても、売り手の示している値段はどれも p^* 円以上で、自分の評価額はそれ以下ですから商品を買いません。図8.5の例では、買い手3、4がこれにあたります。したがって、買い手の1番から x 番までの x 人の買い手は、自分の番がいつ回ってきても、どこかに値段 p^* 円がついた商品が発見できるはずです。彼らの評価額は p^* よりも大きいですから、p^* 払って商品を買います。(買い手 x は自分の評価額と相場の価格が同じなのでいったんは止めますが、最終的には買います。)図8.5の例では、買い手1と2がこれにあたります。

この戦略の組が均衡になっていることを確かめましょう。買い手のほうは支配戦略をとっているので、当然売り手のこの戦略に対する最適反応にもなっています。そこで、ある売り手がほかの価格をつけても利得が増加することがないことを示せば良いことになります。まず仕入れ値が $S_i > p^*$ となっている売り手 i を見ると、商品は売れていないので利得は0です。利得を増加させるためには、商品を売るしかありませんが、そのためには価格を少なくとも p^* まで下げなければなりません。しかしこれでは売れても損をするだけです。したがって、そのような売り手の利得はどうやっても増加しません。それでは仕入れ値が $S_i \leq p^*$ となっている売り手 i はどうでしょう。このプレーヤーの商品は価格 p^* 円で売

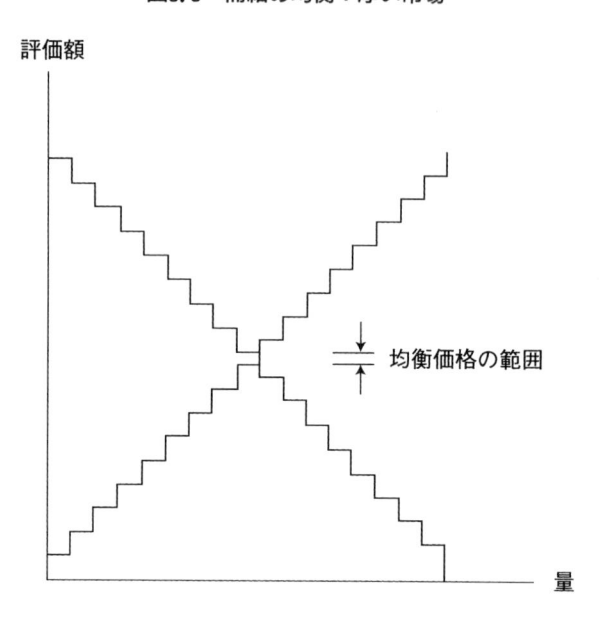

図8.6 需給の均衡：厚い市場

評価額／均衡価格の範囲／量

れていますから、利得をより増やすためには価格を上げるしかありません。しかし彼の価格 p_i を p^* より上げるとすると、$p_i > B_x$ となりますから、彼の店で買う可能性があるのは第1番目から第 $x-1$ 番目までの買い手しかいません。ところが彼が値上げしても、$x-1$ 軒の店での価格は p^* ですから、頼みの買い手1から $x-1$ はそれらの店で買い物をしてしまいます。（買い手 x は、仮に先に買い物に出てきても、価格が p^* だといったん家に帰ってしまいますから、買い手1から $x-1$ が品物にあぶれることはありません。）したがって、値上げをしてしまうと、商品が売れなくなってしまうので利得が増加することはありません。これでくだんの戦略の組がナッシュ均衡になっていることが示されました。

このように、私たちになじみの深い販売店型の市場での均衡で決まる価格は、もし仮に同じ売り手と買い手たちが、仲買人のいる市場で取引したときに決まる完全競争市場均衡価格（の一つ）であることがわかりました。その誤差は高々 S_x と B_x の差ですが、取引に参加するプレーヤーの人数が多くて、評価がとても多様な、「厚みのある」市場では、図8.5でプロットしたグラフはもっと滑らかに、図8.6のようになるでしょうから、S_x と B_x の差は小さくなるでしょう。実

8.2.4 競売買入札市場

この市場では売り手は売り注文を出し、買い手は買い注文を出します。市場は提出された注文を調べて、取引価格 p を、p 円以上の買い注文を出した人と p 円以下の売り注文を出した人の数がちょうど等しくなるように決めます。そういう価格がうまく見つからない場合には、なるべく多くの人が取引できて、取引できないのは、p 円以下の価格をつけた買い注文と、p 円以上の売り注文だけ、という p を探しだします。こういう p は必ず見つかります[7]。仮に売り手も買い手も素直に自分の評価額をそのまま注文した場合、取引所はまさに図8.5のような注文を受けることになります。したがって、仲買人が決めた均衡価格と同じ価格が先の条件を満たすような価格です。

もちろん、このルールのもとで、売り手も買い手も自分の評価額をそのまま注文価格とする保証はありません。図8.5の状況では、$S_2 \leq p \leq B_2$ となるような価格 p を基準として、売り手1、2は p 以下の価格、買い手1、2は p 以上の価格を提示し、かつ売り手1、2の少なくとも一方はずばり価格 p を、買い手1、2のうち少なくとも一方がやはり価格 p を提示するという戦略の組がナッシュ均衡になります[8]。（証明は読者の練習問題にします。）

ここで、実際の取引価格が S_2 未満になったり、B_2 より大きくなったりすることはありません。（これも練習問題としましょう。）もっと市場に「厚み」があるときには、あり得る均衡価格の範囲はさらに縮まってきます。このことは図8.6からもおわかりでしょう。このとき、あまり戦略的に考えて入札価格をつけなくても、自分の評価額を入札しておけば、多少損することはあってもほとんど最適に近い戦略になっていることを確かめてください。最適戦略を採ったときとの差はせいぜい均衡価格の上限と下限の差となります。人数が増えて、いろいろな評価額の人が混ざってくると、あまり深く考えなくても最適に近い戦略が採れるのです。

---

7) これは東京証券取引所で行われている「イタヨセ」方式とほぼ同じです。なお、このような価格 p が複数ある場合には、ある一定のルールに従ってそのうちの1つを選びます。

8) 正確には、これ以外の売り手、買い手は取引されないような価格を入札します。

8.3 不確実性のある市場

私たちのこれまでの分析で重要な仮定は、プレーヤーがお互いの評価額を知っている、ということです。実際問題として、自分にとっての価値を知っているという点はともかく、ほかのプレーヤーのものまで知っているというのは少々極端で、あまり現実的なものとは言えません。それではほかのプレーヤーの評価額がわからないときは、これまでの分析から得られた結論は、まったく役に立たなくなるのでしょうか。最後にこの点を議論します。

2人のプレーヤーの場合に戻って、競売買入札型の市場を見てみましょう。話を単純にするために、オークションの分析をしたときのように、売り手は買い手の評価額は0から1の間の数で、どれも同じようにありうるということまではわかっているものの、それ以上には知らないとしましょう。売り手の仕入れ価格は $\frac{1}{2}$ だとします。買い手にとっては、自分の評価額を入札するのが支配戦略ですから、売り手の仕入れがわかってもわからなくても関係なく、自分の評価額を注文価格とします。したがって、売り手は買い注文の金額は0から1の間の数で、どれも同じようにありうると考えることができます。売り注文の価格を p とすれば、取引が成立するのは買い注文価格が p 以上のときですから、確率 $1-p$ で取引が成立します。その時の取引価格は売り注文価格の p ですから、儲けは $p-\frac{1}{2}$ です。よって、売り手利得の期待値は $(1-p)\left(p-\frac{1}{2}\right) = -\left(p-\frac{3}{4}\right)^2 + \frac{1}{16}$ となりますので、売り手は $p = \frac{3}{4}$ とするのが最適です。

問題は売り手がこのように $p = \frac{3}{4}$ としてしまうと、買い手の評価額が $\frac{3}{4}$ 以下のときには、取引が成立しなくなってしまいます。一方で、売り手の仕入れは $p = \frac{1}{2}$ ですから、買い手の評価額が $p = \frac{1}{2}$ 以上のときは取引で余剰が生じるはずです。すなわち売り手が買い手の評価額を知らないために、本来余剰が生じるときに取引が行われなくなってしまう可能性が生じます。これに対して、われわれの分析してきた完全情報のケースでは、取引で発生しうる余剰はすべて競争均衡で実現していましたから、これは大きな違いです。これまでに何度も見たあの情報の不完全さによるコストが生じてしまいました。

一方、前節での議論を振り返ると、均衡の計算で使ったのは需要曲線と供給曲線だけで、特定の個人の評価額はいくらであるか、という条件はまったく使って

いないことがわかります。誰が1,000円払う気があるか、という情報は重要でなく、1,000円払う気がある人が何人くらいいるのか、という情報が重要なのです。したがって、もし売り手も買い手も、自分の評価額のほかに、需要曲線と供給曲線がどうなっているかを知っているという仮定のもとでは、前節の結論がそのまま使えます。

　1対1の取引のときには問題でしたが、買い手の人数が多ければ、一人一人の買い手がどのような評価をしているのかはわからなくても、全体として買い手の評価額がどのようになっているかに関しては、ある程度情報があるものです。特定の個人の趣味はわからなくても、買い手全体の中で、その商品への評価額が1,000円を超える人は大体500人くらいいるだろう、という種類の情報が、経験からある程度わかっていると仮定するのは、(もちろん対象になる商品の種類にもよりますが)それほど現実ばなれしたものではなさそうです。売り手の評価額にしても同様です。また、競売買入札型の市場では、人数が多いとき、自分の評価額どおりに入札するのがほぼ支配戦略になります。したがって、図8.1を使った分析は、人数の多い厚みのある市場で、このような評価額全体に関する情報が取引する人々にわかっているような状況において、プレーヤーの戦略的行動も考慮したものであったといえます。

＊＊＊＊＊＊＊＊＊＊

　「まだこの辺りは序の口で、話はどんどん膨らんでいくんですけどね」と、新米先生がやっと振り返ったときには、外の木々はもう夕闇のなかに溶け込み始めています。
　「ところで、よろしければ、私がいま書きためている教科書の原稿を読む、というバイトでもやってみませんか。いわゆるモニターっていうやつです。あなたのように率直に疑問を言ってくれる積極的な学生を探していたんですよ。できるだけいい本にしたいので。市場理論だけではなくて、他にもいろいろ面白いことを書いているんです。たとえば」
と、また自分の世界に入って行きそうです。この機を逃してはいつ帰れるかわかりません。ニットワンピは急に言葉を改めて、「あの、もっとお話をお聞きしたいのですが、友人と約束がありますので。あの、モニターの話は興

味はあるので、またお伺いします」と、一礼すると、そそくさとオフィスを出ていってしまいました。

　新米先生はしばらくあっけに取られていましたが、我に返って、辺りをながめやりました。机の上には、彼女の試験答案が残っています。新米先生は、答案を取り上げると、しばらくうつろな目で答案を眺めていました。「町野済子さんか。けっこうできるじゃないか」とつぶやいて、「まだ話は膨らんでいくのにな」と、残念そうにぽつりとくり返すと、コンピュータに向かって教科書の原稿の続きを打ち始めました。

練習問題8.1　1対1の競売買方式市場取引で、$S < B$ として、この状況を戦略形で表現せよ。ただし、各プレーヤーは注文価格をSかBかどちらかにしかできないとする。

練習問題8.2　売り手と買い手が2人ずついる状況で、$B_1 > B_2, S_2 > S_1$ とする。仲買人がいる市場取引の均衡での余剰の取り分は、売り手1のほうが売り手2よりも大きく（すなわちコストの低い売り手のほうが儲かる）、買い手1のほうが買い手2よりも大きいことを示せ。一般に、売り手と買い手がn人ずついる場合にはどうか。一方、直接取引のときは、（仮に総余剰に無駄がなくても）このような関係は必ずしも成立しないことを例をあげて示せ。

練習問題8.3　市場経済において、企業の倒産は正常な症状であり、企業が倒産しない方がかえって問題があるとする意見がある。この章のモデルでそれを説明してみよ。

練習問題8.4　図8.5の状況で、本文中に示されている競売買入札市場での戦略がナッシュ均衡であることを示せ。また、どのような均衡でも、取引価格pは、必ず$S_2 \leq p \leq B_2$を満たすことを示せ。

発展問題8.5　完全競争均衡では、達成し得る余剰がすべて実現されていることを示せ。（n人の場合がむずかしければ、2人ずつの場合を考えよ。）

Chapter 9
消費者理論

新米(あらごめ)先生、アメリカへ行く

ある冬のよく晴れた日、われらが先生、新米助教授のところへ一通の電子メールが届きました。差出人は、米国の名門フィラデルフィア大学経済学部のアポストル学部長です。何だろう、と思ってクリックして読むうちに新米先生の顔は青くなったり、赤くなったりしました。よく読み直してから、新米先生は思わず「やったあ」と叫んでしまいました。

電子メールの内容をかいつまんで言うと、貴殿の論文に深い感銘を受けた。ついては、アメリカに来て1学期、3ヶ月間講義を持つかたわら、われわれと研究交流をしてみないか、もし1コースかれの専門である「ゲーム理論」の講義を受け持ってくれるのであれば、給料として1万ドル（当時のレートで約100万円）支払う、というものでした。日本の大学の居心地が悪いというわけではありません。しかし、新米先生はつねづね新天地で自分の力を試してみたい、という想いがありました。そこに向こうからの誘いです。新米先生が舞い上がってしまったのも無理はありません。早速自分の勤め先の大学の了解を取り、承諾の返事を書きました。

それからの半年間、新米先生は非常に忙しい、しかし充実した日を過ごしました。新しい論文の執筆と投稿、以前書いた論文の改訂、週6コマの講義とそのための準備、学部や学会の事務の仕事、学生の指導等々、精力的にこなしていきました。

もっとも、某中央官庁から舞い込んだ研究員の仕事は、労せず50万円も入るおいしいものでしたが、仕事の期間がちょうど渡航期間と重なり、泣く泣く断ってしまいました。この**機会費用**を考慮すると給料は実質50万円ですから、航空賃やホテル代等実際にかかる費用を差し引くと金銭的にはマイナスです[1]。したがって、経済学的費用の面からすると自腹を切ることになることになります。しかし学究者であるわれらが新米先生は、今回の渡航で得られる研究交流はとてもお金には代えられないものだと考えています。迷いはまったくありませんでした。

さあ、もうあと1週間で渡航だ、という段になってかれは古井教授にあい

---

1) 機会費用は経済学でまず最初に学ぶ概念の1つです。渡航することに伴う費用は、本当にかかった費用（航空賃やホテル代）だけではありません。渡航しなかったならば収入を得る機会があったわけで、新米先生はそれを捨てて、渡航を取ったわけです。

さつに行きました。古井教授は新米先生と同じ分野の先輩に当たる人で、以前フィラデルフィア大学で教えていたことがあります。彼は学生時代に日本でもらった奨学金の関係で、労働を許可する査証を失い、帰国を余儀なくされたという苦い経験を話してくれました。新米先生はちょっと気になったのでアメリカ大使館に問い合わせると、「あなたの場合にはJ―ビザ（客員研究員用のビザ）が必要です。必要書類を整えて提出してください」とのことです。重ねて、査証発給にかかる日数を尋ねると、10日はかかるという返事。とても、渡航の日に間に合いません。格安航空券なので、出発日を変えるのもままなりません。それより何より、到着の2日後からもう講義が入っているのです。日本の大学と異なり、アメリカで休講にしたら大変な騒ぎ、彼の信用は失墜し、2度と招聘されることはなくなってしまうでしょう。新米先生は顔面蒼白、目の前が真っ暗になっていくようでした。

　わらをもつかむ思いで、新米先生は古井教授に電話をしてみました。古井教授はしばらく考えていて、「手がないわけではない」と言いました。「私がアポストルと話をしてみましょう。多少の痛手はやむを得ないが、よろしいですね。」

よろしいも何も他に手だてのない新米先生は、「よろしくお願いいたします」と何度も言って電話を切りました。

翌日、古井教授から電話がかかって来ました。聞くと、「給料はもらえない。しかし、お金はもらえる」と答えます。これではまるでなぞ解きです。古井教授は説明を始めました。
　「いわゆる所得として扱われる金銭の授受はできません。これは、アメリカ大使館であなたが聞いてきたとおりです。しかし、使った経費の払い戻し、という形であなたの支出を向こうの大学がカバーすることなら、Ｊ－ビザがなくてもできます。」さらに、そのためにはＷＢというビザ・ウェイバーをアメリカ入国時にもらわなくてはならないこと。ただ、これは、入国審査官にビジネス目的で入国する旨を告げれば自動的にもらえること、などを説明しました。「要するにあなたは貯金はできないし、出費の用途も航空券やその他の交通費、食費、宿泊費に限られる、しかし１万ドルはその範囲で自由に使える、というわけです。ま、この辺がいいところでしょう。」
　地獄で仏とはこのことです。新米先生は受話器に向かって何度も頭を下げます。それには気づかず（当たり前か）、古井教授は話を変えます。
　「新米君は『神の御心』という訳の分からない宗教団体が経営しているホテルに泊まることになっていたでしょう。そんな節約をしても貯金はできないのだから、しゃれたアパートメントホテルにでも泊まったらどうですか」と言いました。アパートメントホテルとは、アメリカの映画にときどき出てくる長期滞在用の宿泊施設です。古井教授が教えてくれたものは、ホテル・バービックの中にあります。よくあるホテルの部屋と異なるのは、キッチン・リビング・ベッドルームと普通のアパートのようになっている点で広さも900スクエア・フィート、約80m²とかれの日本のアパートの倍近くあります。「賃貸料は決して手の届かない額ではないでしょう」と古井教授は言います。
　すでに『神の御心』には予約をいれてしまった新米先生でしたが、アパートメントホテルの魅力も捨て難く、とにかく、１万ドルの範囲内でやりくりをしようと、あーだ、こーだ、と損得の計算を始めました。まず、航空券はとにかく格安航空券を買ってあるので、これとその他交通費で1,000ドル。『神の御心』だと、３ヶ月で1,500ドルですから残り7,500ドル。これで食費を賄うことになります。食費は、聞いた話だと、節約コースで月500ドル、すなわち３ヶ月で1,500ドル、普通に外食をしていくと３ヶ月3,000ドル、少

し気のきいたレストランや日本食の店へ毎日行っていると月2,500ドルで3ヶ月7,500ドルかかります。『神の御心』だと、贅沢コースということになります。「宿がよくってキッチンもついてるなら、食事は節約コースでもいいかなぁ。そうだとすると月2,500ドルまでは宿に使えるけどぉ。でも、たまにはいいとこでも食事したいしぃ」と、新米先生は学生の口調が完全に移っています。まあ2,000ドルくらいまでならアパートメントホテルかなぁ、と感じた新米先生でしたが、そこで大事なことを思い出しました。アパートメントホテルにするとすると、『神の御心』での予約をキャンセルするわけですが、すると違約金として300ドル取り上げられてしまうのです。この300ドルはどの道払わないといけないわけですから、これは**サンク・コスト** (sunk cost) と呼ばれる費用です。したがって、『神の御心』とバービックを比較する際、300ドルすなわち月々100ドルをバービックの料金に上乗せして考えなくてはなりません。そこで、月1,900ドル以下ならバービック、そうでなければ『神の御心』にするよう、電子メールをおくって学部長秘書に頼みました。

* * * * * * * * * *

フィラデルフィアは全米第5位の大都市ですが、ニューヨークとワシントンにはさまれていて、いま1つ特徴に欠ける街です。映画でも、AIDS問題の舞台になったり、郊外の監獄で暴動が起こったなどという、物騒なものばかり。しかし、この都市はアメリカの独立宣言が行われたところとしても有名で、いつも観光客が絶えません。開拓時代を思わせる素敵な町並みも残っていて、決して危ないだけの街ではありません。街角のカフェ、こぢんまりしたセンター街、住んでみるとなかなか楽しめる街です。大学の周辺はコンサートホールを思わせるような本屋を始めとして、大掛かりな改装工事が進んでいて次第に大学街の趣を増しています。

9.1 初講義：留保価格と消費者余剰

結局、新米先生はバービックに落ち着きました。料金は何と1,750ドルと思っ

たよりも安く、部屋もきれいですっかり気に入ってしまいました。そしていよいよ講義初日になりました。「気にせずに好きなことをやりなさい」とアポストル氏に言われていた新米先生は、ゲーム理論に入る前にミクロ経済学、とくに消費者理論の復習をすることにしました。いつも予算制約の話をすると、「所得以外にも貯金を取り崩せるのに、どうしてそれは考えないのですか」とか、「余ったお金はどこへ行ってしまうのですか」という質問に悩まされていた先生、今回は自分の失敗談を交えて使い切ってしまわなければ手元に残らない1万ドルをどう使うか、という話を中心に進めました。もちろんこの場合の所得は1万ドル、予算制約式はおおざっぱに

$$交通費 + 宿泊費 + 食費 = 10{,}000$$

と書けます。新米先生の消費者としての関心事は、自分にとってもっとも好ましいような交通費、宿泊費、それと食費への配分を、この式を満たすように調節して達成するということです。「私が秘書さんに送った1,900ドルという数字、このことをこのバービックの部屋1ヶ月の賃貸サービスの（私にとっての）**留保価格**と呼びます。留保価格とは、すなわち自分がここまでなら払ってもよいと考えている上限の価格なのです[2]。」

「実際には、賃料は1,750ドルでしたからこの留保価格との間には150ドルの開きがあるわけです。この差額のことを余った分ということで経済学では**余剰**といいます。ちょうど1,900ドルですと、この部屋に宿泊するのと、そうでないのとどちらでもかまわない、すなわち**無差別**なわけですから、私はこの部屋を借りることができたおかげで、そうでない場合と比較して、150ドル得したことになるわけです。とくにこれが例のように消費者の場合ですと**消費者余剰**といいます。」
この余剰が、これまで用いていたものと同じ概念であることは言うまでもありません。

部屋は2部屋借りるということはまずありませんが、他の財の場合にはいくつもほしくなる、というケースも当然出てくるでしょう。ここで同様の手続きをするといわゆるこの個人の需要曲線が導かれます。たとえば、喉がからからに渇いているときのビールはそそられるものがあります。1杯めなら15ドル払っても飲

---

2) もちろん、この辺りの会話は英語でなされています。筆者が翻訳しているわけです。

図9.1 需要曲線

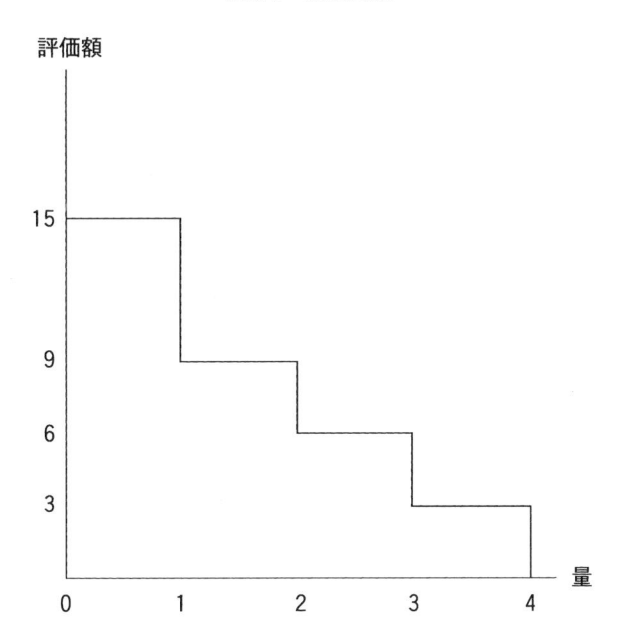

みたい、と思うかもしれません。2杯めはまだ少しのどが渇いているものの、1杯めほどではないので15ドル払ってまで飲みたいとは思いません。1杯飲んでしまった後、つぎの1杯の留保価格はたとえば9ドルだとしましょう。以下留保価格が3杯め6ドル、4杯め3ドルとすると、図9.1が描けることとなります。「この留保価格のグラフがそのままこの個人——かりに Mr. ビールと呼んでおきましょう——の需要曲線となることは言うまでもないでしょう」と新米先生。

「では、具体的に余剰の計算を行ってみましょう。かりにビール1杯の価格が4ドルだったとします。このとき1杯めからは、留保価格15ドルと価格4ドルとの差である11ドルが余剰となります。以下同様に2杯めの余剰は 9－4＝5ドル、3杯めの余剰は6－4＝2ドルです。これをすべて合計したもの、18ドルが価格4ドルのときの消費者余剰となります。もちろん4杯めは余剰が負になってしまうので消費されません。図9.1のグラフに戻って言えば、余剰の総額は価格4ドルのところに水平に補助線を引いたときに、その線と需要曲線の間にできる図形の面積になっていますね」と、このあたりは先生の十八番です。

このとき、教室の端に座っていた学生が質問をしました。

「1杯めを飲み終わった後の2杯めの留保価格のことなのですが、1杯めにいくら払ったかは関係ないのでしょうか。この前、同じようなことがあって、たまたまポケットに5ドルしか入っていなかったので、3ドルのビール1杯しか飲めませんでした。このとき残りの2ドルがぼくの2杯めに対する留保価格になるのですか。でも、1杯2ドル50セントだったら、ぼくは2杯飲んでいたと思います。そのときの2杯めの留保価格は2ドル50ですか。あるいは、たまたま先輩に1杯めをおごってもらったとして、2杯めは4ドル出してもよい、と考えていたとしたら、留保価格は4ドルになるのでしょうか。つまり留保価格は1杯めにいくら払ったかによって変化を受けるのでしょうか。またそのときの余剰はどう計算すればよいのですか」といいます。すると、今度は反対側の方から、「それに、ほかにどのようなものにお金を使うかに関係するんじゃなぁぃ。あたし、昨日はビールばっかしだったから2杯目はそれほどほしくなかったけどぉ、もしポテトチップスがあったら、もっと欲しがったと思うのよぉ」と声が上がります。

いきなり、高度な質問をされて新米先生はおどろいてしまいました。たしかにこれまで考えてきた余剰の概念には少し不備がありそうです。本章ではもっと議論を掘り下げて、余剰の意味を考えることにします。新米先生の答えを少し聞いてみましょう。

9.2 効用関数と消費者余剰

経済学を学んできたみなさんはつぎのような問題を見たことがあるかと思います。

$$\max_{x,y \geq 0} u(x,y) \quad \text{s.t.} \quad px + y \leq M. \tag{9.1}$$

これは消費者の**効用最大化問題**とよばれるものです。あまりに数理的に映るかもしれませんが、落ち着いて読めばたいしたことはありません。これは、2種類の財があり、第2財の価格が1で固定されている状況を考えています。価格が1というのに抵抗があるかもしれませんが、要するにもし第2財が1キログラム1000円で買えるならば、第2財を計る単位を1グラムあたりに直している、と考えて

表9.1　財の組み合わせと効用値: 効用関数

30	20	26	31	35	36
27	19	25	30	34	35
24	18	24	29	33	34
21	17	23	28	32	33
18	16	22	27	31	32
15	14	20	25	29	30
12	12	18	23	27	28
9	9	15	20	24	25
6	6	12	17	21	22
3	3	9	14	18	19
0	0	6	11	15	16
お金/ビール	0	1	2	3	4

いただいてかまいません。記号は x, y がそれぞれ第1財、第2財の消費量、p が（第2財の価格を1と見たときの、すなわち第2財ので計った）第1財の価格、M は（第2財で計った）所得です。$u(\cdot, \cdot)$ は効用関数と呼ばれるもので、消費者の満足度の指標です。$u(x, y)$ は、消費者が第1財を x 単位、第2財を y 単位消費したときの効用（満足度）をさします。消費者の理論の基本的前提は、消費者は**価格が変わらないものとして**、各財の消費量を**予算の範囲内で調節**して、自分の**効用を最大にする**ようにきめる、というものです。上の数学的記述は、これを簡略に表したものです。上の行が効用を最大にするように x と y の値を調節する、という意味で、下の行は、x と y は予算 $px + y \leq M$ を満たさなくてはならないという意味です。

先ほどの Mr. ビールの好き嫌い、いわゆる**選好**が、かりに上のような効用の表9.1で表されているとしましょう。たとえば、ビール1単位とお金12ドル分をもって（消費して）いれば、彼の効用は18で、一方ビールを飲まずにお金を30ドル持っていれば、表で $(0, 30)$ に対応する20単位が彼の効用です。数学表記を使えば、それぞれ $u(1, 12) = 18$, $u(0, 30) = 20$ と書きます。したがって、Mr. ビールは、ビール1杯とお金12ドルという状態よりも、ビールがなくても30ドルもっているほうを好むということが表現されています。

この表であらわされる効用関数は、いくつかの特徴ある性質を持っています。まず、お金もビールも多ければ多いほどよい、というもの。それから、消費量が増えると**限界効用**が減るという、**限界効用逓減の法則**も成り立っています。これをビールで見ておきましょう。まず1杯も飲まないときとただで1杯飲んだときを比べると、効用値は6増えています。つまり限界効用は6です。それに対し、1杯と2杯のときを比べると、限界効用は5、2杯と3杯では4というように徐々に減っていっているわけです。

　さて、5ドルしかないと分析しにくいので、かりにポケットに30ドル入っていたとして話を進めましょう。この30ドルを「所得」と思っていただければよいわけです。いま、ビールの価格が（ちょっと高いですが）かりに12ドルだったとしましょう。この個人の予算制約式は、

$$12x + y \leq 30$$

となります。ただし、x はビールの消費量（単位：杯）、y は手元に残るお金です。この予算制約を（等号で）満たす消費の組み合わせは、$(0, 30)$、$(1, 18)$、$(2, 6)$ の3通りということになります。もちろんほかにも予算内に収まる組み合わせはあります。たとえば $(0, 0)$ も予算内です。しかしこれらの組み合わせではいっそう効用が下がってしまうのではじめから問題になりません。さて、これら3通りそれぞれに対応した効用値は表9.1より、20，22，17です。したがって、Mr. ビールは制約の範囲内で最大の効用22をもたらしてくれる点 $(1, 18)$ を選ぶということになります。すなわち、ビールは1杯だけ飲む、という結論が得られるわけです。この表を基に価格がいくらのときにはビールを何杯飲むか、という問題を、すべての価格水準で計算してやって、それをグラフにすると、ちょうど図9.1の需要曲線が得られます（数値のないところは適当に近似してトライしてみてください）。需要曲線と留保価格の議論はその裏側に効用最大化問題を隠し持ったものであったわけです。

　しかしこの余剰という考え方には重大な欠陥があります。それを見るために、価格が9ドルのときの余剰はいくらか計算してみましょう。図9.1からも、表9.1から直接計算しても、Mr. ビールは2杯飲むということがわかります。前節の議論に従えば、この時の消費者余剰は、需要曲線と価格9ドルの線との間の面積ですから、6ドルです。それに対し、余剰の計算として、以下のような議論も成り

立ちます。

　いま、ビールを 2 杯飲んだときの効用は、30 ドルのうち 18 ドルをビールに費やした後 12 ドル手元に残るから、表 9.1 で (2, 12) に対応する 23 である。それに対し、ビールを飲む前の効用は、(0, 30) に対応する 20 であった。ビール 2 杯飲んだという状況の下で、最初の状態と同じ効用 20 単位を得るために必要なお金は、(2, 9) の効用がちょうど 20 だから、9 ドルである。それに比べ、実際に手元には 12 ドル残っている。差し引き 3 ドル分得した勘定である。この 3 ドルこそ余剰と呼ぶにふさわしい。

　「さて、3 ドルと 6 ドル、どちらの計算が正しいのでしょう」と自問するように黒板に向かって言って、新米先生は先を説明しようと振り向きました。すると教室の中ではたくさんの手が挙がっているではありませんか。異なる国で教えると、おどろきの連続です。日本では、ちゃんと答えやすいように質問して、時間も与え、その後で挙手を要求してもしばらくは手が挙がりません。こちらがだまっていようものなら、1 時間でも沈黙の教室となりそうです。それに対して、いまかれらは何も学生の答えを促すように質問したわけではありません。新米先生は「発言する文化」を身をもって体験しているような気になりました。とにかく少しかれらに発言させてみようと、何人かを指しました。すると出てくる出てくる、3 ドルが正しいだの、6 ドルが正しいだの、両方間違いだの、中を取って 4.5 ドルじゃないかだの、いろいろ意見が飛び出し、そのうち教官そっちのけで議論を始めてしまいました。これでは、いくらなんでも収拾がつかないと感じた新米先生はいったんかれらを制止し、面白そうな意見を言っている学生を改めて指しました。

　「先生の話では余剰には 2 通りあるような気がします。どちらを使って計算するかがはっきりしないと答えられるわけがありません」とその学生は言います。「余剰という概念はこのビールという商品がどれだけのプラスを生み出したか、ということを金銭額で示そうとしているわけですよね。どちらのほうがより現状を表しているかは難しいですが、首尾一貫性という点から考えれば最初の（前節の）説明のほうがもっともらしい気がするのですが。何せ、あとの話では価格が 10 ドルのときは 1 杯しか飲まないから余剰は 5 ドルなのに、価格が 9 ドルに下が

ったときに2杯飲むと、余剰が3ドルに減ってしまうのですから。」

　新米先生は興が乗ってきて、学生に説明を求めました。表9.1を参照しながら、その学生の説明を聞いてみましょう。

　「先生の2番目の計算方法で計算してみます。もともとビールを消費しなかった点 (0, 30) というのが基準ですよね。そのときの効用値は20です。それに対し、ビール1杯飲んだとき、同じだけの効用を得る点は (1, 15) です。いま、10ドルが価格だと、この消費者は (1, 20) を選びます。したがって、両者の差、5ドルが金銭価値で測った『儲け』ということになります。それに対して、価格が9ドルに下がったとしましょう。すると、このときの『儲け』は先ほどの計算で3ドルということでした。しかし値段が下がったのに消費者の儲けが減ってしまうなんて変です。」

　なるほど、もっともな意見です。しかし、こんなのはどうでしょう。いま議論しているビールは1パイント（約500ml）の中ジョッキです。それに対し、店に大ジョッキが1種類しかなく、それが1クォート（約1ℓ）のものだったとしましょう。これが18ドルで飲めれば、価格9ドルの中ジョッキ2杯と同じ効用でしょう。これに対してわれわれのヒーロー、Mr.ビールがいくらまで払ってよいと思っているでしょう。

　「えーと、全然ビールを飲まないときとの比較ですから、9ドルお金を残していればちょうど同じ効用になるから、21ドルですか」とある学生が答えます。じゃあ、これが一杯18ドルで飲めるとすると余剰は、と聞くと即座に「21−18だから、3ドルです」と複数の声。ところが、はじめの計算だと、Mr.ビールは中ジョッキ2杯を飲んで余剰は6ドルということでしたよね。このように単位を変えると実質的に同じものでも余剰の額が変わってしまうのは、変じゃありませんか、と言うと、最初の学生は「うーん」とうなって考え込んでしまいました。ビールの量が同じでも中ジョッキ2杯と大ジョッキ1杯とでは違う財だ、という意見も出ましたが、パラドクスを解消するほどの説得力はありません。

　結論を言うと、この余剰という概念は、どちらの計算方法を使うにしろ、消費者の複数の財の選択という問題まで掘り下げると、かならずしも意味のあるものではないのです。しかし、ある特殊な仮定の下では、消費者の満足度を計る指標として大いに意味のあるものなのです。その特殊な仮定とは、

お金の限界効用が一定

というものです。もう一度表9.1を見てみましょう。この表で、ビールの量を固定して縦軸に沿って効用の増加分を追っていくと、お金が少ないときには効用の増加分が大きく、お金が増えるにしたがって増え幅が減っていっていることがわかります。もちろんこれは限界効用逓減の法則が成り立っていることに他なりません。これを言い換えると、効用の単位とお金の単位が1対1に対応していない、ということになります。これでは同じ効用の増加を、余剰の概念のように、その時に得した金額で捉えようとしても組み合わせによってずれが生じてしまうのは当然です。

それではお金の限界効用は一定なのでしょうか？ もしこれが一般の財だったら、たとえば学生の一人が言っていたポテトチップスだったら、限界効用は逓減すると考えるほうが自然でしょう。お金の効用は、そのお金で（将来）買える財・サービスの量に依存するでしょうから、お金の限界効用も逓減すると考えるほうが自然です。しかし逆に言えば、お金の限界効用が比較的一定に近いところならば余剰には意味があるわけで、経済学では余剰はお金の限界効用が比較的一定に近いところで使える、満足度を計る概算値と考えるのです。同じ1ドルの増加でも使えるお金が10ドルとか20ドルというように少ない場合にはその限界効用は大きく食い違う可能性があります。しかし、1,010ドルと1,020ドルではプラス1ドルからの限界効用はほぼ同じと見ても間違いないでしょう。表9.2はそういった状況を表しています（ただし、見やすいように効用の単位を修正してあります）。もちろんビールの限界効用は逓減していてかまいません。この場合、どちらの方式で計算しても余剰が等しくなることはみなさんで確かめてください。

ここまで来れば、右下がりの線で表されるような需要曲線の場合にも、消費者余剰の概念を適用することができます。図9.2のように、需要曲線と価格線が引ける場合を考えましょう。もし、消費者がこの価格の下で消費したいだけこの財を得ていたとすると、その2つの線と縦軸で囲まれた三角形のような部分（図のグレーの部分）の面積が消費者余剰となります。仮に需要曲線が数式で、$p = 190 - x$ と表されており、価格が100だったとすると、この三角形の面積を計算して、消費者余剰は4,050と求まります。

表9.2 財の組み合わせと効用値

1,030	10	15	18	20	21
1,027	9	14	17	19	20
1,024	8	13	16	18	19
1,021	7	12	15	17	18
1,018	6	11	14	16	17
1,015	5	10	13	15	16
1,012	4	9	12	14	15
1,009	3	8	11	13	14
1,006	2	7	10	12	13
1,003	1	6	9	11	12
1,000	0	5	8	10	11
お金/ビール	0	1	2	3	4

図9.2 需要曲線と消費者余剰

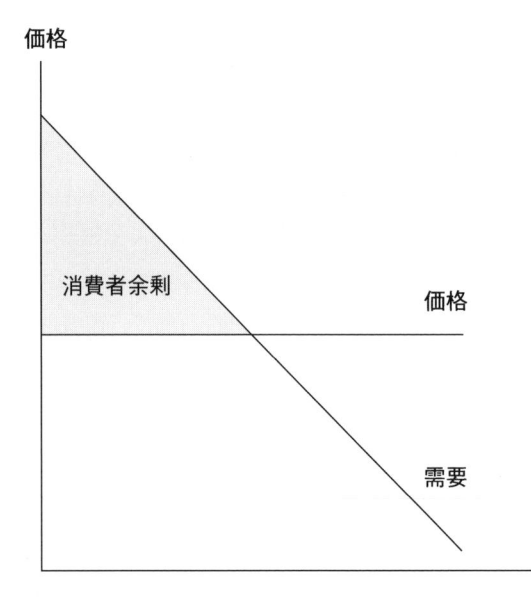

「今日の分析は今までの議論からもわかるように所得に対する支出割合が少ない財に関しては当てはまりがいいのです。余剰を使った分析にはこういう問題があるということは確かですが、これまで見たように効用まで掘り下げた議論よりはるかに簡明な議論ができます。それを認識した上で、次回は余剰分析が力を発揮する経済問題を少し考えていきましょう」と言うと、新米先生は教室を後にしました。

練習問題9.1 表9.2を元に以下の問に答えよ。
1. ビールの価格が3ドルのとき、この学生は何杯のビールを飲むか。
2. 1,024ドル持っている学生の需要曲線を求めよ。
3. 2で作った図を用いて、ビールの価格が6ドルのときの消費者余剰を計算せよ。
4. $(0, 1024)$ と $(2, x)$ という2つの消費の組み合わせが同じ効用をもたらすという。このとき、x を求めよ。また、ビールの価格が6ドルのときの消費者余剰を、本文中の2番目の考え方で計算せよ。

練習問題9.2 需要量 x と価格 p の関係が $p = a - bx\,(a, b > 0)$ と表され、価格が $p^*\,(< a)$ であった。消費者が好きなだけこの財を買っている状態での消費者余剰を求めよ。同じ価格の下で、消費者が最適消費量より少ない x' 単位だけ財を買ったとする。この場合の消費者余剰を求めよ。

Chapter 10
寡占と結託の経済効果

ブン屋と役人

　フィラデルフィアに出かけた新米助教授(あらごめ)は電子メールでやりとりをしているうちに大学時代のサークル仲間が数人ニューヨークに来ていることを知りました。かれらが久しぶりに会う、というので新米助教授もアムトラックという列車に乗って、ニューヨークへ出かけました。口の悪い人はフィラデルフィアの最大の魅力はニューヨークが近いことと言うくらい、日帰りもできる距離です。「よお。全然変わってないじゃん」「おめえもな」などとあいさつした後はあちこちで昔話やら近況やらで話が弾みます。普段はすまし顔で講義をしている身ですが、不思議と昔の仲間に会うと、学生に戻ってしまいます。講義をサボって生協の食堂や喫茶店でおしゃべりをしていたことが懐かしく、また昔の話をくり返します。

　集まった仲間たちの就職先は様々です。ブン屋（新聞記者）になったやつもいます。そのブン屋氏は、今やテレビでも話題になっているある建設会社の公共工事における談合疑惑にからんで、某政治家を追いかけまわしていたらしく、まだ警察の捜査も終わっていないからおまえたちにもあまり詳しいことを言うわけに行かないんだが、とにかく談合はけしからんということだよ、と吐き捨てるように言ってビールをぐびっとやります。

　「でも、最近の談合批判は一方的だよなあ」とそこで言葉をはさんだのは、役人になったやつです。

　「悪いことは悪い、そう主張するのが、おれらの仕事だ」とブン屋。

　「そう言うけどね」と役人は続けます。

　「一部の悪質なケースを除くと、あまり儲けは出てないんだぜ。みんなも知ってるように、公共工事の入札は、予定価格以上だと成立しないだろう。普通は積算で、その予定価格がかなり競争的な価格になっているんだから、たとえ予定価格ちょうどで落札したって、そんなに儲からないんだ。」

　「それって本当？」と新米は疑いつつも聞いてみます。

　「そりゃあ、そうさ。賄賂をもらってる不届きな連中を除けば、おれらもみんな談合はないほうがいいと思っている。でも、談合がある以上、儲けが適正利潤を大幅に超えないように、予定価格を慎重に設定しているんだ。新米の『経済セミナー』の連載も読んだけどさ。入札のとき売るほうは買うほうの情報がわからないなんて書いてたけど、標準的な工事の場合、それにか

かる費用なんて発注する側にも計算できるよ。」
　「『大幅』の意味が問題だよな」とブン屋が口をはさみます。
　「いや、なかにはコスト割れっていう工事もあるんだ。それに実際、建設業界の利潤を見てみろよ。結構シビアな競争をしてるってことがわかるから」と役人は反論します。
　「だからそれは問題じゃないんだ。談合すりゃ、競争原理が失われる。コスト削減の努力が減ってしまうんだ。」
　「コスト削減は切実な問題さ。生き残りたい会社は談合の有無にかかわらず、必死でそれに取り組んでるよ。それが一朝一夕にできると思ったら大間違いだ。これを本気で競争させたら、ただでさえ少ない利潤を食いつぶすくらい業者の数が増えちゃうよ。競争する業者の数を適正に維持するのには現実的な意味があるんだ。ここでかりに談合がなくなってみろ。過当競争がエスカレートして建設業界数十万人とその家族が路頭に迷い、日本は不況を通り越して沈没してしまうぞ。」
　「公正な競争を導入すれば、非効率なところは潰れても強いところは這い上がって来るさ。いろんな産業でそれをしないでぐずぐずしてたから、むしろ今の惨状がある、ってことを忘れちゃ困るね。」
　議論が白熱してきたころ、ニューヨークにたまたま来ていた遊び人のKが

ジョッキを持って割り込んできました。「俺、またふられちゃってさあ」と言っています。「またあ？」「おまえも若いね」と言っているうちに先ほどの議論はどこかへ行ってしまいました。

＊＊＊＊＊＊＊＊＊＊＊

1つの経済問題でも、立場が異なるとまったく別の見方をするようです。それぞれもっともな主張をしているようで、どう判断してよいのか、わからなくなってしまうこともしばしばです。ここでは、標準的な寡占競争から始めて、談合ないし結託の経済効果まで話を進めていきましょう。

10.1 寡占——クールノー競争

同じ財の市場に複数だが比較的少数の企業がいる状態を**寡占**と呼びます。寡占市場ではさまざまな競争形態が考えられます。ここでは伝統に従い、最初にもっともよく用いられる数量競争を分析します。クールノー競争と呼ばれる寡占産業におけるゲームです。

例によって、細かい事情は取り払って問題の本質的な部分を見ることにします。ある財の市場の**逆需要関数**が

$$P = a - X \tag{10.1}$$

で与えられているとします。ここで、Pは今考えている財の価格、Xは総供給量（＝総生産量）、aは正の定数です。これは財の総生産量がX単位のとき、価格が上の式を満たすように設定されれば、その財は消費者によってもれなく購入されるということでした。

まず、この市場にはN社の企業が参入して生産活動をおこなっていて、それ以外の企業は存在しないものとしましょう。これらの企業はまったく同一の費用構造を持っており、財1単位の生産あたりの費用がc、よってx単位生産したときには、

$$cx$$

だけの費用がかかるとします。ただし、c は 0 と a の間の定数で、いわゆる限界費用に対応します。ここで用いている費用は前章でも少しだけ出てきた機会費用と呼ばれる概念で、この財の生産をする代わりに資金を他に回していたら得られたであろう利益も費用に含めます。いわゆる会計上の費用とは異なる概念です。これ以外に固定的な生産要素に係る費用、土地代とか機械のレンタル料とか、いわゆる固定費用 F がかかりますが、参入している企業にとってはこれはいずれにしても払わなければならない費用なので、機会費用ではありません。その他、この問題では限界費用一定の企業を考えていることにも注意してください。

このように、コストなしに投入量を変化させることのできない固定的な生産要素があり、企業の数も一定であるような期間のことを経済学では**短期**と呼びます。以下、まずはこの短期の状況を分析します。一方、同じ市場でももっと長い目で見れば、企業は土地や機械などの質や量を変えて行くことができるでしょうから、固定的な生産要素がない、したがって固定費用もない状況を考えることもできます。このような長い期間のことを**長期**と呼びます。さらに長い期間を考えれば、市場には新規に参入する企業も現れるでしょうし、または儲けが出ないと見て撤退したりする企業も現れるでしょう。このように企業数も変化しうる長期間を区別して**超長期**と呼ぶこともありますが、ここではこれも含めて「長期」と呼ぶことにします。この分類方法によれば、どのくらいの期間を「短期」や「長期」というかは、分析対象になっている産業・市場の性質によります。例えば、ある道に出没する屋台にとっての長期は、大規模工事を行う建設業の市場の短期よりも、はるかに短いでしょう。

第 i 企業（$i=1,2,\cdots,N$）の生産量を x_i と書くことにすると、総生産量はそれらの合計ですから、

$$X = x_1 + x_2 + \cdots + x_N \tag{10.2}$$

が成立しています。第 i 企業の利潤は、売り上げ高 Px_i から生産費用 cx_i を引いたものですが、財の価格は逆需要関数（10.1）で決まるのでしたから、

$$Px_i - cx_i = (a - X - c)x_i \tag{10.3}$$

と表わされます。

この市場でのこれら N 社の企業の行動を、N 人の企業（プレーヤー）が、同時

に自社の生産量（戦略）x_i を決定して利潤（利得）最大化を目指すようなゲームとして考えます。ナッシュ均衡を求めるために、第 i 企業の最適反応戦略を求めましょう。(10.3) に (10.2) を代入し、x_i でくくって平方完成してやると、

$$-x_i^2+(a-X_{-i}-c)x_i = -\left(x_i-\frac{a-X_{-i}-c}{2}\right)^2+\frac{(a-X_{-i}-c)^2}{4} \tag{10.4}$$

を得ます。ただし、$X_{-i} \equiv \sum_{j \neq i} x_j$ は第 i 企業以外の企業の供給量の和です。第 1 項がゼロのとき第 i 企業の利潤が最大になりますから、X_{-i} を所与としたときの第 i 企業の最適な生産量は、

$$x_i = \frac{a-X_{-i}-c}{2} \tag{10.5}$$

となります。

　ナッシュ均衡戦略とは、それぞれのプレーヤーが外のプレーヤーの戦略を所与としたときの最適反応戦略をとっている状態ですから、言い換えると $i=1$ から $i=N$ まで N 個ある式 (10.5) が、すべて成り立っているような状態です。したがって均衡では、これらを辺々足し合わせた式、

$$X = \frac{N(a-c)}{2} - \frac{N-1}{2}X$$

が成り立つはずです。これを X に関して整理して、ナッシュ均衡での変数の値である、という意味で * をつけて表わすと、

$$X^* = \frac{N(a-c)}{N+1}$$

が求まります[1]。したがって、第 i 企業の産出量は (10.5) を変形した $x_i = a - X - c$ に $X = X^*$ を代入して、

---

1) ここでは呼び名をナッシュ均衡に統一しますが、数量競争における均衡は最初の分析者の名前をとってクールノー均衡とも呼ばれます。

$$x_i^* = \frac{a-c}{N+1}$$

となります。均衡では各社とも、同量の産出をすることになるわけです。これでめでたくナッシュ均衡が求まりました。この他、逆需要関数から、価格は

$$P^* = a - X^* = \frac{a+Nc}{N+1}$$

となり、また1社あたり利潤も

$$\left(\frac{a-c}{N+1}\right)^2 \tag{10.6}$$

であることがわかります。生産者余剰 PS は、この財を生産しなかった場合と比較したときの金銭価値で計った生産者全体の利得ですから、(10.6)からゼロ生産のときの利潤－ゼロを引いたものをN倍して、

$$PS^* = N\left(\frac{a-c}{N+1}\right)^2 \tag{10.7}$$

が得られます。

つぎに消費者余剰 CS を求めましょう。前章の議論からもわかるように、適当な仮定の下では消費者余剰は消費者の効用を金銭価値に置き換えたものと考えられます。具体的には需要曲線と価格を表す横線、それに縦軸で囲まれた部分の面積がそれにあたります。計算すると、

$$CS^* = \frac{1}{2}(a-P^*)^2 = \frac{1}{2}(X^*)^2 = \frac{1}{2}\left(\frac{N}{N+1}\right)^2(a-c)^2 \tag{10.8}$$

となります。

上で求めた PS^* と CS^* を足して整理すると、

$$W^* = \frac{1}{2}\left[1 - \frac{1}{(N+1)^2}\right](a-c)^2 \tag{10.9}$$

図10.1 クールノー競争

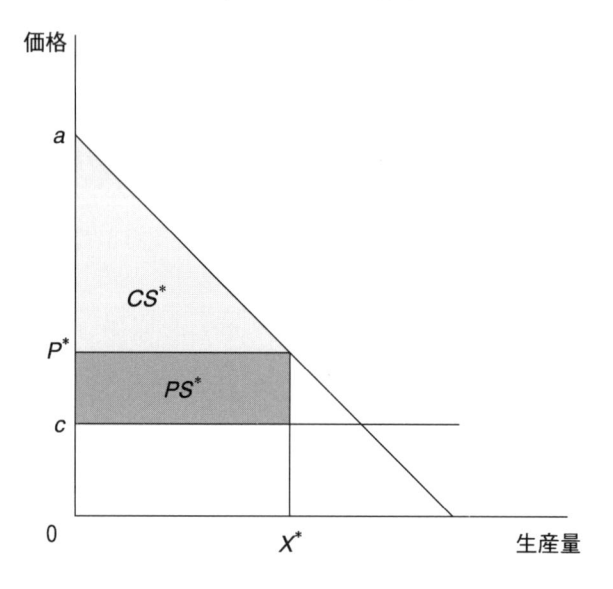

が得られます。これが、この財が供給されることによるメリットを金銭価値に置き換えた、いわゆる短期の**社会厚生**になります。

さて、役人氏が言っていた「適正な」企業数を求めるために、これらの余剰や厚生が企業の数が変化したときにどのように変化するのか考えましょう。このように外生的に与えられたパラメタ（この場合は企業数N）の値が変わったときに、対応する均衡と、それに関する指標がどのように変わるかを調べる手法のことを、**比較静学分析**といいます。とくに重要な点は企業数Nが増えたときの効果です。上の各式を見てみると、(10.7)はNの減少関数で、(10.8)と(10.9)はNの増加関数になっていることがわかります。また均衡価格P^*はNの減少関数で、Nが大きくなっていく（無限大に発散する）と限界費用cに近づいていく（収束する）ことも見てとれます。いわゆる完全競争状態に近づいていくわけです。

10.1.1 長期における最適企業数

もう少し長期的な問題を考えてみましょう。つまり、さきほどの（短期の）固定費用Fも償却可能で、これも個々の企業の利潤や生産者余剰のマイナス要因として考えなくてはなりません。いま、簡単化のために、この生産要素は規模一定

の工場のようなもので、ゼロか1企業1単位投入するかという選択しかないと仮定しましょう。したがって、企業数がNのときには、この部分の費用はNFとなります。これを（10.7）や（10.9）から引くことになります。とくに長期の社会厚生は

$$\frac{1}{2}\left[1-\frac{1}{(N+1)^2}\right](a-c)^2-NF \tag{10.10}$$

となります。この式はNの増加関数とはなりません。Nが小さいときには（面白そうなケースでは）増加しますが、Nが大きいところでは、さらにNが増加すると逆に減少していきます。ですから、どこかにこれを最大にする「適正な」企業数があるはずです。微分はできるだけ使いたくなかったのですが、それが一番簡単そうですので、（10.10）をNで微分してゼロとおくと、

$$\frac{(a-c)^2}{(N+1)^3}-F=0 \tag{10.11}$$

が求まります。これをNに関して解いてやって、

$$N^{**}=\left[\frac{(a-c)^2}{F}\right]^{1/3}-1 \tag{10.12}$$

が最適な企業数ということになります[2]。

10.1.2 自由参入

ある産業において、企業が参入・退出を自由に（コストなしで）行えるような状況を自由参入下の競争と言います[3]。このような状況を分析するために、ゲームとしてつぎのような2段階のゲームを考えます。いま、無数の潜在的参入企業がいて、参入するかしないかの意思決定をします。その後、参入した企業間で、

---

2) 本当は企業数は整数となるはずですので、N^{**}はあくまでも近似値と考えてください。以下の議論を通じて整数の問題は無視することとします。また、正確には、（10.11）の左辺がNの減少関数であることにも触れなくてはなりません。Fがあまり大きすぎない、という仮定も必要です。

3) 寡占産業を扱うので完全競争とは少し意味合いが異なります。

前小節のように同時手番のクールノー競争を行います。第2段階の競争をする前に参入企業数はわかっているとします（技術的にはどの企業が参入したかもわかるとしたほうがよいでしょう）。

このような2段階ゲームのサブゲーム完全均衡を解いてみましょう。つまり、各サブゲームでもナッシュ均衡が成り立っているような戦略の組を見つけることになります。2段階目、すなわち参入企業数が決定された後のサブゲームはすでに前小節で解けています。さてここで、長期の1社あたりの利潤は、短期の均衡での利潤（10.6）から固定費用 F を引いたものですから、$\left(\frac{a-c}{N+1}\right)^2 - F$ となることを確認してください。この解を前提として、1段階目の各潜在的参入企業の意思決定問題を解いてみましょう。参入しなかったときの超過利潤はゼロとします。このとき、企業は長期で正の超過利潤が見込めるかぎり参入するべきです。しかし、企業数が増えれば1社あたりの利潤が減っていって、いずれ負になってしまい、そうなると参入すべきではありません。したがって、参入はどこかで、詳しく言えば利潤がゼロになるところで止まるでしょう。そこで利潤 $\left(\frac{a-c}{N+1}\right)^2 - F$ がゼロに等しいとして、これを N に関して解けば、

$$\hat{N} = \frac{a-c}{\sqrt{F}} - 1 \tag{10.13}$$

が得られます。つまり $\hat{N}$ が自由参入下での企業数となるわけです。その他、価格は、

$$\hat{P} = c + \sqrt{F}$$

などとなります。

自由参入の下での企業数は、社会的に見て望ましいレベルにあるのでしょうか。それを見るために、$\hat{N}$ と N^{**} の大小関係を調べてみましょう。(10.13) を書き換えてやると、

$$\hat{N} = \left[\frac{(a-c)^2}{F}\right]^{1/2} - 1$$

となります。この式と (10.12) とを比較すると、かっこの肩の指数の値だけが異なることがわかります。企業数の式が（とくに近似として）意味を持つのは、

かっこ内の値が1より（かなり）大きいケースです。ここでは、分析全体を通じて、

$$\frac{a-c}{\sqrt{F}} \geq 3$$

を仮定します。その場合、1/3乗と1/2乗では、後者のほうが大きくなります。したがって、

$$\hat{N} > N^{**}$$

となるわけです。これは、自由参入の下での企業数が最適企業数よりも多い、すなわち自由参入下では過剰参入が生じることとなるわけです。してみると、役人氏は正しかったのでしょうか。しかし、参入規制にはその他にもいろいろな弊害がありましたので（第3章参照）、これを直ちに正当化するのは短絡的です。また忘れてはならないのは、これまでの分析では企業たちはお互いに競争していると仮定している点です。企業が談合をするとどうなるのでしょうか。

10.1.3 談合の経済効果：短期

談合があると、経済効率が下がる、と言われます。この点はつぎの簡単な計算で見ることができます。参入・退出がなく企業数はNで一定の状況を考えましょう。さきほどのケースと異なり、談合やカルテルによって、既存企業が共同利潤を最大にするよう生産量を調整できるとしましょう（なぜそのような結託が可能か、という問題に関しては第6章参照）。さらに、各企業のシェアおよび利潤は同じになるとしておきます。カルテルを結んだ企業群の目的関数である共同利潤は、

$$P \cdot X - cX = (a - X - c)X \tag{10.14}$$

となります。これを平方完成すると、

$$-\left(X - \frac{a-c}{2}\right)^2 + \frac{(a-c)^2}{4} \tag{10.15}$$

が得られます。したがって、最適総生産量は

$$\frac{a-c}{2}$$

共同利潤は

$$\frac{(a-c)^2}{4}$$

そして、価格は

$$\frac{a+c}{2}$$

です。さらに、生産者余剰（この場合は利潤そのもの）、消費者余剰、社会厚生をそれぞれ求めてみると、

$$PS^c = \frac{(a-c)^2}{4},$$

$$CS^c = \frac{(a-c)^2}{8},$$

$$W^c \equiv PS^c + CS^c = \frac{3(a-c)^2}{8},$$

となります。

　結託の効果を調べるために、ここで計算したいくつかの値をさきほどのNを固定した長期の競争状態と比較してみましょう。結託の下では、明らかに生産者余剰は上昇しています。生産量は少なく、価格が高くなっています。それに対応して消費者余剰は減少、社会厚生は、というとこれも減少していることがわかります。いわゆる**デッド・ウェイト・ロス**（dead weight loss: 死重的損失）[4]が発生しているのです。しかし、これだけでは、冒頭の――とくに役人の「シビアな競

---

4)　原語も妙な言葉ですが、しかしもっとましな訳語はないのでしょうか？

争をしてる」という主張と食い違ってしまうようです。役人は自分の立場を擁護するためにニューヨークの酒の席まで来て、しかも大学時代の友人にまで嘘で塗り固めた議論をしていったのでしょうか。役人氏が知っているかどうかは別にして、戦略的分析にはまだ続きがあります。

10.1.4　談合の経済効果：自由参入下

　企業が結託をしたからといって、外部の参入まで防げるとはかぎりません。少なくとも建前は一般競争入札が標準になりつつある工事の受注の現状を考えると、むしろ結託によって高まった利潤を狙って参入してくる企業も現れるでしょう。この辺りは参入規制産業と言われる金融部門と本質的に異なるところです。

　ここでは、参入企業は必ず結託に加わるとして、自由参入下の企業数等を分析します。ゲームとしては、つぎのようなものを考えます。いま、無数の潜在的参入企業がいて、参入するかしないかの意思決定をします（ここはクールノー競争下の自由参入のときと同じです）。その後、参入した企業の間で、前小節のように共同利潤最大化行動が採られると仮定します。

　第2段階で企業数がNとなったときの1社当たりの利潤は

$$\frac{(a-c)^2}{4N} - F$$

ですから、これがゼロになるまで参入が生じるということになります。Nに関して解くと、

$$N^c = \frac{(a-c)^2}{4F}$$

が得られます。

　以上、4つのケースについて結果をまとめたのが表10.1です。短期のケースの比較は同じ企業数の下に行っています。表をにらんでいるだけでは大小関係がわからないものもありますが、前に置いた仮定

$$\frac{a-c}{\sqrt{F}} \geq 3$$

表10.1　結託の経済効果（短期と超長期）

	短期			自由参入下		
	結託なし	大小	結託あり	結託なし	大小	結託あり
企業数 N	N(外生)	$=$	N(外生)	$\dfrac{a-c}{\sqrt{F}}-1$	$<$	$\dfrac{(a-c)^2}{4F}$
総生産量 X	$\dfrac{N(a-c)}{N+1}$	$>$	$\dfrac{a-c}{2}$	$a-c-\sqrt{F}$	$>$	$\dfrac{a-c}{2}$
企業当り生産量 x_i	$\dfrac{a-c}{N+1}$	$>$	$\dfrac{a-c}{2N}$	$\sqrt{F}$	$>$	$\dfrac{2F}{a-c}$
価格 P	$\dfrac{a+Nc}{N+1}$	$<$	$\dfrac{a+c}{2}$	$c+\sqrt{F}$	$<$	$\dfrac{a+c}{2}$
生産者余剰 PS	$N\left(\dfrac{a-c}{N+1}\right)^2$	$<$	$\dfrac{(a-c)^2}{4}$	0	$=$	0
消費者余剰 CS	$\dfrac{1}{2}\left(\dfrac{N}{N+1}\right)^2(a-c)^2$	$>$	$\dfrac{(a-c)^2}{8}$	$\dfrac{[a-c-\sqrt{F}]^2}{2}$	$>$	$\dfrac{(a-c)^2}{8}$
社会厚生 W	$\dfrac{1}{2}\left(1-\dfrac{1}{(N+1)^2}\right)(a-c)^2$	$>$	$\dfrac{3(a-c)^2}{8}$	$\dfrac{[a-c-\sqrt{F}]^2}{2}$	$>$	$\dfrac{(a-c)^2}{8}$

を用いると、計算できるものもあります。ブン屋と役人の争点にもなっていた談合の長期効果を見るために、均衡での企業数の比較を見てみましょう。談合下の企業数 N^c と談合無しの競争下での企業数 $\widehat{N}$ との大小を比較すると、$N^c > \widehat{N}$ となることがわかります。実際、

$$N^c - \widehat{N} = \frac{(a-c)^2}{4F} - \frac{a-c}{\sqrt{F}} + 1 = \left(\frac{a-c}{2\sqrt{F}} - 1\right)^2 > 0$$

となります。すでに $\widehat{N}$ は過剰参入ということでしたが、談合を許すと、なんと企業数は一層過剰になってしまうのです。

* * * * * * * * *

結託があると、短期的には利潤が高くなります。しかし、その超過利潤を求めて参入が起こります。長期的には、結局過剰参入が発生します（クールノー競争下でも過剰参入が発生していましたが、結託があるとそれ以上になります）。超過利潤はゼロ。しかし過剰に参入した企業の儲けを確保するだけの高価格は維持されます。消費者余剰は低いままです。長期的な視野に立つと、談合は得するものがだれもいないような慣習なのです。そのような慣習がなぜ生まれ、なぜ生き残っているかと言えば、それは正に麻薬と同じです。最初は（短期では）ハッピーになれるからつい手を出してしまい、長期的には害があっても、もうそれなしには生きていけなくなるからです。

　これらの点を正確に理解することなしに一方的に談合の善悪を論じることは百害あって一利なしでしょう。談合の問題を真剣に考えているはずの当事者たる役人や新聞記者にしてこの有様です。かれらの言い分を聞く一般市民や新聞読者のことを考えるとちょっと身震いがしてきます。新米助教授は帰りの列車の中でそんなことを考えながら、経済理論の必要性とそれを何らかの形で人々に伝えることの重要性を改めてかみしめていました。

練習問題10.1　$N=2$として、短期の問題を考える。各企業の選択肢がクールノー＝ナッシュ均衡に対応した$\frac{a-c}{3}$と共同利潤最大化に対応した$\frac{a-c}{4}$の2つしかないとする。このゲームを戦略形で表わせ。また、ナッシュ均衡と強支配戦略を求めよ。

練習問題10.2　$N=2$として、短期の問題を考える。本文中のように、選択肢は非負の実数であるとする。

1. 強支配される戦略を求めよ。
2. 強支配される戦略をくり返し削除していった場合、最後に残る戦略は何か。

発展問題10.3　$N=2$として、つぎのような2段階ゲームを考える。第一段階で、設備投資を同時に行い、その投資量をお互いに知った上で、第二段階で、数量競争を行う。設備投資額として、各社が取り得る値は1か2のいずれかのみである。逆需要曲線は$P=a-X$で表される。一方、第二段階の限界費用は第一段階の投資額に応じて変化する。具体的には、第i企業の設備投資額をF_iとすると、限界費用$c_i=\frac{1}{F_i}$で表される。各企業の利得は

それぞれの第二段階の利潤から設備投資額を引いたものとする。パラメタ a の値が十分大きい ($a > 2$) として、以下の問に答えよ。

1. 企業1が F_1、企業2が F_2 だけ投資をしたとする。このとき、各企業の生産量、および（設備投資額を費用として引いた）利潤を計算せよ。
2. サブゲーム完全均衡を求めよ。

Chapter 11
金融とリスク管理

金融自己責任

　都心の一角にある、静かなショット・バーのカウンターに、男と女が座っています。男は30代半ばでしょうか。すらりとした体型に短めの髪、黒のタートルネックにアルマーニのジャケットといういでたちです。女はずっと若く20代前半といったところで、グレーのスーツを着こなしています。男はシングルモルトスコッチ、女のほうはマティーニをちびりちびりとやっています。よく見ると、「まちのパン屋」の娘の済子とそこで働いていたピアスではありませんか。つい先日、念願かなってついに独立したピアスが尋ねます。
　「済子ちゃん、ファイナンシャル・プランナーなんてかっこいいじゃない。今は銀行でアドバイスしてるんだろう。」
最近、某大手銀行に就職した済子はマティーニをくぴっとやりながら、
　「実際は投信の窓販[1]の手伝いをさせられているだけよ。でも大変よぉ、お客さんは混乱しちゃってるしぃ。『投資信託とは、たくさんの投資家から集められた資金を、専門会社が株式や公社債などの有価証券で運用するしくみです。預金ではなく、値下がりのリスクもありますし、預金保険の対象にもなっておりません』なぁんてあたりから説明させられるんだから」
と窓口レディの口調を交えて言います。
　「でもさ、預けた金が目減りすることだってあるわけだろう。預金なら、それは避けられるわけだし。やっぱり元本が確保されないというのは、抵抗あるんじゃないかなあ。それに最初に手数料取られるだろ。あれは、２％の手数料だと、100万円預けても98万円にいったん減ってからスタートするってことだもんなあ[2]。手数料だって高すぎるんじゃないの」と、ピアス。
　「なに、ピアスもそんなこと言うの。ガンポン、ガンポンていうけど、おカネを畑に植えとくと、ほうっておいても芽が出るみたいな感覚なんじゃないのぉ。日本のお客さんはリスクと付き合うって事を全然知らないって、上

---

1) 「投資信託の窓口での販売」の略。1998年12月より、銀行の窓口でも投資信託を売ることができるようになりました。
2) この手数料分に消費税５％がかかりますから、正確にはもう1000円余計に払う必要があります。しかし、株式取引自体の手数料は1999年10月に自由化され、競争の激化により、かなり低下しました。インターネットを使う取引では、１％を切るところも数多く現れました。こう経済の変化が激しいと、教科書を書くのも楽ではありません。

が嘆いてたけどホント。お金はさぁ、使う人のもとに届いて初めて育つのよ。手数料にしたって、考えても見てよ。銀行に預金したって、銀行はそれを誰かに貸しつけて利子を取るわけだから、実際には銀行が預金利子と貸付利子との間に差をつけて知らぬ間に利ざやという形の手数料を取ってるのよ。投信ではそれが明らかになっているだけ、私はいいと思うけどなぁ」と前を向いたまま、済子は続けます。

「手数料の大小に関してはいろいろ意見があると思うけど、個人で債券や株式を売買するには大口の資金が必要よ。上場企業の株式の多くは、1,000株単位でしか取引できないから、少し値の張る人気株になると100万円以上はないとねぇ。それに、簡単に売買っていうけど、そのためのノウハウもなくっちゃね。株や債券の値段は刻々と変動するから、実際には状況の変化に応じて日々売買を繰り返す方が良いということもあるわけよ。その点投資信託では、集めた資金全体を運用するから一人当たりの投資額が少なくても大丈夫だし、ファンドマネジャーと呼ばれる運用のプロが素人に代わって売った買ったをやってくれるのよ。もしそんなにガンポンが好きなら公社債投信を買ったらいいのよ。この運用対象は国債や社債など元金および利払いが確定している商品しか買わないから。」

「あ、そっか。それだと元本が保証されるわけだもんな」とピアスが言う

と、済子はあきれながら、
「なぁに言ってるのぉ。元本は保証されないわよぉ。とくに長期の債券だと、利子率の変動で元本割れってこともよくあるわよ。おまけに債務だって不履行される可能性もあるし、利払いが滞るケースもあるから。でも、そんなことを言い出したら、銀行預金の元本保証も危険性はあるのよ。銀行が破綻した場合、預金を保証するのは預金保険だけど、その基金の底がついてしまうということだってありうるわけだしぃ。でも、ピアスって昔は何でも知ってると思ってたけど、案外無知なのねぇ」と言いつつ、ちょっとうれしそうな顔をしています。
「じゃあ、ついでに聞くけど、株式投信のファンドマネジャーがいくらプロだといっても、株を買った会社が倒産してしまって、無一文になるということだってあるわけだろう。そういう場合、お客にはどう言い訳をするわけ」と、ピアスは無知をさらけ出しています。済子はますますにんまりして答えます。
「何にも知らないんだなぁ。株式投信にはいろいろあるけど、ポイントはいくつもの株式を組み入れてあるということよ。100社の株を買い集めてみなさいよ。10社やそこらはへこむのがあるだろうし、場合によっては倒産してしまうのもあるだろうけど、一方では大当たりするやつもきっとあるものなのよ。だからそうやって分散させて投資しておけば、全体の合計をみればそれほどあたりはずれはなくなるものよ。ま、経済全体が沈まなければの話だけどね。」
「いや、元本も保証されないくせに、そうやって、分散させて平均的に勝つ、っていうところが気に食わないんだな。やるなら一点に集中して大当たりを目指したいなあ。おれだったら、ヘッジファンドなんかがいいかなあ」
「あら、さっきと言ってることが逆ぅ。ヘッジファンドといっても、基本的なアイディアは金を集めてプロがそれを運用するんだから投資信託とおなじよぉ[3]。それにこれには元手が必要よ。そのくらいなら成長力のある会社の株を個別に買ったらどう。」

---

[3] 大きな違いは、ファンドへの投資家の数が少ないために出資法の制約がかからず、情報公開の義務も少ないため投資信託では禁止されているような運用方法が可能だということです。

「あははは、店を出したから借金こそあれ、余剰資金なんかないよ。」
「そうねぇ。あなたはやっぱりパンを焼いていたほうがいいみたい。んでもって稼いだお金はたんすにしまっておきなさい。それよりどーお、お父さんのところから独立して。お父さん、あれで結構心配してるみたいよぉ。」
「知ってるよ。開店のときには下手な変装してやってきて、他人のふりをしてフランスパンを10本買っていったもの。あれで、気づかれないと思ったのかな。」

* * * * * * * * * * *

どうも話がそれ始めたので、このあたりで立ち聞きは止めましょう。本章は、金融商品を例にとって、不確実性とリスク（危険）の経済分析について考えます。

11.1　金融の役割

これまでのお話の中での企業の意思決定の仕組みは、まず財を x 単位生産するときにかかる機会費用を計算し、また x 単位の生産でいくらの売り上げがあるかを戦略的環境を加味して計算し、その差である利潤を最大化するような行動をとると考えられてきました。これは、現実の企業の活動をかなり抽象化したものですが、その中には銀行などの金融機関の役割が出てきません。まずはこのあたりから考えていきましょう。

程度の差こそあれ、生産者が財・サービスを生産するためには時間がかかります。多くの米農家の場合、春から夏にかけてさまざまな**投入物**（input）を使った結果、最終的に米の生産が完了するのは秋になってからです。商品の回転の速いコンビニエンス・ストアにしても、商品を仕入れ、人を使って陳列し、はたまた冷蔵庫を使ったりなど、多くの投入物を用います。それに対し、実際にある特定の商品が買い上げられるまでには数日かかります。ですから、生産者は生産にかかる費用を、実際に財が販売され売り上げがあがる以前にまかなう必要があります。

このような運転資金の場合、1つには原材料の仕入れ先に支払を待ってもらう、

という方法があります。**手形決済**がその一つです。決められた金額を期限までに支払う約束を記した手形と呼ばれる証書を仕入れ先に渡すことで、すぐに現金を用意しなくてもすませることができるわけです。しかし、仕入れ先も同じように資金を必要としている場合があるわけですから、この方法がいつも使えるとは限りません。そのようなときには、直接の取引先以外からも資金を調達する必要性が発生します。また、新しく工場を建てるときなど、投資を目的にした企業活動の際には外部資金が必要になることがより多くなってきます。

自分でその資金を持っていればそれを使えますが、そうでない場合、資金を調達する方法は大きく分けて2つあります。一つは銀行から借りいれる方法で、これを**間接金融**といいます。もう一つは企業が**債券**を発行したり、（新規）**株式**を発行して、市場から直接調達する方法で、これを**直接金融**といいます。

これまでの企業行動を資金調達の点まで掘り下げて言い換えると、企業は需要の状況（あるいは競争相手の行動も含めた戦略的状況）から、財を x 単位生産すれば利潤が最大になると予想しているので、その生産に必要になる費用を銀行から借入れ、必要な投入物を買い入れて生産を行い、売り上げがあがった時点で、銀行への借金を返済するということです。実はこれまでの機会費用の概念には、借入れの際にかかるコストも含まれていたのでした。

もう少し具体的に、企業の活動を第1期と第2期の2期間に分けて考えてみましょう。第1期は投入物を買い集める時で、第1期から第2期へ移行するときに生産が行われ、第2期には生産物を販売して売り上げがあがるというしくみです。第2期の終わりには、生産設備が老朽化して、もう生産が行えないものとしましょう。第1期で投入物を買い入れるために必要な資金の額が仮に1500万円だとしましょう。自己資金がない場合はこれをすべて借り入れてまかなうことになります。生産の結果、第2期にあがる売り上げは2200万円あると予想されるとしましょう。銀行の貸し付け金利が1期間当たり10%とすると、第2期にこの企業が支払わなければならない金額は、元本の1500万円プラス金利の150万円で、元利あわせて1650万円です。すなわち、生産にかかる費用の合計は1500万円ではなくて1650万円で、生産の結果生じる利潤は550万円（2200万円－1650万円）です。つまり、われわれの考えている抽象的な企業の会計では、利子支払いも費用のうちに含まれていたのでした。

これを貸し手の銀行の方から見るとどうなるでしょう。企業に経済学的利潤が

上がっている限り、つまり、売り上げが費用を上回っている限り、銀行は1650万円の返済を受けられるわけです。つまりわれわれの考えてきた企業行動の理論には既に銀行の役割も入っていたのです。

この企業が**株式会社**であるとして、株式の発行はすべて終わっているものとしましょう。第1期における株式の総価値（＝ 株式の発行枚数 × 1株の値段）はいくらになるでしょう。株主は会社の所有者ですから、会社の利潤はすべて株主が得る権利があります。企業の活動は第2期をもって停止するという前提でしたから、株式の総価値をV円とすると、$V = 550$万円といいたいところです。しかし利益は第2期になってはじめて実現するわけですから、そうではありません。それでは第2期に550万円を生み出すような機会の価値はいくらでしょうか。これを評価するには他にどのような機会があるかが問題ですが、銀行を通して金利10%で貸し付けることができるのですから、第1期に500万円持っていれば、それを貸し付けておけば第2期に元本の500万円と金利の50万円をあわせてちょうど550万円になります。すなわち$\frac{550}{1.1} = 500$万円が、次の期に550万円となるような投資機会の**現在価値**です。したがって株の総価値は500万円になるはずです。

この議論を一般化すれば、一期当たりの金利が$r \times 100\%$であるとき、T期先に得られるx万円の現在価値は、

$$\frac{x}{(1+r)^T} \tag{11.1}$$

となります。

式 (11.1) を導いた論理、すなわち同じ投資機会はまったく同じ価値を持つはず、という単純な原則は、**一物一価の法則**とか、**無裁定原則**（no arbitrage principle）などといういかめしい名前をつけられることがあります。経済学者がわざわざいかめしい名前をつけるのには理由があります。確かにこのように抽象化して論理的に考えると当たり前のように見えますが、実際に応用してみると名前負けしないくらいの複雑さがあるのです。

たとえば次の問題はどうでしょう。いま株主としては、銀行に10%の金利を払うおかげで将来の収益が目減りし、その結果自分の所有している株の価値が下がっているように見える。2期間の場合に戻って、たとえばこの企業が運転資金の1500万円を、新規の株式を発行して**自己資本**を増額することでまかなえば、それ

だけ借入金の額を圧縮できるので、株主にとっては得になるのではないだろうか。

しかし株式はもともと売買可能だったわけですから、われわれが今考えている設定では、新規の株式の発行で、新しい投資機会が生じたわけではありません。したがって先ほどの法則から、すべての投資機会は金利10％の貸し付けとまったく同じ価値を持つはずです。一方で先に計算した株価はこの原則にもとづいて計算されたものだったので、株の価値は500万円で変わらないはずです[4]。念のために計算しておきましょう。たとえば、現存する株と同数の株を新規に発行したとしましょう。現存する株の総価値をV円とすれば、新規発行によって得られる資金はV円ですから、1500万円の運転資金のうち借り入れる金額を$1500-V$円に引き下げることができます。よって第2期における支払いは$1.1\times(1500-V)$円で、利潤は

$$2200-1.1\times(1500-V) = 550+1.1V \qquad (11.2)$$

万円になりますから、この現在価値は $(550+1.1V)/1.1 = 500+V$ 万円です。いっぽう、現在の株価総額は、新規発行分もありますので$2V$円ですから、$2V = 500+V$となって、やはり $V = 500$万円、を得ます。

11.2 リスクと価値

前節の議論では企業の（そして銀行から見た企業の）収益の予想が正しくあたると考えました。株式発行か、借入れかの資金調達の選択が、会社の価値を変えないという結論は、将来の収益の予想が確実である点に依存しています。安定した企業・産業ではこれは現実を分析する仮定として正当化できるかもしれませんが、財に関する需要が不安定なときなどには、問題があります。そこで将来の収益の不確実性を分析に取り入れましょう。

前述の企業の2期間の分析で、生産段階ではどれだけ生産された財が売れるかは不確実で、したがって第2期目の売り上げも不確実であるとしましょう。議論を簡単にするために、売り上げは、よく売れる場合には2200万円になるけれども、売れ行きが悪いと1400万円になるものとしましょう。運転資金はやはり1500万円

---

4) これは**モディリアーニ＝ミラーの命題**と呼ばれます。

かかって、金利は10%とします。売れ行きが悪いと、売り上げは1400万円しかないので、金利の150万円はおろか、元本の1500万円も返ってきません。つまり企業は**債務不履行**（ディフォルト、default）の状態に陥り、銀行が取りたてできるのは1400万円です[5]。さて銀行は運転資金の1500万円を貸すべきでしょうか。

元本割れの危険性があるなら、絶対に貸さないというのは短絡的です。1500万円を自分のフトコロにしまっておいても増えません。貸し手が最初に考えるべきことは2点あります。第1に、1500万を他に貸し付ける機会があるかどうかという点。もし金利10%で確実に返済を受けられる貸付先が他にあれば、そちらへの貸付を優先すべきなのは明らかでしょう。この場合は残念ながら前述の企業は銀行の**貸し渋り**にあってしまいます。そこで話を面白くするため、ここでは仮に、もう一つの貸付先があって、そこからは確実に返済を受けられるものの、金利は6％だけ、したがって第2期目には元利合わせて1590万円受け取ることができるものとしましょう。

第2点は、この企業に貸しつけたとして、元本割れの可能性がどのくらいあるかということです。銀行がすべきことはまず企業の経営状態と第2期での収益環境を調査して、売れ行きが悪くなる確率がどのくらいあるのかを推測することです[6]。売れ行きが悪くなる確率をpとしましょう。もしpが小さいのならば、みすみす金利10%で資金を貸しつけられる機会を逸して金利6％に甘んじるのは馬鹿げているようにみえます。

それでは、どの程度の確率までなら貸すべきでしょうか。一つの考え方は**期待収入**、すなわち収入の期待値（平均値）を基準にするものです。いまこの企業に貸しつけたとしたら、確率$1-p$で1650万円、確率pで1400万円の返済を受けら

---

5) 他の銀行から借りさせてむりやり返済させるという手だてもありえますが、ここでは考えないことにします。

6) 日本の銀行ではこの調査部門が手薄だといわれています。その原因の一つが、企業の生産力や収益力ではなく、借り手が**担保物件**となる土地や建物をもっているかに応じて貸すという、担保金融とも言うべきお金の貸し方が慣習であったことにあると考えられています。たしかに担保物件の価値が上がりつづけている限りは、いざというときに担保を売却しての資金回収に役立ちます。ところが、担保物件の価値が上がっているときは、企業も儲かっていることが多いので、そもそも資金回収に問題は起こりにくい。不況になって倒産が増え、担保の価値も下がる場合に備えたシステムが欠如していたことが、最近の金融問題を根深いものにしているとも言えるでしょう。

れるので、その期待値は

$$1650(1-p)+1400p \tag{11.3}$$

円です。これがちょうど1590万円になるのは、$1650(1-p)+1400p = 1590$を解いて、$p = 6/25 = 0.24$、つまり売れ行きが悪くなる確率が24％未満であれば、「平均的には」企業に貸しつけたほうが得になるはずです。いくら元本割れの危険があるからといって、逃げてばかりいてはいけません。いくら将来性のある企業でも、環境の突然の変化や予想外の生産のトラブルなど、収益が思ったほど上がらないということは十分ありえます。だからといって、収益が上がる可能性があるのを、みすみす見逃すのは賢くありません。大切なのはリスクを完全に避けてしまうことではなく、リスクと上手に付き合うことです。

そうは言っても、経済主体によってはそのような危険はなるべくなら冒したくないと思うでしょうし、また積極的に不確実性にチャレンジしていく主体もあるでしょう。ピアス氏は積極的に不確実性にチャレンジしていくタイプの人のようですし、済子の方は株式投信で「分散させて平均的に勝つ」ということをお客さんに薦めているようでした。ところが、期待収入の点から見た上の分析では、こういった区別はまったく考えられていません。そのようなリスクに対する主体の好みの違いを表現する手法は次節で見ていくことにします。その前に、「分散させて平均的に勝つ」とはどういうことなのか、考えてみましょう。

あなたは今200万円もっていて、企業A、Bの2社の株式を買うことを考えているものとしましょう[7]。話を簡単にするために、今日の株価はいずれも1,000株あたり100万円とし、いずれの企業も、業績が好調ならば来年には株価は倍増して1,000株あたり200万円となり、業績が低迷するならば株価は半減して1,000株あたり50万円となってしまうものとしましょう。業績が良くなる確率は50％で、悪くなる確率も50％だとしましょう。ここではいったん買ったら、1年後までは売買をしないものと考えます。

A社の株式に200万円そっくり投資したらどうなるでしょう。この場合は株価が倍増して400万円を手にする可能性が50％、反対に株価が半減して100万円に下

---

[7] 実際には、一般投資家（＝普通の人）が買える株式の数はずいぶんあります。どのくらいあるのか、日本経済新聞の中ほどを見てみましょう。あなたが聞いたこともないような会社の名前と、その株式の価格が表になっています。

がってしまう可能性が50％です。期待収入は400万円と100万円の平均で、250万円です。一方、金利10％で預金しても元利合わせて合計220万円にしかならないので、期待収益の面から見ればＡ社の株に投資するのは大変魅力的です。

　それではＡ、Ｂの2社の株式に100万円ずつ投資したらどうなるでしょう。このように、資金をいくつかの投資対象に振り分けたものを**ポートフォリオ**(portfolio)と呼びます。この場合はＡ社の株を1,000株、Ｂ社の株を1,000株もつというポートフォリオの評価をするわけです。ポートフォリオの現在の価値はもちろん200万円です。仮にＡ社とＢ社の業績はまったく独立に決まるものとすると、両社ともに業績が悪化する確率は、50％のうちの50％ですから25％です。その時は株は両方とも半額になるので、このポートフォリオの価値は100万円になるでしょう。同様に、両社ともに業績が好調な確率も25％となり、その時のこのポートフォリオの価値は400万円です。片方が好業績で、もう片方の業績が悪化するという確率は残りの50％となり、その時のこのポートフォリオの価値は、業績の好調な方の200万円と不調な方の50万円をあわせたものなので250万円となります。このポートフォリオの期待収入は、

$$100万円 \times 0.25 + 400万円 \times 0.25 + 250万円 \times 0.5 = 250万円 \quad (11.4)$$

ですから、Ａ社の株だけを買うというポートフォリオと変わりません。しかし、資金が半減してしまうというリスクは50％から25％に減っています。一方で、資金が倍増するチャンスも、50％から25％に減っています。200万円の資金を2つの投資対象に分散投資することによって、**期待収益は変わらないがリスクは減少する**ことがわかります。硬貨を2枚投げるとき、2枚とも表になるのは難しいということ、また同時に投げる硬貨の数が多くなればなるほど、すべて同じ面が出るのは難しくなるのと同じ理屈です。ちなみにＡ社やＢ社と同じような会社が100社あって、それぞれの業績が独立に決まるとすると、100社中60社以上の業績が悪くなる確率はわずか3％弱です[8]。

　上の計算では業績が独立に決まるというのが重要でした。それでは業績が独立で決まらないときには、分散投資をしてもリスクを減らすことはできないのでし

---

8) これは100個の硬貨中60個以上表になる確率で $\sum_{k=0}^{40} \frac{100!}{(100-k)!k!}(0.5)^{100}$ ですが、こういう面倒な公式を知らなくても計算は表計算ソフトで簡単にできます。

ょうか。分散投資にとって最悪の場合は、両社の業績が完全に連動しているときなのは明らかでしょう。その時はA社の株だけを買ってもAとBに分散しても結果はまったく同じになります。しかし、その連動が完全でなければ、すなわち片方の業績が良くて、片方が悪いという可能性が少しでもあれば、分散投資によってリスクは軽減されます。

この節の締めくくりに、企業の資金調達の方法に関して、付け加えておきます。企業の収入が不確実で、債務不履行の状態に陥る可能性が少しでもある時には、資金調達の方法の違いによって、株価に影響が出る可能性があります。なぜなら、株式での資金調達によって自己資本を充実させ、借入金を減らすことで、債務不履行に陥る可能性に影響が与えられるので、株式を新規発行したかどうかで、投資環境に変化があるからです。式 (11.2) のように利潤を計算して確かめてみましょう。売り上げの悪いときの利益は $1400-1.1\times(1500-V) = -250+1.1V$ 円となりますが、これが負になるときには企業は債務の返済をできるところまでしかしないので実際の利益は0円になり、先の計算のようにきれいにVをまとめることができません。

11.3 期待効用理論

リスクに対する好き嫌いを表現する標準的な手法は、**期待効用理論**です。期待効用理論では、経済主体は、金銭の期待値でなく、金銭から得られる効用の期待値を基準にして自分の行動を決定すると考えます。

一番単純な場合は、金額がそのまま効用の値になっているときです。期待収入を計算した式 (11.3) は、そのまま期待効用を計算したものと読み替えることができます。一般に、x万円から得られる効用の量を$u(x)$と書くことにしましょう。式 (11.3) にならって、**期待効用**を計算すると

$$u(1650)\times(1-p)+u(1400)\times p \tag{11.5}$$

となります。この値が1590万円の効用、つまり$u(1590)$よりも大きいときに、貸したほうが良いと考えるというわけです。金額が大きいほうが効用が高まるはずですから、$u(x)$はxに関して増加するはずですが、それ以外には制約はありません。ですから$u(x)$の値を工夫することで、不確実性やリスクに関わるさま

ざまな行動パターンを表現することができます。先に計算した、$p=0.24$では危なくて貸したくないという行動は、効用に

$$u(1650)\times(1-0.24)+u(1400)\times 0.24 < u(1590)$$

という性質があると解釈できます。例えば$u(x)=\sqrt{x}$とすればこの不等式が満たされることを確認してみてください。この主体は、確実な1590万円と同じ平均値を持つ24%の危険を含む投資に挑戦したがらないわけですから、この選択に関して**危険回避的**（risk averse）行動をとっているといいます。一般に、金銭的な平均が等しい2つの選択肢があったときに、確実なほうを選ぶ行動をとる主体を危険回避的主体といいます。反対に$u(1590)$の方が小さければ、挑戦して行くわけですから、**危険愛好的**（risk loving）行動をとっているといえます。一般に、平均的に同等な選択肢のうち確実でないほうを選ぶ行動をとる主体を危険愛好的主体といいます。金額がそのまま効用の値になっているときには、確実なほうでも危険なほうでもどちらでも良いわけですから、**危険中立的**と呼ばれます。

危険回避的行動をとる主体でも、確率pが十分に小さければ貸し付けるほうを好むでしょう。なぜなら式（11.5）で、確率pがほとんど0だとすると、この値はほぼ$u(1650)$ですから、1590万円に対応する$u(1590)$よりは大きくなるはずです。ですから危険を絶対に冒さない行動は危険回避の極端な例ですが、**危険回避行動をとるからといって危険を絶対に冒さないわけではありません**。

これまで学んだことを一般的に記述してみましょう。確率$1-p$でx_0円、確率pでx_1円得られる機会があったとき、その平均収入をz円、すなわち$z=(1-p)x_0+px_1$、と書くことにしましょう。行動が効用関数uであらわされた主体が危険回避的であるとは

$$(1-p)u(x_0)+pu(x_1) < u(z) \qquad (11.6)$$

が成り立つことと同等です。危険愛好的の場合はどうなるか、余白に書き込んでおきましょう。

前節の2社の株式のポートフォリオの問題にもどり、危険回避的主体は分散投資を好むということを確認しておきましょう。A社のみに投資する場合もAとBに分散投資する場合も、期待収入は250万円で等しいことはすでに見ました。危険回避行動をとる人は確実な250万円の方をA社のみへの投資より好みますから、

$$u(250) > \frac{1}{2}u(100) + \frac{1}{2}u(400) \tag{11.7}$$

が成立するはずです。一方、分散投資した場合の期待効用は $\frac{1}{4}u(100) + \frac{1}{2}u(250) + \frac{1}{4}u(400)$ ですから、(11.7) を使って、

$$\begin{aligned}
\text{分散投資の期待効用} &= \frac{1}{4}u(100) + \frac{1}{2}u(250) + \frac{1}{4}u(400) \\
&> \frac{1}{4}u(100) + \frac{1}{2}\left(\frac{1}{2}u(100) + \frac{1}{2}u(400)\right) + \frac{1}{4}u(400) \\
&= \frac{1}{2}u(100) + \frac{1}{2}u(400) \\
&= \text{A社のみに投資したときの期待効用}
\end{aligned}$$

となります。

* * * * * * * * * *

本章では企業の収益や金利などが外から与えられたものとして分析しましたが、そもそもこれらはどのように決定されるのでしょうか。それには金融市場の一般均衡という問題を考える必要がありますが、これは次の章で取り上げることにしましょう。

練習問題11.1 式 (11.1) を導け。

練習問題11.2 本文中の例で、A社とB社の株価の変動の確率は次の表で与えられているものとしよう。（株価は1,000株単位）

	B社の株価200万円	B社の株価50万円
A社の株価200万円	$\frac{1}{2} - \beta$	β
A社の株価 50万円	β	$\frac{1}{2} - \beta$

ここで、β は $0 \leq \beta \leq \frac{1}{5}$ を満たす定数とする。すなわち $\beta = \frac{1}{5}$ のときが本文で議論した状況で、$\beta = 0$ のときは、株価は完全に連動している。

このとき、
1．A社の株とB社の株を1000株ずつもつポートフォリオの価値はいくらになる可能性があるか。また、このポートフォリオは危険の分散に役立つか。
2．ある投資家の効用関数が $u(x) = 10x - x^2$ で与えられている。（x の単位は100万円）この投資家が、現在保有している200万円をこの2社の株式に投資するかどうか考えている。一方、銀行に預金した場合の金利は10%である。株の取引は1,000株単位であるとして、この投資家はどのような行動をとるだろうか。

練習問題11.3 ある会社の株式が、来期1,500円になる可能性と500円になる可能性がそれぞれ $\frac{1}{2}$ であり、今期の株価は1,000円である。一方、確実な資金の市場金利は1期間25%である。この株式の**行使価格 s 円の買いオプション**とは、その所有者がこの株式を来期に s 円で買う権利である。したがって、もし株価が s 円以上になれば、権利を行使して株を s 円で仕入れ、即座に市場で売却すると市場価格と s 円の差額分だけの収益が上がる。一方、s 円以下ならば権利を行使すると損になるので、オプションの行使は行われず、収益は0である。以降、1株以下の端数も購入可能とする。

1．この株式の、行使価格1,000円の買いオプションからうまれる収益はいくらになる可能性があるか。
2．今、この株式を $\frac{1}{2}$ 単位保有し、市場で200円資金を調達したとしよう（したがって、来期には250円返済する義務がある）。この借入金と株式とをあわせた来期の収益は、いくらになるか。
3．無裁定原則を使い、この行使価格1,000円の買いオプションの今期の価格を求めよ。
4．一般に、金利が $r \times 100$ パーセントのとき、行使価格 s 円の買いオプションの今期の価格を求めよ。

Chapter 12
金融市場と一般均衡

新米先生、学生を感化する

　花曇りの4月、散り始めた桜を研究室の窓越しにぼんやり眺めているのは、フィラデルフィアで3ヶ月の滞在をおえて帰国した新米先生です。授業中の学生との活発なやりとりや他の研究者との交流は、学会出席のためせいぜい1週間単位でしか海外に出たことのなかった新米先生には、大変刺激的でした。その反動でしょうか、帰国してからの新米先生は、このようにぼんやりと考え込むことが多くなっているようです。眠気をさまそうとコーヒー用のお湯を沸かしてまた席に戻り、ふと時計を見るともう2時をまわっています。新米先生は机の上に出してあったノートを取り上げると、あわてて教室に向かいました。

　「今日のテーマは**市場の一般均衡**です。一般均衡の考え方を簡単に言うと、分析対象になっている市場と関連のある市場をすべて同時に分析する手法のことです。現実の経済で、さまざまな財サービスが、日々刻々と取引されていることを思えば、たくさんの市場を同時に考えることは、自然なことといえるでしょう。しかし一方で、これまでの講義で私たちは常に現実の経済を抽象化、単純化して考えてきたわけで、ここにきてなぜ複数の市場を一度に考え、問題を複雑にするのか疑問に思う人もいるかも知れません。その疑問に答えるために、もう一度市場均衡のモデルを思い出しましょう」と、新米先生は需要曲線と供給曲線を黒板に書きました。

　「ここで、買い手はこの財の最終消費者で、売り手は財を生産する企業だと考えましょう。参加者の多い市場の場合、この交点で価格と取引量が決まるということでした。さて、今仮に生産技術が進歩して企業が生産するときの費用が減少したとしましょう。モデルに即して言えば、それぞれの単位あたり費用が下がる場合です。これは財1単位を追加生産するときの費用、つまり限界費用を押し下げることに対応しています。供給曲線はこの限界費用を低い方からならべたものでしたから、結果的に供給曲線は下に動き、価格は下がり取引量は増えると予想されます。図12.1でいえば、交点が点Aから点Bに移るので、均衡価格は p^* から p^{**} に下がり、均衡取引量は q^* から q^{**} に上がります。これを経済学では、**供給曲線が下にシフトして均衡価格が下がる**、と表現するのでした。この場合、費用はこのモデル内では説明されない、外生的に与えられたパラメタですから、これは比較静学分析の一例

です。それでは、今度は費用は変わらないものとして、資金を調達するときの金利が下降したらどうなるでしょう」
と、いつものように自問するように言って、この時初めて教室全体を見回しました。すると、いつもは出席してきても部屋の後ろのほうにへばりついている学生たちが、何と今日はみんな前のほうに座っています。しかも、先生の質問に答えようと、ちらほらと手が挙がっているではありませんか。この間少しアメリカでの講義の様子を話したのが効いたのでしょうか。少したじろぎながら、一番手前に座っている学生を指名すると、
「その場合、費用が下がった場合と同じことになるのではないでしょうか。金利は企業の費用の一部で、それが下降するということは、1単位生産するための費用が減少することになりますから」
と、よどみなく答えます。こんな学生、これまで授業に出てきたかなと思いながら、先生は、
「そうですね。金利を外生的なパラメタと考えれば、そのとおりです。しかし問題は、金利を外生的なパラメタと考えて良いか、ということです。金利がどのように決定されるかは、本来モデルの中で説明されるべきものです」
と、答えます。すると、

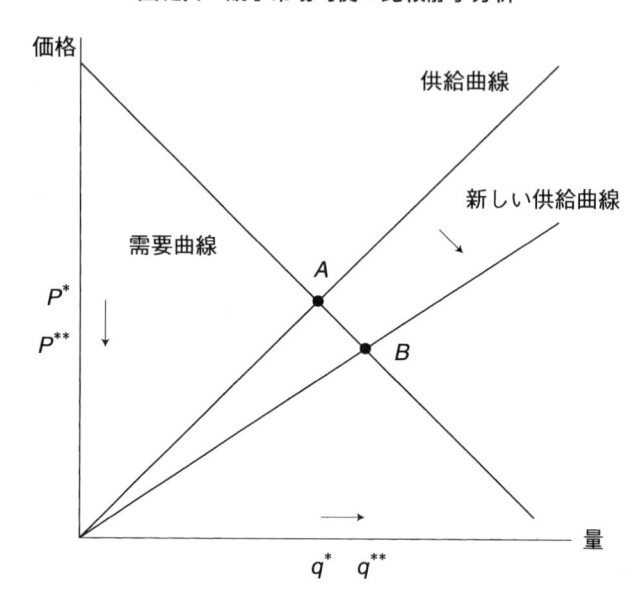

図12.1　競争市場均衡：比較静学分析

価格／供給曲線／新しい供給曲線／需要曲線／P^*／P^{**}／A／B／q^*／q^{**}／量

「そんなことを言ったら、企業の費用だって説明できたほうが良いのではないですか。大体金利も企業の費用に影響するのだし」
と、すぐに質問が飛び出しました。

「良い質問です。たしかに経済学者は、こと生産や費用の問題になると、技術や環境が天から降ってきてかってに与えられたかのように扱う傾向がありますが、これ自体は満足のいく仮定ではありません。企業の費用の構造がどのようにして決まっているのかをもっと内生的に説明するというのは、現代経済学の重要な課題の一つですが、これに関しては未だに標準的考え方はありません。ですが、企業の費用の決定よりは、金利の決定の問題のほうを内生的に解決したいというのには理由があります。前回もすこしお話しましたが」
と新米先生が言おうとするや、すぐさま、

「企業が資金を借り入れるときには、誰か資金を貸しつける人がいるはずだからじゃない。金利は借り入れる量と、貸し付ける量が等しくなるところで決まるのじゃないのぉ。だって、金利が高すぎれば借りる気は起こらないから資金が余っちゃうだろうし、低すぎれば貸す気は起こらないから資金が

足りなくなるでしょう。技術だったらさ、提供者が必要なわけじゃないから、突然身につけたとしてもそんな矛盾は生じないわよ。でもそうすると、最低でも企業が資金を調達する市場のことも考えなきゃいけないわよねぇ」
と、代わりに説明を始める学生や、

「それじゃあ、費用が下がったときに、図12.1のように価格が下がるかどうかだって、怪しいものだよ。だって、費用が下がれば、それだけ企業は資金を必要としなくなるだろうから、金利が下がって資金を貸す量も減る理屈じゃないか。でも、貸し付ける量が減るということは、消費者が将来得られるお金が減るわけだから、財の市場での需要も減ってしまうのじゃないかな。これは図12.1の分析でわかるのかな。なんかこんがらがってきたなぁ」
と、きちんと問題点を指摘してくれる学生までいます。この活発さはどうしたことなのでしょう。先生の熱意についに学生たちも感化されたのでしょうか。帰国以来のぼんやり病に悩まされていた新米先生も、ここに来て目の中に生気を取り戻しました。この章では新米先生の解説を聞いて、一般均衡分析の考え方を学ぶことにしましょう。

12.1　一般均衡：金利と価格の同時決定モデル

　一般均衡分析とはすべての市場での価格決定を同時に記述する分析法です。そうは言っても、さまざまな経済主体の経済活動と、日々刻々と取引される財・サービスのすべてを記述しても、経済の動きの理解が深まるわけではありません。金利の問題が話題になりましたので、ここでは金利と消費財価格の決定というテーマに絞って、それが一般均衡モデルとしてどうあらわされるのかを見ていくことにしましょう。この節では、まずは非常に単純化された状況で、売り手と買い手の戦略的関係を学ぶことにします。

　考えるプレーヤーは企業、消費者、そして価格と金利を同時に決める仲買人です。経済活動は2期間続くものとします。第1期目には資金のやり取りが行われます。生産は第1期の終わりから始まり第2期の始まる前に完了して、第2期は生産された消費財が取引されます。問題を単純にするために、第2期の消費財はちょうど1単位生産されるか、さもなくば全く生産できないものとします。以下で記述するゲームを正確に展開形表現に書くのは厄介ですが、図12.2のような略

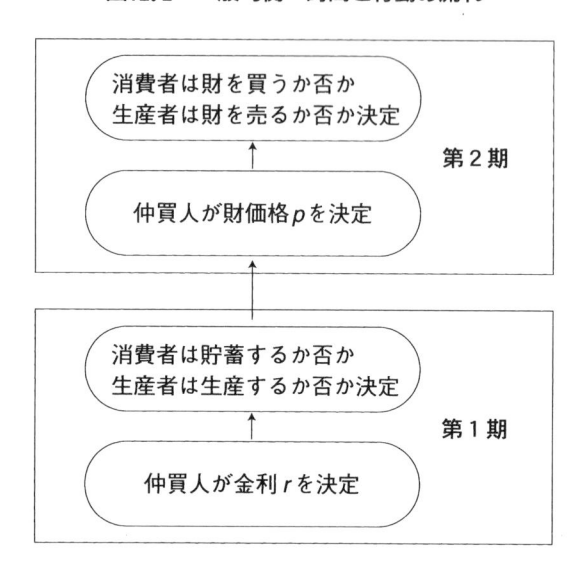

図12.2 一般均衡：時間と行動の流れ

```
┌─────────────────────────────────┐
│  消費者は財を買うか否か           │
│  生産者は財を売るか否か決定       │
│            ↑                    │  第2期
│  仲買人が財価格 p を決定          │
└─────────────────────────────────┘
            ↑
┌─────────────────────────────────┐
│  消費者は貯蓄するか否か           │
│  生産者は生産するか否か決定       │
│            ↑                    │  第1期
│  仲買人が金利 r を決定            │
└─────────────────────────────────┘
```

式のイメージを持っていれば十分理解できるはずです。

まずは企業の行動から始めましょう。企業は1つだけあるとします。企業は第1期（現在）に原料を費用 c 円で仕入れて、第2期（将来）に消費財を1単位得るか、あるいは全く生産を行わないという二つの選択肢があります。したがって、c が小さければ小さいほど、企業の生産技術は効率的といえます。第2期で生じた利益 π 円は企業の所有者（株主）に即座に支払われます。原材料の仕入れのための費用は、第1期に調達する必要があります。

今度は消費者を考えます。消費者は1人だけいるとします。消費者は第1期（現在）に物を買って消費を行うか、または貯金して、第2期（将来）にそのお金を使って物を買うかのどちらかの選択をするものとします。消費者ははじめに所得を財の単位にして1単位もっています。消費者はお金を使わずに貯金して、将来の出費にあてることもできます。その場合の金利は r です。話を簡単にするために、消費者は第2期には財を1単位買うか、あるいはまったく買わないかのどちらかの選択しかできないものとします。

仲買人は、第1期に金利 r を決め、第2期には消費財の価格 p 円を決めます。仲買人は、第8章同様、取引の量を最大にすることのみに興味があります。

消費者にとって、第2期の財1単位の価値は、第1期の財で計ったときに V で

あるものとしましょう。つまり、消費者が第 2 期に財を 1 単位消費できれば、現在の財を V 単位消費したのと同じ満足（効用）を得ます。ですから、V が 1 より小さければ、その消費者は将来の財よりも現在の財を好むことになりますし、V が小さければ小さいほど、その消費者は現在の消費をより好むことになります。将来の財よりも現在の財を好むことを、現時点の方を将来よりも大事にするという意味で、**時間選好**といいます。V は現在の財の財 1 単位あたりどれだけ将来の消費に価値があるかという指標なので、**時間選好率**と呼ばれます。消費者理論の言葉で言えば、第 1 期の財の消費量を x_1、第 2 期の財の消費量を x_2 とかくと、消費者の効用は

$$u(x_1, x_2) = x_1 + V x_2, \tag{12.1}$$

と書けます[1]。

さて V が 1 より小さいような消費者は、現在の財の方を好むのですから、将来の財は消費しないのでしょうか。それは金利 r と第 2 期での価格 p 次第です。もし金利がとても高ければ、貯金をしてお金を大きく増やして、将来使った方がよさそうです。またもし物の値段が第 2 期になると安くなるのなら、今は我慢して第 2 期に買った方が良いかもしれません。

企業の所有者は（他に人がいませんから）この消費者ということになります。ただこれは抽象化されたモデルでの話で、実際の経済を考えれば、消費者は企業の最終的な所有者ではあるが、企業の経営には直接立ち入らない、と仮定して差し支えないでしょう。消費者は企業が稼いだ利益の受取人ですが、企業の生産の決定には口を出さないものとします。消費者は第 2 期には企業の利益 π 円を配当金として受け取り、それを財を買うのに費やします。企業からの利益の配当が消費者に使われるのは、財の販売が完了した後のはずですから、このように利益がまた販売に寄与してしまうのは、循環論法のようですが、これは 2 期間モデルの制約上仕方がありません。したがって、消費者の行動は、価格と金利、そして企業が稼いだ利益を与えられたものとして、最善を尽くすことで記述されます。

まとめると、消費者は今日の所得をすべて財の購入にまわし、将来は配当金だけを頼りにするか、あるいは今日の消費を控えて貯蓄し、将来は配当金に加えて

---

1) 第 2 期の消費は 1 単位までなので、正確には $u(x_1, x_2) = x_1 + V \max(x_2, 1)$ です。

貯金を使って財を買うかの選択があります。

最後に市場で価格と金利がどのように決まるかを定めておく必要がありますが、ここでは「仲買人のいる市場」[2]を考えます。すなわち、仲買人という（抽象的な）プレーヤーが、取引量を最大にしようと価格と金利を決めていると考えます。このモデルでおこる取引は、第1期の財の取引（第1期の財市場）、貯蓄と企業の借入れの間のやり取り（資金市場）、そして第2期の財の取引（第2期の財市場）があり、仲買人は価格と金利を調節して、すべての取引が滞りなく行われるようにしたいと考えています。

* * * * * * * * * *

「例によって、このゲームを将来からさかのぼって考えて行きます。企業が資金調達に成功し、企業が生産を行った後のサブゲームを見ましょう。この場合、どのような価格をつけても、企業は製品を売るのが最適で、消費者もお金が足りる限り買うのが最適です。どちらにしても、経済活動は終了してしまうわけですから、売らなかったり、買わなかったりする理由はありませんから。」

「それはちょっと妙ではないですか、先生。それだと企業はただ同然でも売ることになるから、価格はほとんど０円になってしまいませんか。」

「第1期の行動の決定には、第2期の価格がいくらになるかが重要ですね。企業はもし価格があまりに安くなると思えば、生産を行わなくなってしまうので。実際に消費財の価格が決まるのは企業が生産活動を行った後ですが、仲買人は企業に意地悪をするのを目的としているのではないですから、あえて企業の予想を裏切るような行動をとる必要はありません。これから求める均衡は、第1期で経済主体が行動を決めるときに予想した価格が、実際に第2期になったときに仲買人によって選ばれるような種類の均衡です。経済主体が予想した価格水準が、実際にその時になると実現するので、**合理的期待均衡**とも呼ばれます。そこでこれ以降は、第1期に消費者と企業に予想されている価格が、実現する価格 p 円と等しいものとして、第1期の行動を考え

---

[2] 第8章で考えた他の取引の形式を考えても、同様な議論ができます。

ましょう。」

12.2 合理的期待市場均衡

企業の第1期の行動を分析しましょう。企業は「生産する」か「しない」かの2つの選択があるのでした。予想価格が p 円で、資金が金利 r で調達できるとすると、企業は生産をするべきでしょうか。仕入れをすれば、c 円の資金が必要なので、第2期での返済額は元利あわせて $(1+r)c$ 円です。一方、予想の売上高はちょうど p 円です。したがって、利潤は $p-(1+r)c$ 円です。ですから、これが正のときには儲けがあがるので仕入れをして生産した方が良く、さもなければ生産すべきではありません。すなわち $p \geq (1+r)c$ ならば生産、さもなければ生産しないという戦略が最適反応です。書き換えると、

$$\frac{p}{1+r} \geq c \tag{12.2}$$

が条件になります。この式の左辺は将来の予想売り上げの現在価値です。ですから、企業の利潤最大化行動は、予想売り上げの現在価値が生産コストより高いときに生産を行うというルールということになります。

次に、第1期での消費者の行動を考えます。金利 r、予想価格 p、予想配当 π に対する消費者の最適反応はどうなるでしょうか。仮にお金をすべて第1期に費やしてしまうと、財の消費は1単位ですから効用も1単位です。一方、第2期に財を1単位買うためには p 円必要で、これを配当と貯蓄でまかなう必要があります。配当は π 円と予想されていますので、貯蓄でまかなうのは $p-\pi$ 円です。金利 r の貯蓄でこの金額を得るためには $(p-\pi)/(1+r)$ 円貯蓄しておく必要があります。したがって現在財の購入に使えるのは $1-(p-\pi)/(1+r)$ 円です。よって、もし第2期の財を消費するとすれば、第1期の財を $1-(p-\pi)/(1+r)$ 単位消費できて、さらに第2期の財を1単位消費して第1期の財にして V 単位の満足度を得ますので、利得（効用）は合計で $1-(p-\pi)/(1+r)+V$ となります。よって、実質的に消費者には「貯蓄をする」か、「しない」かの2つの選択があり、消費者の最適反応戦略は、$1-(p-\pi)/(1+r)+V$ が1より大きいとき、つまり

$$V > (p-\pi)/(1+r) \qquad (12.3)$$

のときには貯蓄をして第2期の財を買い、そうでなければすべて第1期に費やす、となります。この式の右辺は将来財を購入するのに追加しなければならない金額 ($p-\pi$ 円) を ($1+r$) で割引いた現在価値です。つまり、消費者は将来の財の消費の現在価値 V が、それに必要な支払いの現在価値よりも大きければ将来のために貯蓄をするというわけです。

実はこの考え方は、第9章の消費者理論で財とお金の振りわけを考えたものと同じ物です。消費者の効用が式 (12.1) のように表されるのを思い起こしましょう。貯蓄額を s 円と書くことにすると、第1期の消費量 x_1 は、はじめにもっていた財1単位から貯蓄額をのぞいた残り、すなわち $x_1 = 1-s$ です。一方、第2期の x_2 単位の消費に費やす金額は px_2 円ですが、これを貯蓄から得る収入 $(1+r)s$ と、配当 π でまかなわなければならないので、$px_2 = (1+r)s + \pi$ を満たさなくてはなりません。この2式から s を消去すると、$px_2 = (1+r)(1-x_1) + \pi$、これを整理して、

$$x_1 + \frac{p}{1+r}x_2 = \frac{\pi}{1+r} + 1 \qquad (12.4)$$

が、消費者の予算制約式になります。したがって、消費者の効用最大化問題は、効用の式 (12.1) を、予算制約式 (12.4) を満たしつつ最大にするような消費量 x_1 と x_2 を選ぶ（ただし x_2 は0または1）ということになります。

仲買人のいる市場のルールを理解できたかどうか確かめるために、生産者が「生産しない」という戦略をとっているときの消費者の最適反応を考えておきましょう。この場合は第2期には利潤 π は0になりますから、式 (12.3) から、$V > p/(1+r)$ のとき消費者は貯蓄し、そうでなければ第1期にすべて財を消費することが最適反応です。生産者が生産しないのだから、第2期に財は消費できないので、常に貯蓄をしないというのが最適反応ではないか、と考えた読者もいるでしょう。もっともな疑問ですが、ここで考えている仲買人のいる市場では、もし財の取引に過不足が生じたときには仲買人が責任を取って何とかするという約束でしたから、消費者はもし望めば消費できるものと考えて行動するのです。消費者は（この意味では生産者も）、取引の過不足に関しては何ら責任を感じな

第12章　金融市場と一般均衡　225

いわけで、それだけ仲買人の役割が大変になっていることに注目してください。

さて、このように、いくつもの市場で経済主体がおのおの利己的な最適行動をとっている環境で、都合よくこれらの取引すべてが行われるように価格と金利の水準を定めるのは至難の業のようですが、驚くなかれ、これがきちんとできるのです。

まずは $V > c$ のときを考えましょう。この時は $\frac{p}{1+r} \geq c$ を満たすようなどのような価格 p と金利 r も合理的期待均衡になり、またこれ以外の均衡価格はありません。これを見るために、各プレーヤーの最適行動をもう一度見てみましょう。$\frac{p}{1+r} \geq c$ が満たされていますから、企業の最適反応戦略は式（12.2）より「生産する」です。その時の利益は $\pi = p - (1+r)c$ でしたから、これらの予想のもとでの消費者の最適反応を示す式（12.3）の右辺は、この値を代入すると、

$$\frac{p-(p-(1+r)c)}{1+r} = c$$

となります。$V > c$ でしたから、これより消費者の最適反応の行動は「貯蓄する」です。したがって、めでたく貯蓄された資金が企業にとどいて生産が行われ、生産された財はきちんと消費者に消費されるわけです。これ以上に取引量を増やすことはできないので、仲買人にとってもこの価格は最適です。また、$\frac{p}{1+r} < c$ となる場合には生産が行われず取引が成立しないので、均衡で仲買人が $\frac{p}{1+r} < c$ となる価格をつけることはありません。

上の議論では第2期の財が生産された分だけきちんと消費されるということしか確認していませんが、第1期で貯蓄の額と貸し出される資金の額もつりあっています。貯蓄額は $(p-\pi)/(1+r)$ ですが、利益の $\pi = p-(1+r)c$ という関係を使えば、これが資金の需要額 c と等しいことがわかります。これは偶然ではなく、このような市場取引のモデルで L 個の市場があったとき、そのうち $L-1$ 個の市場で需給がつりあっていれば、残りの市場でも需給がつりあいます。これを一般均衡理論の創始者の名前をとって**ワルラス法則**といいます。ワルラス法則はもっと一般的な抽象的分析では大変便利で重要な性質なのですが、上の議論ではあまりそのありがたみがわからないでしょう。実際これを知らなくても、要はすべての市場をチェックすればすむことなので、読者は気にする必要はありません。

それでは $V < c$ のときはどうでしょうか。今度は均衡価格は $\frac{p}{1+r} < c$ を満

たすことになります。なぜなら、この場合の企業の最適反応は式（12.2）より「生産しない」です。利潤は0になるので、消費者の方は式（12.3）から「貯蓄しない」です。最後に、この価格水準が仲買人にとって最適になっているかを考えましょう。取引を成立させるには、生産をさせる必要があります。そのためには式（12.2）より、$\frac{p}{1+r} > c$ と価格設定する必要があります。その場合の消費者の方の式（12.3）の右辺はcとなるのでしたから、$V < c$という前提では貯蓄をせず、やはり取引は成立しません。

まとめると、$V > c$のときは、貯蓄と生産が行われる均衡があり、そうでないときは、生産は行われずに、消費者は第1期にすべてを消費してしまう、という均衡があることがわかりました。

さて、そもそもこの経済では、なにがおこるべきだったのかを考えてみましょう。私たちの非常に単純な設定では、要するに生産が行われるのが良いのかどうかを考えるということです。消費者が一人しかいませんので、経済全体の豊かさはとりもなおさずこの消費者の効用の水準で計ることができます。消費者の効用は、第1期に消費する財の量と、第2期に消費する財の量のV倍でした。生産が行われ、生産された財が第2期に消費されれば、効用がVだけ増えます。一方、生産費用分のcが失われてしまい、これを最終的に負担するのは消費者のはずです。したがって、財からの効用が生産費用よりも大きいとき、すなわち$V > c$のときに、財が生産されて消費されれば、消費者の効用の増分Vが生産の費用を上回っているので、生産されない場合と比較して余剰が生じています。つまり、$V > c$のときには生産がおこなわれるべきなのです。逆に、$V < c$のときには、生産は行われるべきではないことがわかるでしょう。

上の分析からなにが学び取れたかを整理しましょう。第1に、生産が行われるべきとき、またその時に限り、生産が行われて生産された財が消費されるようなサブゲーム完全均衡が存在する点。言い換えると、市場はいつも経済全体の余剰を最大にすることを保証するというものです。市場経済が制度として好ましいものであることの理論的根拠として重要なこの結果は、**厚生経済学の第1定理**と呼ばれています。

第2に、生産と貯蓄が行われる均衡で発生する価格と金利は$\frac{p}{1+r} \geq c$を満たすものならばなにでも良いこと。これは消費者と企業の最適行動が$\frac{p}{1+r}$に依存して決まるためです。ここから均衡での価格で重要なのは将来の財の価格の現

在価値 $\frac{p}{1+r}$ であって、とくに将来の価格 p あるいは金利 r はそれぞれ単独に意味を持つのではないということがわかります。

　生産と貯蓄がおこる均衡で、将来の財の価格の現在価値 $\frac{p}{1+r}$ がとても大きい場合を解釈してみましょう。これは将来の財が、現在のものに比べてとても割高になることを意味しますから、これは消費者にとっては悪いニュースのはずです。第8章の市場分析を思い起こせば、価格が上昇するときには将来の財への需要は減少するはずです。それなのに、この一般均衡モデルではなぜ生産が行われ、均衡での消費量が変化しないのでしょうか。それは価格が高いことで企業の利潤が高くなり、それをうけとる消費者の所得が十分に上昇しているため、貯蓄しなければならない額は増えないからです。価格上昇が即座に消費者の、あるいは経済全般への悪影響を与えると考えるのは短絡的思考です。一般均衡モデルは、将来の消費を決めるのは価格だけでなく、消費者が受け取る利潤も含めた所得の額にも依存しているということを教えてくれます。

　しかしながら、この結論は消費者が一人だけしかいないというモデルの仮定に依存しています。例えば消費者が2人いて、片方のみが企業の所有権を持っている場合を考えましょう。企業の利潤が増えた場合は、企業の所有者の所得しか増えませんから、持たざるものにとってはやはり価格上昇は悪いニュースで、価格が上昇するにつれ、企業の所有者が相対的に豊かになるという効果があるはずです。先に述べた厚生経済学の第1定理は、あくまで全体の余剰の合計だけを議論するもので、**市場システムを通して、所得の分配が平等あるいは公平に行われるということを主張するものではありません**。たとえば、それまで取引が何らかの形で規制されていたときに、これを**規制緩和**して自由競争市場の原理に任せたとき、すべての経済主体が得をするという主張ではありません。全体の余剰が増加するといっても、それはある特定のグループに利益が集中し、大部分の人はかえって損をするという副作用を伴うかもしれません。一般均衡分析では消費者や企業の数を複数にして、この所得の相対効果を分析することもできます（章末の練習問題参照）。

＊　＊　＊　＊　＊　＊　＊　＊　＊

「先生、少し疑問に思ったのですが、消費者がはじめにもっていたお金はど

こに行ってしまったのですか。企業が受け取ったのかと思ったのですが、良く考えると企業はそれを使って原材料を買ったはずだから、お金は原材料を売った人のところにあるはずですよね」
と、ある学生が言い出しました。

「よく気がつきましたね。そう考えると、原材料を売った人がそのお金を使って消費をする分を考えなければならないはずですが、これまでの分析ではその分が考えられていません。ですから、上の分析であたかもお金のやり取りをすると表現したところは、実は正確ではありません。本当は、第1期の財をやり取りしていると考えるべきです。つまり、消費者は第1期の財を1単位もっていて、第1期にその財を z 単位貯蓄することができる。生産者の方は、その財を c 単位投入すると、第2期に消費財を1単位生産できる、という具合です。」
するともうひとりの学生が、

「あれ、私はこれまでので納得していたのにぃ。だって、そうすると原材料になる財を貯金するというのがわからないわ。ふだん「貯金」するのはお金じゃあないですかぁ」
と、たたみかけます。

「消費者としての私たちが、日常生活で貯金するのは確かにお金ですが、経済的に意義があるのは、貯金をすることで私たちは現在買えるはずの財の消費をあきらめているという点です。この点はすでに予算制約式（12.4）に表れていますね。この式に、お金の量は一切出てこないことに注目してください。抽象的に見れば、現在消費可能な財を「貯蓄」という形で、その財を必要とする経済主体に売り渡しているわけです。わたしたちは、現在の消費をあきらめるための報酬として、将来金利を受け取るのです」
と言うと、新米先生は話を続けました。

12.3 価格と金利の決定の比較静学分析

前節の分析で、均衡価格と金利の比がはっきり決まらないのは、金利や価格の決定モデルとしては不都合です。比較静学分析もできません。これは経済主体1人あたり消費・産出量を1単位で固定してしまったからで、第8章の市場均衡モ

デルで市場均衡価格はやはり幅を持って決定されたことと事情は同じです。人数の多い場合に次第に市場価格の幅が狭まったのと同様、この一般均衡モデルでも同様に人数を増やして均衡価格の幅を狭めるという議論もできますが、この章では経済主体の数は増やさずに、経済主体1人あたり消費・産出量を固定しない方法で分析します。しかしあくまでも、たくさんいる経済主体の行動を、これらの**代表的消費者**と**代表的企業**で表していると考えてください。使う記号は前節と同じです。ここでは例示のためと、計算の簡略化のため特定の関数を使いますが、これ以外のものでももちろんかまいません。

企業は第2期に財を y 単位生産するのに、第1期に cy^2 単位の財を投入する必要があるものとします。前節では $y=1$ のみ許されていたのですが、今度はどのような正の数量も生産できるものとします。したがって、金利 r と（予想）価格 p のもとで、y 単位生産するときの売り上げは py、投入 cy^2 単位に対応する支払いは $(1+r)cy^2$ なので、利潤は

$$py - (1+r)cy^2 \tag{12.5}$$

です。与えられた金利と価格のもとで、この利潤を最大にする産出量 y が企業の財の供給です。平方完成して $-(1+r)c\left(y - \dfrac{p}{2(1+r)c}\right)^2 + \dfrac{1}{4}\dfrac{p^2}{c(1+r)}$ を得るので、利潤を最大にする第2期の財の生産量は

$$y = \frac{p}{2c(1+r)} \tag{12.6}$$

となります。

消費者のほうも、第1期の財の消費量 x_1 と、第2期の財の消費量 x_2 をどのような正の数量にすることもできるとしましょう。消費者は第1期の財を1単位もっています。そして消費者の効用は

$$u(x_1, x_2) = x_1 + V \times (20x_2 - (x_2)^2) \tag{12.7}$$

で与えられているものとします。第2期においての、消費 x_2 単位からの効用が $20x_2 - x_2^2$ で、V が時間選好率になっています[3]。

それでは、消費者の最適行動を求めましょう。先に議論したとおり、消費者の予算制約式は (12.4) で与えられています。ここから $x_1 = \dfrac{\pi}{1+r} + 1 - \dfrac{p}{1+r}x_2$ と

いう関係が成り立つことがわかりますので、式 (12.7) に代入して、消費者の効用最大化問題は、

$$\left(\frac{\pi}{1+r}+1-\frac{p}{1+r}x_2\right)+V\times(20x_2-(x_2)^2)$$

$$=\frac{\pi}{1+r}+1+\left(20V-\frac{p}{1+r}\right)x_2-V(x_2)^2$$

$$=-V\left(x_2-\left(10-\frac{p}{2(1+r)V}\right)\right)^2$$

$$+\left(\frac{\pi}{1+r}+1+100V-10\frac{p}{1+r}+\frac{1}{4}\frac{p^2}{V(1+r)^2}\right)$$

を最大にするような第1期の消費量 x_2 を求めることに帰着します[4]。これより、消費者が、第2期に需要する財の量は、

$$x_2 = 10-\frac{p}{2V(1+r)} \tag{12.8}$$

であることがわかります。市場が均衡するのは、式 (12.6) で与えられた供給量と式 (12.8) で与えられた需要量がつりあうときですから、市場均衡価格は、$\frac{p}{2c(1+r)}=10-\frac{p}{2V(1+r)}$ を変形して、

$$\frac{p}{1+r}=\frac{10}{\frac{1}{2c}+\frac{1}{2V}}=20\frac{cV}{V+c} \tag{12.9}$$

となります。均衡では、価格と金利の比しか決定されないのは前にも見たとおりですが、今度はその比は一意に決まります。第2期での取引量は式 (12.9) を、式 (12.6) あるいは式 (12.8) に代入して、

---

3) この形だと、x_2 が10を超える領域で、効用が財の消費の増加とともに減少してしまいます。この形は x_2 が10未満のときに当てはまり、それより大きいときには効用はこの関数では与えられないが、財の消費とともにほんの少しずつ増加すると考えてください。

4) このあたり、知っている読者は微分を使って求めてかまいません。

$$\frac{10V}{V+c} \tag{12.10}$$

となります。したがって、均衡で企業が投入する財の量は $c\left(\dfrac{10V}{V+c}\right)^2$ になるはずです。ワルラス法則が働いていて、第1期の市場も均衡して消費者の消費する財の量は

$$1 - c\left(\frac{10V}{V+c}\right)^2 \tag{12.11}$$

になることを確かめてください。

それでは、最後に技術革新によって費用が低下したときの比較静学分析をしてみましょう。少し見にくいですが、式（12.9）は変数 c に関して増加関数で[5]、式（12.10）は減少関数です。したがって、技術が発達して費用の係数 c が低下したときには、均衡価格は下がり、均衡で第2期の財の取引量は増加します。

それでは第1期の消費はどうなるでしょう。c が低下したときには、上で見たように、第2期の価格（の現在価値）が下がって第1期の財が相対的に高くなるし、しかも第2期での消費が増えるのですから、第1期の消費は減るのが自然に思われるかもしれません。ところが式（12.11）をみると、これは費用に関して増加することもあれば、減少することもあります。実は $V > c$ のときには変数 c に関して減少し、$V < c$ のときには変数 c に関して増加します[6]。このように第1期の消費が増えることがあるのは、第2期の価格が低下することにより、消費者が比較的に豊かになったこと、あるいは企業の利益が上昇した場合、その分消費者の所得が上昇することにより、消費者の購買力が増しているためと解釈できます。

＊ ＊ ＊ ＊ ＊ ＊ ＊

---

5) $\dfrac{\partial}{\partial c}\left(\dfrac{20cV}{V+c}\right) = \dfrac{20V^2}{(V+c)^2}$ より。

6) $\dfrac{\partial}{\partial c}\left[c\left(\dfrac{10V}{V+c}\right)^2\right] = \dfrac{100V^2(V-c)}{(V+c)^3}$ より。

「この効果を理解できるのも、われわれが一般均衡分析を行った結果です。これまでの部分均衡分析では、諸君には予想できなかった結果ではなかったかと思います。同じように時間選好率Vに関する比較静学分析もできますので、これは宿題にしておきます。それでは」
と、新米先生が教室を去ろうとすると、教室から拍手が沸き起こりました。応援用のラッパまで持ち込んで鳴らしている学生もいます。日本の大学でこれまでに手応えのある授業をした経験のなかった新米先生は、感激のあまり顔面紅潮、そのうちにぼーっとして意識が薄れていってしまいました。

ふっと新米先生が気づいてみると、外では雨が降り始め、屋根にはねかえってぱちぱちと音を立てています。部屋の中では沸騰したやかんがパァーと勢いよく鳴っています。自分は、と見ると、よだれが机の上のノートを汚しています。「なんだ、夢か」と一言つぶやくと、コーヒーを入れようと豆をひき始めました。残念ながら先生が日本の学生を感化できるのはもう少し先のことのようです。

練習問題12.1 第1財の消費量xと、第2財の消費量yに依存して$u(x,y) = \frac{1}{2}(20x-(x)^2)+y$で与えられている効用関数$u(x,y)$を考える。(第1財の消費量$x$が10単位を超えると、効用は$100+y$とする。) 以降、第2財で計った第1財の価格$p$とする。

1. この効用関数を持つ経済主体が、第1財をα単位($\alpha > 0$)、第2財をβ単位($\beta > 0$)所有している。これらの財を市場で売ってもよいし、売り上げをつかって他の財を買い足しても良い。予算制約式をかき、第1財への需要(最終的に消費したい第1財の量)を求め、縦軸に価格、横軸に数量をとったグラフに書け(ただし、$p < 10$とする)。どのようなとき、この経済主体は第1財の売り手(つまり、需要量がはじめに保有していた量よりも小さい)になるか。

2. この効用関数を持つ経済主体(プレーヤー)が2人いる経済を考える。第1のプレーヤーは、第1財を6単位持っているが、第2財は持っていない。第2のプレーヤーは、第2財を6単位持っているが、第1財は持っていない。この時、市場がすべて均衡する価格p、すなわちプレーヤーの需要の合計が存在する財の量と等しくなるような価格を求めよ。

3．この効用関数を持つ経済主体（プレーヤー）が3人いる経済を考える。第1と第2のプレーヤーは、上の問題と同じ量の財を保有している。第3のプレーヤーは、第1財を12単位持っているが、第2財は持っていない。この時、市場がすべて均衡する価格pを求めよ。

4．上の2人と3人の場合の均衡を比較し、
- 3人の場合の方が、第1財の均衡価格が下がるのはなぜか。グラフを使って直観的に説明せよ。
- 取引の始まる前の効用水準と取引の後の各プレーヤーの効用水準を、2人と3人、それぞれの場合について計算せよ。各個人の効用水準は増加しているか。
- 取引の後の第1プレーヤーと第2プレーヤーの効用水準を、2人と3人の場合で比較せよ。各個人の効用水準は、取引する人数が増えると増加するか。

5．第1と第2プレーヤーが参加して取引する市場を「自由化」して、第3のプレーヤー（「外国」）を市場に参加させるかどうかの問題が持ち上がったと想定せよ。市場機能は、そのような「自由化」を通じて、すべての人に望ましい結果を自然にもたらすと予想できるか。

練習問題12.2 練習問題12.1で、第2財を第1期の消費、第1財を第2期の消費と解釈してみよ。均衡価格pは何を意味するか。

Chapter 13
製品差別化

それぞれの悩み

　パン屋の経営もどうにかこうにか軌道に乗りつつあるピアスですが、最近は良く眠れない夜がつづいています。それというのも、ピアスが店を出した下茶沢エリアにはその後もパン屋の出店が続き、若干過当競争の様相を呈してきたからです。パンの味に自信のあったピアスでしたが、商売敵も結構いい味を出していて、決して他を圧倒するだけのパンチがないようです。

　「ほかのエリアは考えなかったのぉ」と開店以来しょっちゅう店に顔を出す済子が聞きます。

　「いろんな場所の市場調査は十分にしたし、他も考えなかったわけじゃないんだ。でも下茶沢はやっぱり人が集まるしね。ぼくのパンを好きになってくれる人も自然と増えるだろうと踏んだんだ。いくら競争相手が少なくたって、お客も少ないんじゃ困るだろ。ここは条件がいいからね。競争相手が出店してくるとは予想した上での決断だったんだけど、これほどとはね」とピアス。

　「なんか、昔うちの近所に『ベーかりー』が来たときみたいね。」

　「それはおばさんにも聞いたよ。でもあのときは同じような味のものを売っていたから、価格競争が激しくなっちゃったんだろ。今度はちょっと違うんだ。各店、個性があるパンを売っているから、必ずしも値段が高いとまったく売れないという状況ではないんだ。値段もそうだけど、どれだけ他と違った味を提供できるかが、生き残りの鍵なんだよ。」

　「でもパンはパンよねぇ。味が違ってるから高くても買う人がいるっていっても、限度があるわよねぇ。でも手に職があって、自分の主張ができるだけけいいじゃない。私なんか、あんな制服なんか着せられちゃってさあ、没個性もいいとこよ。お父さんが銀行に偵察に来たときなんか、私をみつけられなかったらしいわよぉ。」

　「でもさ、銀行で誰が行員か区別がつかないのはまずいだろう。済子ちゃんだって、ほおっておいたら奇抜な服装で窓口にすわっちゃうんじゃない。ほら大学卒業の謝恩会のときみたいに」とピアスは言いながら、真っ赤なチャイナドレスを身にまとって出かけていった済子を思い出し、にやにや笑っています。

　「失礼ねぇ。私なんか、おとなしいほうよぉ。でもさあ、一所懸命仕事し

てても、こんなんで将来どうすんだろうなぁって考えちゃうわよぉ。上のほうを見ていると、なんだかんだ言ってもまだ男社会だしぃ、うちの銀行もいつぐらっとくるかわかんないしぃ。他の人が持っていない何かを身につけないと、出世も再就職もままならないわよぉ。いまさら何年も修行を積むようなのは無理だけどさぁ、何か私に向いた手ごろな資格なんかないかなぁ。あいつはちょっと違う、って思わせるやつ」と珍しく弱音を吐いています。

  * * * * * * * * * *

　悩みを抱えているのはこの二人だけではありません。新米(あらごめ)先生も教科書作りが行き詰まっていました。消費者理論から始めるミクロの教科書を書いていた新米先生ですが、フィラデルフィア大学で教えてからその考えはかなり変わってきていました。このまま型通りの教科書を書いていたのでは、他にも数多ある教科書の中に埋もれてしまう、という意識がかなり強くなってきたのです。実際、かれの書き進めてきた教科書を他のミクロ経済学の教科書と比べると、目次を見る限り、どちらが自分のだか自分でもわからなくなってきます。確かに本文を読むと、かれのスタイルが出てはいますが、これとて学生にとっては似たりよったりで、没個性もいいところという気がしてき

ます。

13.1 製品差別化の基本モデル

これまでの分析では、「同質な財」の販売競争という状況を考えてきました。しかしまったく同質な財というのは抽象化のなせる業で、現実の経済では競争関係にある企業がまったく同じ財を生産していることはありません。同じ種類の製品でも、どこかしら違いがあるものです。トヨタとホンダの車は、自家用車という点では「同じ財」ですが、たとえ排気量が同じものを比較しても、トヨタの車とホンダの車は「同じ」ではありません。ガソリンの販売では、ガソリン自体はどこの販売元をとっても「同じ」と考えられますが、これにしても、どこで売られているか、という点で違いがあります。国道を走っているドライバーにとっては道のこちら側のSSと反対側のSSとでは大きな違いがあります。どこで売られているかが重要な問題となるのです。したがって、私たちの分析で同質な財を考えるときの「同質」というのは、実際には程度の問題です。

　財の質が違ってくるのは、技術的な問題もありますが、戦略的な理由もあります。制服を着せられることには異論もあるでしょうが、済子があえて「同質」のサービスを提供するようにさせられているのには、ピアスの指摘したように理由があります。一方で、パン屋の価格競争では、なるべく同質でない財を売れば、それだけ価格切下げ競争を逃れることができるでしょうから、ピアスは戦略的に他店とは違った味を出そうとしているのでしょう。もちろん、いくら違っていても客が興味を示さなくては意味がありませんから、そこは難しいところです。そのピアスも出店場所に関しては、あえて人気の高い激戦区の下茶沢エリアを選んだようです。済子が資格を取りたいのも、資格によって能力の点で抜きんでていることを示すというよりは、他の人とは違うことを示すのが目的のようです（第5章参照）。

　このように、戦略的観点から財、特に生産される製品の性質をあえて区別する経済行動を**製品差別化**と呼びます。製品差別化がおこるかどうか、またどのように起こるかは、プレーヤーの直面する戦略的状況に依存します。本章では製品差別化のモデルでもっともミクロ的基礎がしっかりしているホテリング（Hotelling；付録B、参考文献参照）のモデルを使って、この問題を考えて行きましょ

う。

* * * * * * * * * *

　ある海水浴場での話です。砂浜が1キロほど続いているこの海水浴場に夏になると、そこそこの人出があります。利潤機会があるところに商売人あり、でここにもアイスクリーム屋が2軒ほど出店しようとしています。この2軒のアイスクリーム屋、あまり仲はよくないようで、とくに話したりはしていないようです。価格を戦略的に用いて競争する意思はなく、同じアイスを同じ値段で売るつもりです。同じ値段の同じアイスですから、買う人は自分に近いほうで買います。ですから、アイスクリーム屋は店を出す場所は注意深く選びます。お互いに自分が商売敵とは違うことを主張したければ、砂浜の両端に店を構えるのが良い方法です。さて、かれらはどのような場所に出店することになるでしょうか。

　ゲームとしては簡単な2段階ゲームを考えます。まず第1段階で、2軒の店が同時に砂浜のどこかに出店場所を決めます。砂浜の両端を0と1とおいておきます。数学的には、両者とも0と1の間の数を1つ選ぶと考えるわけです。つぎにそれを知った上で、第2段階で、(たくさんいる)消費者がどちらの店でアイスクリームを買うかを決めます。

　この問題を解くために、消費者である海水浴客のアイスクリーム需要の状況をもう少し詳しく述べておかなくてはなりません。海水浴客はこの1キロの砂浜に均等に散らばっており、各人1日に最大でも1つだけアイスクリームを食べるとします。アイスクリームを食べたときの利得は、簡単化のために家族や友人を代表してのまとめ買いはないものとしましょう。1人の消費者の利得はアイスの消費そのものからくる効用 u から2つのコストを引いたものであると考えます。1つは言わずと知れた価格。これはいま p で一定とします。つぎは歩くことからくるコストでよくフット・コストと呼ばれるものです。消費者がビニールシートを広げた位置からアイスクリーム屋までの距離(単位km)を d とすると cd^2 だけのコストがかかるとしておきます(c は正の定数)。すると、ある消費者がアイスクリームを食べたときの利得は、

$$u - p - c \cdot d^2$$

図13.1 ホテリング・モデル：近いほうの店に行く

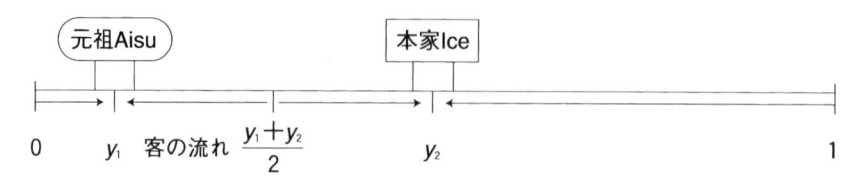

```
        元祖Aisu                        本家Ice
  ├──────┼───┼─────────────┼──────┼──────────────┤
  0      y₁  客の流れ  (y₁+y₂)/2    y₂                1
```

と表されます[1]。混雑等の問題は考えないとしましょう。また、最初の分析では $u - p - c > 0$ を仮定しておきます。この仮定の下では、どの消費者も必ずどちらかの店でアイスクリームを買うことになります。

また、売れ残ったアイスクリームは捨ててしまうとし、客が来すぎてアイスクリームが足りなくなることもないとします。また、各店は利潤＝収入がそのまま利得になります。ここでは、価格一定としているので、利得最大化は来客数最大化と同じになります。

さて、これで2段階ゲームの記述が終わりましたので、このゲームのサブゲーム完全均衡を解きましょう。

例によっておしまいから解いていきます。いま、2軒の価格は同じですから、2段階めの海水浴客の行動は簡単です。単に自分の居場所に近いほうに買いに行くことになります。距離がちょうど同じ場合には、等しい確率でどちらに行くかを決めるとしておきます。少し数学的なことになりますが、分析を簡単にするために、2軒が同じ場所を選んでも（物理的に）問題ないとしておきます。その場合、複雑な確率計算は無視して、2軒の店を訪れる消費者は同数とします。

いま、第1店の出店場所を y_1、第2店の場所を y_2 とします。いま、どちらが左側でも分析は同じなので、かりに $y_1 \leq y_2$ と仮定します。これを2つのケースに分けて考えてみましょう。まず $y_1 = y_2$ のケースですが、これは上で仮定したように、$\frac{1}{2}$ ずつの来客があります。つぎに $y_1 < y_2$ のケースですが、この場合には、y_1 と y_2 の中点 $\frac{y_1+y_2}{2}$ を境として、それより左側の客は第1店へ、右側の客は第2店に行くことになります。したがって、第1店への来客数は $\frac{y_1+y_2}{2}$、第2店のそれは $1 - \frac{(y_1+y_2)}{2}$ となります。

---

[1] ホテリングの元の論文（Hotelling [1929]）では、フット・コストは cd でしたが、ここでは、後の拡張モデルとの整合性を考え、cd^2 としました。どちらを用いても本節の分析および結果は同じになります。

さて、2段階めの分析が終わったので、1段階めの分析に移りましょう。ここでは、両店が出店場所を決めます。まず、$y_1 < y_2$ のケースですが、この場合は第1店は y_1 を増やすことで来客数を増やすことができますから、少しでも第2店に近づこうとします（もちろん、第2店も第1店に近づく誘因があります）。したがって、これは均衡になりません。$y_1 > y_2$ のケースも同様です。

均衡になるとしたら、$y_1 = y_2$ が成立していないといけないことがわかりました。それでは、具体的にどの位置なら均衡となるでしょう。結論から言いますと、$y_1 = y_2 = \frac{1}{2}$ のとき、そしてそのときだけが均衡となります。まずこの戦略の組が均衡になることをチェックしましょう。$y_1 = y_2 = \frac{1}{2}$ から第1店が左寄りに位置を変えたとします。$y_1 < y_2 = \frac{1}{2}$ ですので、第1店への来客数 $\frac{y_1+y_2}{2}$ は、元の来客数 $\frac{1}{2}$ より減ってしまいます。もちろん右に寄れば、その来客数は $1 - \frac{(y_1+y_2)}{2}$ ですからやはり $\frac{1}{2}$ 未満となってしまいます。したがって、第1店はその位置を変える誘因を持ちません。第2店もまったく同じように変える誘因はありません。これで $y_1 = y_2 = \frac{1}{2}$ が（第2期の人々の動きと合わせて）完全均衡となることが示されました。

つぎに $y_1 = y_2 > \frac{1}{2}$ のケースが均衡とならないことを示しましょう。第1店が位置を少し左に変える誘因を持つことを示します。たとえば $y_1 = \frac{1}{2}$ に変更したとしましょう。このときの第1店への来客数は $\frac{1/2+y_2}{2} > \frac{1}{2}$ となり、もとの来客数を超えることとなります。したがって、この状態は均衡にならないことがわかりました。$y_1 = y_2 < \frac{1}{2}$ のケースもまったく同様に分析できますので、$y_1 = y_2 = \frac{1}{2}$ 以外に均衡戦略は存在しないことが示せたわけです。店は海水浴場の真ん中に2軒並んで立つ、ということになったわけです。

13.1.1　解釈1：製品差別化

出店場所をある食べ物の味、海水浴客の位置を消費者が一番好む味と考えると、このモデルは製品差別化のモデルと考えることができます（いまのまま、アイスクリームの解釈でもかまいませんが）。たとえば、コーラの炭酸を考えてみましょう。場所を示す数値がコーラに含まれる炭酸の量に対応しているとします。この値がゼロに近くなればなるほどより炭酸の少ないコーラに、反対に1に近くなるほどより炭酸の多いコーラに対応しているとするわけです。出店場所は、販売するコーラの炭酸分に対応し、海水浴客の居場所は、それに対応する消費者の好

みの炭酸含有量ということになります。各生産者が１種類しか生産できず、しかも価格での競争ができないとすると、似たような味のコーラを作ることになるというのが本分析の結果です。

　直観的には、企業にとって、製品が同質的なときの一番の問題点は価格競争です。ですから、価格競争の可能性が排除されているこのような状況で、差別化が起こらないというのは自然な結果であるといえます。

13.1.2　解釈２：投票モデル

　このモデルは政党の行動——とくにプラットフォーム選択——のモデルとしても用いられます。たとえば、場所を示す数値が今度は政府の財政規模に対応しているとしましょう。ゼロに近いほうは小さな政府に、１に近いほうは大きな政府に対応していると考えるわけです。そして２大政党による選挙の問題を考えてみましょう。たとえば大統領選挙です。ここでは、相手より多く得票したほうが選挙に勝てますから、両者の政策は真ん中の投票者（これを中位投票者＝Median voter と呼びます）の票を得ることが肝心です。その結果、両政党の政策は似通ったものになってきます。米国のような２大政党制の国で、主義の違うはずの両党の政策が意外に似通いがちになるということの、一つの説明になります。

13.2　集積効果

　ホテリングのモデルにはさまざまなバリエーションがあり、いろいろな形で応用されています。ここでは、なぜ秋葉原に電器店が集まり、神田に古本屋街ができるのかを説明してみましょう。このために、他の部分を少し簡単にしましょう。いま、店の立地は地点ゼロか地点１のどちらかに限られているとします。また、価格も最初のときのように p で固定されているとします。ゲームとしては基本モデルと同様２段階のものを考えます。第１段階で N 社いる企業が同時にゼロか１を選び、第２段階で０、１の間に均等に分布している消費者が地点０か１を選ぶ、というものです。第２段階に新しい要素を導入します。その説明がもう少し必要なのでつぎにこれを見ましょう。

　各消費者は同質的なアイスクリームではなく、ある特定の本を探しているとします。各店は立地のみ選べるとし、品揃えは戦略には含めず、独立に行うとしま

す。それぞれの消費者が探している本がある店で見つかる確率は q としましょう。これは簡単化の仮定ですが、各消費者は地点ゼロか1のどちらか一方にしか行かないとします。また、いったん地点ゼロか1に行ってしまえば、何軒の店があろうと、その地点のすべての店をランダムに回ってお目当ての本が見つかれば購入するとします。店が K 軒まとまっている地点に出かけた消費者がお目当ての本を見つけられる確率は、

$$1-(1-q)^K$$

で表されます[2]。確率計算の苦手な人は、これが大きいほど消費者にとってのこの地点の魅力が増す、という程度に考えておいていただければ十分です。ちなみにこの値は K が大きくなればなるほど大きくなる、すなわち店の数が増えればそれだけ本の見つかる確率が高くなる、という形になっています。

つぎに消費者の利得を定義します。地点ゼロに N_0 店、残りの $N_1 = N - N_0$ 店が地点1を選んでいる状況を考えます。このとき x にいる消費者が地点ゼロに行った場合の利得を

$$[1-(1-q)^{N_0}](u-p)-cx^2 \tag{13.1}$$

反対に地点1に行ったときの利得を

$$[1-(1-q)^{N_1}](u-p)-c(1-x)^2 \tag{13.2}$$

と定めます。第1項が本を見つける確率に本の留保価格から実際の価格を引いたもの、第2項がフット・コストです。以下の分析では、$u-p=1$ および $q>c$ を仮定します。前者は記号を節約するための単なる基準化ですから置いても置かなくても分析は本質的に同じです。それに対し、後者は消費者が必ずどちらかの地点に行くための条件で、これは分析に本質的な影響を与えます。

それから本の見つかる確率 q の解釈を考えてみましょう。これが大きいということは、どこへ行っても見つけやすい(「ぴあ」のようなケース)ことを示しています。他方、q が小さいと、片方の店にあってもう片方にないという確率が

---

2) ある特定の店にお目当ての本がない確率は $1-q$ です。独立性を用いて、K 店すべてに本がない確率が $(1-q)^K$ となります。少なくとも1店で見つかる事象は、この余事象ですから、$1-(1-q)^K$ と計算されるわけです。

$2q(1-q)$ であるのに対し、両方の店にある確率は q^2 ですから、1軒にあっても う1軒にない確率が両店にある確率よりも高くなります。これは古本に近いケースで、差別化されている財ということになります。絶版になった稀少本の市場を思い浮かべておけばいいでしょう。

それではさっそく分析に移りましょう。例によっておしまいから解いていきます。消費者が地点 0 と 1 のどちらに行くのかを見るために、ちょうどどちらに行っても効用が等しくなる位置 $\bar{x}$ を求めます。そのために (13.1) と (13.2) が等しくなるとおいて解けば、

$$\bar{x} = \frac{1}{2} + \frac{1}{2c}[(1-q)^{N_1} - (1-q)^{N_0}] \tag{13.3}$$

となります。この $\bar{x}$ の左側の消費者は地点 0 へ、右側の消費者は地点 1 へ行くことになります。

このとき $\bar{x}$ が 0 と 1 の間にあるとすると、地点 0 にいる店一軒あたりの期待利得が次の式で表されます。

$$\pi_0(N_0) = \frac{1}{N_0}[1-(1-q)^{N_0}]\bar{x}.$$

この式で $\frac{1}{N_0}[1-(1-q)^{N_0}]$ の部分は地点 0 に来た客が自分の店で本を見つけて購入してくれる確率です。ちょっと確認しにくいものの、これは N_0 の減少関数になっています[3]。これが一地点に店が集まることによる負の効果です。店が多いとせっかくその地点に来た消費者が別の店で本を見つけて買ってしまう可能性

---

3) 少し複雑ですが、これを確かめておきましょう。$\frac{1}{1-q} = a$ と書き換えて、

$$f(x) = \frac{1}{x}(1-a^{-x})$$

とおきます。$a > 1$ に注意してください。f を微分して、

$$f'(x) = \frac{a^{-x}}{x^2}\{1-a^x+x\ln a\}$$

を得ます。これが $x > 0$ の範囲で負になることを示したいわけです。そこで、上式の括弧の中を $g(x)$ とおき、$g(x) < 0$ を示すことにします。もう一度、微分して、

$$g'(x) = (1-a^x)\ln a$$

を得ます。ここで、$a > 1$ から、$(1-a^x) < 0$ と $\ln a > 0$ が導かれます。これと、$g(0) = 0$ より、$x > 0$ で、$g(x) < 0$ であることが示されました。

が高くなってきます。それがこの効果です。これは**混雑現象**と呼ぶこともできますし、競争の効果と見なすことも可能でしょう。それに対して、その地点に来る客の数は $\bar{x}$ ですから、これは (13.3) からわかるように、N_0 の増加関数になっています（確認してみてください）。これはこの地点で本が見つかりやすくなることでその地点そのものの集客力が増えることからくる正の効果で、これがこの場合の**集積効果**と呼ばれるものです。

同様に地点1にいる店の一軒あたりの期待利得は次のようになります。

$$\pi_1(N_1) = \frac{1}{N_1}[1-(1-q)^{N_1}](1-\bar{x}).$$

均衡では、他の企業の位置（戦略）を所与として、どちらの地点にいるどの企業ももう一方の地点に移動する誘因を持たない状態として表されますから、均衡条件は、

$$\pi_0(N_0) \geq \pi_1(N_1+1) \tag{13.4}$$

と

$$\pi_1(N_1) \geq \pi_0(N_0+1) \tag{13.5}$$

の2式で与えられます。このうち、(13.4) は地点ゼロにいる企業が地点1に移る誘因を持たないための条件です。ここで、$\pi_0(N_0)$ と比較する際、$\pi_1(N_1)$ ではなく、$\pi_1(N_1+1)$ を用いているのは、問題にしている企業が地点1に実際に移るとそこでの企業数が元の状態に比して1社増えるからです。またこの式は $N_0 \neq 0$ のときだけチェックすればいいことは言うまでもないでしょう。もう1つの条件 (13.5) に関しても同様のことが言えます。

13.2.1　比較静学

さて、それでは均衡はどのような性質を持っているでしょうか。まず簡単なケースで他のパラメタを固定して、q が1に非常に近いケース、すなわちどの店に行ってもたいして品揃えに差がないケースを見てみましょう。この場合には、$\bar{x}$ は N_0 にかかわらずほぼ1/2になります。要するに消費者は近いほうに出かけていきます。同じ数の消費者をその地点にいる企業で取り合うことになるので、地点内の企業数が少ないほうが望ましくなります。その結果、企業はほぼ同数で地

点 0 と 1 に分かれます。(本当は (13.4) と (13.5) とがともに成立することをきちんと確かめなくてはなりませんが、それは読者のみなさんの課題にしておきます)。

反対に q が小さいケースはどうでしょうか。こちらの分析は少し注意を要します。これまでの分析は $q > c$ という条件の下で行っているからです。そこで、q と c を $q > c$ という条件を保ったまま、ゼロに近づけていったときの様子を見ることとします。このとき計算をしてみると、$\pi_0(N_0) > \pi_1(N_1)$ と $N_0 > N_1$ とが同値になることがわかります[4]。これはより企業数の多い地点のほうがより利潤が高いということを意味します。このとき、個々の企業にとっても企業数の多い地点のほうが魅力的になるので、そちらのほうに移る誘因を持つことになります。均衡では、全企業が同じ地点に集まることになります。ただし、0 と 1、どちらの地点に集まるかはこの分析だけからではわかりません。現実には歴史的経緯が重要となるでしょう。神田ではなく、秋葉原に古本屋街があっても問題なかったわけです。

13.3 価格競争*

ホテリングのモデルでは価格競争の余地がありませんから、ピアスのおかれている状況を含め、立地競争や製品差別化競争のモデルとしては不十分です。製品差別化を含んだ価格競争をどうとらえるかには、いろいろな可能性がありますが、ここでは、ホテリングの基本モデルに少し味付けをして、価格競争の要素を入れ

---

[4] $q = \alpha c$ とおいて、$\pi_0(N_0)$ と $\pi_1(N_1)$ の大小を $c \to 0$ の極限で比較します ($0 < \alpha < 1$)。極限では $\pi_0(N_0)$、$\pi_1(N_1)$ ともにゼロになってしまいます。そこで両者に c をかけて、それを c で微分したものの比を見ることとします (c をかけるのは、一回微分したものがゼロにならないようにするためです)。

$$\lim_{c \to 0} \frac{\pi_1(N_1)}{\pi_0(N_0)} = \lim_{c \to 0} \frac{\partial [c\pi_1(N_1)]/\partial c}{\partial [c\pi_0(N_0)]/\partial c}$$

これを計算してゼロにならないところには $c = 0$ を代入し、少し整理すると

$$\lim_{c \to 0} \frac{\pi_1(N_1)}{\pi_0(N_0)} = \frac{1 + \alpha(N_1 - N_0)}{1 + \alpha(N_0 - N_1)}$$

となります。したがって、極限では $\pi_1(N_1) < \pi_0(N_0)$ と $N_0 > N_1$ は同値となります。これで本文で述べた結果が出てきたことになります。

てみます。

　今度は、屋台のような移動式店舗ではなく、一度建てたら移動の難しい本格的な店舗を考えましょう。その場合、立地点よりも価格のほうが自由に動かしやすくなります。製品差別化のモデルと考えても財の品質よりも価格のほうが動かしやすいのが普通です。これをモデルで簡単に表すためには、立地を決めた後、価格競争をするようなゲームを考えるといいでしょう。

　具体的には、前述のモデルの第1段階と第2段階との間に各店舗が価格を選ぶ段階を挿入して、3段階ゲームとするわけです。このゲームは少し複雑なので、まずは少し勘をつかむために、ナッシュ均衡で同じ場所に立地することはありえない、ということを見ておきましょう。いま、前のモデルのように両店ともに同じ地点に店舗を構えたとします。すると、そこまで行く距離コストはどの消費者にとっても同じですから、価格の安いほうからアイスを買っていくことになります。価格の安いほうの店がすべての消費者を得てしまうことになるわけです。そうしますと、必然的に相手より少しだけ価格を下げようという誘因が両店に働きますから、均衡価格はゼロとなってしまい、利潤もゼロとなります。それに対し、相手から少し離れたところに立地したとすると、相手がたとえゼロというこちらにとって一番迷惑な価格をつけていたとしても距離コストがあります。そのため、若干正の価格をつけても客が来てくれることになりますから、すこしは利潤があがるはずです。したがってこのように立地点をずらす誘因が発生してしまいます。

　さて、価格決定がモデルに入ると、立地点にずれが生じる、すなわち製品差別化がなされる、ということはわかりましたが、実際のサブゲーム完全均衡はどのようになるのでしょうか。これを調べるのはいまや第3段階になった消費者の行動から見ていかなくてはなりません。

　いま、第1段階での立地が y_1 と y_2、第2段階での価格がそれぞれ p_1 と p_2 だったとしましょう。いまどちらが地点ゼロに近くても同じことなので、$y_1 < y_2$ を仮定しておきましょう。また、詳しい説明は省きますが、片方の店がすべての消費者を独占してしまうようなケースは最初から排除して考えてよいので、各変数の値はうまい範囲に収まっていて、両店とも客の一部は確保できているとしましょう。また消費者のこの財から受ける効用 u は十分大きく、上の立地と価格の下では必ずどちらかの店に行くようなものであるとします。すると、第1店に行くか、第2店に行くか、ちょうど無差別になる消費者——かれの居場所を $\bar{x}$ と

しましょう——を探し出せばいいことになります。なぜなら、$\bar{x}$ より原点よりの消費者にとっては（$\bar{x}$ に比べて）第2店から離れて第1店に近づくことになりますから第1店に行き、$\bar{x}$ より点1に近い消費者は第2店に行くからです。議論は前節の基本モデルと同様なので、詳細は読者にお任せします。

消費者 $\bar{x}$ の各店から得られる利得を計算すると、

$$u - p_1 - c(\bar{x} - y_1)^2$$

および

$$u - p_2 - c(\bar{x} - y_2)^2$$

となります。この2つの利得を等しいとおき、$y_1 < y_2$ を用いて解くと、

$$\bar{x} = \frac{y_1 + y_2}{2} + \frac{p_2 - p_1}{2c(y_2 - y_1)} \tag{13.6}$$

が得られます。価格が等しいときには、第2項がゼロとなって前節の議論と同じく2店の中間が分水嶺になることは問題ないでしょう。また、p_1 が高くなると $\bar{x}$ が減少する、すなわちより多くの消費者が第2店のほうへ流れること、そして $y_2 - y_1$ が小さい——2店の間隔が狭い——ときには価格差がシェアに大きく影響を与えることも確かめてください。

これで第3段階の分析が終わりましたので、第2段階、価格決定の段階に戻ります。ここでは立地 y_1 と y_2 を所与として、相手の価格に対し、自分の利潤を最大にするように自分の価格を決めます。第3段階の結果を用いて、第1店の利潤は、

$$p_1 \bar{x} = \left[\frac{y_1 + y_2}{2} + \frac{p_2 - p_1}{2c(y_2 - y_1)} \right] p_1$$

です。これをいままでと同様、平方完成（ないしは微分）して最適な p_1 の値を求めると

$$p_1 = \frac{p_2}{2} + c\frac{y_2^2 - y_1^2}{2} \tag{13.7}$$

となります。

同様に第2店の利潤

$$p_2(1-\bar{x})$$

から p_2 の最適値を求めて、

$$p_2 = \frac{p_1}{2} + c\frac{(1-y_1)^2 - (1-y_2)^2}{2} \tag{13.8}$$

を得ます。(13.7) と (13.8) を連立させて解いて、

$$p_1^* = \frac{2c}{3}(y_2 - y_1)\left[1 + \frac{y_1 + y_2}{2}\right] \tag{13.9}$$

および

$$p_2^* = \frac{2c}{3}(y_2 - y_1)\left[1 + \left(1 - \frac{y_1 + y_2}{2}\right)\right] \tag{13.10}$$

が第2段階の解となります。このとき、式 (13.6) より $\bar{x}$ は

$$\bar{x} = \frac{1}{3} + \frac{y_1 + y_2}{6} \tag{13.11}$$

となります。

　式 (13.9) と (13.10) は、価格に対する製品差別化の効果をあらわしています。たとえば、店の位置 y_1 と y_2 の中間点を $\frac{1}{2}$ に保ったまま、それぞれの位置を左端と右端に近づけていく——すなわち製品差別化が進むと、価格が上昇していきます。はじめに予想したように、製品差別化は価格競争を和らげる効果を持つわけです。

　さて、疲れてきたと思いますが、あと少しです。第1段階に戻りましょう。各店は、これまでにしてきた計算から、店の位置 y_1 と y_2 が決まった後に、第2段

階以降で何が起こるかが予想できています。第1店の利潤は、式 (13.9) と (13.11) から、

$$\frac{2c}{9}(y_2 - y_1)\left[1 + \frac{y_1 + y_2}{2}\right]^2$$

と書けます。これを y_1 に関して微分して余分な係数を取ってやると、

$$-\left[1 + \frac{y_1 + y_2}{2}\right]^2 + (y_2 - y_1)\left[1 + \frac{y_1 + y_2}{2}\right]$$

となり、これは y_1, y_2 の値にかかわらずつねに負になることがわかります。つまり、$y_1 = 0$ が最適値ということになります。まったく対称的な問題を店 2 について解いて、最適値 $y_2 = 1$ を得ます。その他、価格はこれらの解を (13.9)、(13.10) に代入して、$p_1^* = p_2^* = c$ となります。もちろんこの時、分水嶺も $\bar{x} = \frac{1}{2}$ となり、仲良く半分ずつに客を分けることになります。

　さあ結果を見てみるともうおわかりでしょう。さきほどとはまったく逆の結論が出てきました。両店とも価格競争を避けるため、極端な差別化行動を取ることになります。もちろん、また少し異なる設定にすれば、差別化はほどほどにするというような結果も得られるでしょう。企業にとって差別化には、価格競争を緩和するプラスの効果と、一部の客を失うマイナスの効果とがあります。その両者の効果の綱引きによってどの程度差別化がなされるかが決まってくる、というわけです。

＊ ＊ ＊ ＊ ＊ ＊

　これを書き終えて、新米先生ははっと思い当たりました。「そうだ、差別化だよ」と叫ぶと教科書の構成を全面的に変え始めたのです。そのころ、パラパラとめくっていた雑誌の絵に目が止まり、しばらく何か考えていた済子ですが、何かアイディアが浮かんだのでしょうか。その読みかけの雑誌を小脇にかかえ、ピアスの店へ向かいました。それぞれどんなアイディアが浮かんだのか、それはかれらの頭の中をのぞかないと無理そうなので、ここで追求するのはやめておきましょう。

練習問題13.1 ホテリングの基本モデルで、企業数が増えた場合を考察する。企業は同時に位置を決定するとし、同一地点に立地した場合は同数の消費者を獲得するものとする。

1．企業数が3社とする。全企業が地点0.5に立地するのはサブゲーム完全均衡とならないことを示せ。
2．企業数が4社とする。2企業が地点0.25に、他の2企業が地点0.75に立地するのは、サブゲーム完全均衡となるか。

練習問題13.2 前問と同じ設定で、企業数が3社とする。サブゲーム完全均衡が存在しないことを次の手順で示す。

1．最右端に1社だけ企業がいた場合、その企業は左に寄るインセンティブを持つことを示せ。
2．サブゲーム完全均衡においては、3社が同じ位置にいなくてはならないことが前小問からわかる。全企業がどの同一地点に立地していても完全均衡とはならないことを示せ。

発展問題13.3 13.3節で見たモデルをさらに変形し、すでに地点0に1店舗を有している既存企業A社がライバル企業B社の参入を目前にして、チェーン店作戦を取ろうとしている状況を考える。A社の第2店およびB社の店舗（1店のみ）は地点0か1のどちらかに出店するとし、品揃えは3店舗とも独立かつ同一規模であるとする。消費者の行動は13.3節のままとする。下記の問に必要ならば場合分けして答えよ。

1．A社の第2店が地点0に出店されたとき、B社は地点0、1のどちらに出店すべきか。
2．A社は第2店をどちらの地点に出店すべきか。
3．B社は、参入に際して、$F > 0$だけの固定費用を払うものとし、参入は利得が正のときのみ生じるとする。このとき、A社の第2店が地点0に出店されたとき、B社は参入するか。A社の第2店が地点1に出店されたときはどうか。
4．前問の状況で、A社はどちらに出店すべきか。

Chapter 14
契約と誘因

ワイン・バー

　駅前の雑踏を通り抜けて歩いて行くと、住宅地と商業地のちょうど境目あたりに、茶髪ピアス職人の店が見えてきます。パン屋同士の競争に悩んでいたピアス氏でしたが、生き残りをかけて、パンを売るほかに、店内に簡単な喫茶コーナーをつくることにしました。ゆったりした店の造りが幸いして、余ったスペースに小さなテーブル席とカウンターを設けることができました。天気の良いときには店の外にもテーブルを出します。これが学生やOLに受けて、休日を中心にお客が集まるようになりました。

　これに自信を深めたピアスは、済子の意見を取りいれて、夕方以降、ワインとチーズも出すことにしました。そのために、ワインの勉強をしっかりしてきた人間を探すことにしました。とは言っても、一流のソムリエ[1]を雇うのは不可能です。友人のツテなどを当たっていたピアスでしたが、ある日、フランスでの修行時代の友人から連絡が来ました。

　「腕の方は良く知らないんだけど、ソムリエの修行中っていう人が、うちに来たなあ。うちのレストランでどうか、って自分から売り込みにきた人なんだけど、うちは間に合ってたから。えっと、名刺をもらったはずなんだが、……」

　コンビニエンス・ストアーでバイトをしながら修行と職探しを続けていたというそのソムリエ見習いは、ピアスが連絡を取るとすぐさまやってきました。すらりとした体型に、ジーンズを着こなし、背中にはずた袋のようなリュックという恰好です。ずいぶん若そうですが、ワインに関する情熱がひしひしと感じられるその話し方に感心したピアスは、現状打開のためにもそのソムリエ見習いを雇うことにしました。

　その晩、今やすっかりピアスの店の会計担当になった済子がやって来ました。

　「えっ、時給1,000円！　それじゃあ、コンビニでバイトするのと同じじゃないの。よく引き受けてくれたわね」

　と、済子は驚いた様子です。ピアスは平然として、答えます。

　「時給はね。でも、この他に利益の一部を分配することにしたんだ。」

---

1) ソムリエ（Sommelier）はレストランで客の要望にそって料理にもっともふさわしいワインを選ぶ専門家。本格的なフランス料理店には専属のソムリエがいる。

これを聞いて、済子は今度は逆の意味で驚きます。
「どうして利益の一部なんか渡すのぉ。共同経営者でも出資者でもないわけでしょう。時給を1,500円にして、固定給にすべきよ。」
「ノン、ノン」
とピアスは人差し指を振って、否定します。
「固定給だと、あの熱心さと若さから推して、たぶん儲けは度外視して、自分の好みで高級ワインを選んでくるだろう。材料費と諸経費をのぞいた売り上げは1時間あたり2,000円くらいにしかならない気がするんだ。利益が自分の稼ぎに連動してくるとなれば、少しはワインの単価にも目がいくだろ。実際、うまく回転すれば1時間あたり5,000円くらいになると思うんだ。もちろん、いろいろ不確実なことはあるから、2,000円のままかもしれないけどね。」
「でも」と済子は反論します。「あなたがお父さんのところで働いたときは、固定給だったでしょ。でも、ちゃんと働いていたじゃないの。何がそんなに違うの。」
ピアスはにやりとして、
「あのときは、君のお父さんが仕入れもやってたろ。いくら焼いている種類が違うとはいえ、かれもパン職人だからね。ぼくが採算を度外視して高級

なものを仕入れようとしているかどうかも含めて、全部わかってしまうのさ。でも、今度はワインだ。ぼくは素人だからね。どの道一所懸命働いてくれるとは思うけど、今度来る子が店の利益中心に努力しているか、利益度外視でワインを選んでしまうか、ぼくには判断できないんだよ。そういうときは、利益の一部をあげたほうがいいのさ。この言い方が気に入らなかったらボーナスと呼んでおくよ」
と言います。
「ま、株のことは済子ちゃんにはかなわないけど、こういうことはぼくに任せときなって。景ちゃんって言って、普段は化粧気のないボーイッシュな娘だけどさ、店に出ればあれで華があると思う……」
と、ピアスがここまで言ったとき、済子の顔が少し曇りました。ピアスはそれに気づかなかったようですが、ソムリエ見習いが女性であることを知った済子は少なからず動揺したようです。

14.1 エージェンシーの問題

ピアスにとっての問題は2つあります。第1に、ソムリエ見習い（以下、ソムリエ）の目的とするものがピアスの目的とする金儲けと必ずしも一致していない点です。このような、主人（プリンシパル）と被使用人（エージェント）との目的の不一致から来る経済学的問題を**エージェンシーの問題**（あるいはプリンシパル・エージェント問題）と総称します。もしソムリエが、ピアスの儲けを最大にしようと協力を惜しまないとすれば、なにも問題は生じません。

第2の問題は、ソムリエが、ピアスのために努力しているかどうかがわからない、すなわち、ソムリエの行動がピアスにはわからない点です。仮にソムリエの意図がピアスの目的にそぐわなかったとしても、もしソムリエがピアスのためになるような行動をしているかどうかピアスにわかるのならば、ピアスは自分の儲けにならない行動を止めさせることができるかもしれません。このように、あるプレーヤーが他のプレーヤーに観察されない行動をとるゲームで生じる問題を総称して、**モラルハザード**の問題といいます。エージェンシーの問題は、通常このモラルハザードの要素を含んでいるので、大変厄介です。よく挙げられる例は、自動車保険です。保険の契約をした後のドライバーの運転の仕方は、保険会社に

は直接観測できませんが、保険会社にとって安全運転をしてもらうことは儲けに直接関わります。

　雇う方の立場で言うと、エージェンシーの問題を解決する方法は、自分の目標とするものと、エージェントの目標がなるべく合致するように、エージェントの利得を決めてやることです。ピアスの場合、ソムリエが儲けを増やす努力をしてくれれば、それだけボーナスを支払うというのがこれにあたりました。しかし、エージェントが努力しているかどうかは、直接は観察できません。そこで、ピアスの言うように、観測できる売り上げに連動してボーナスを払うという発想が湧くわけです。

　このように、成功不成功に関わらずもらえる基本給に、成績に応じて給与を支払うという成功報酬を付け加えた**成果主義**の給与の体系は、多少の例外を除き[2]、多かれ少なかれ現実の労働者の給与体系に取り入れられています。自動車のセールスをする人が、基本給に加えて、契約台数に応じた「歩合」と呼ばれる成功報酬をとるのは、顕著な例です。社長が企業内部から選ばれる日本ではまだ一般的ではありませんが、海外の大企業では、業績の向上のために、経営の代表者は企業の外部から雇われるのが一般的です。そのときに、企業と経営の代表者は、その企業の収益率の向上に応じて基本給に加えてボーナスを支払うという契約を結ぶのが普通です。この章では、このような種類の契約がなぜ起こるのかを理論的に分析してみましょう。

　ピアスとソムリエの問題を単純化して、売り上げは1時間5千円になるか、2千円になるかのいずれかになるものとしましょう。ゲームとしては、まず雇用者が売り上げが上がった場合の給料の額H（千円）と、低い場合の給料の額L（千円）を決めます。現実の給与体系との関連で言えば、Lが基本給にあたり、$H-L$が成功に応じて支払われる報酬ということになります[3]。次に、エージェントがその条件で働くか否か（条件が悪ければ、コンビニで時給1千円で働くので）を決め、働くと決めた場合には、（利潤を増やすための）努力をするかそれを怠るかを決めます。努力をしなければ客単価は低いままですが、努力をすれば、

---

[2]　国立大学の教員の給与はこの例外の一つ。将来は変わるかもしれませんが。

[3]　覚えやすいように、あたかも$H>L$であるかのような表現を使いましたが、可能性としては$H<L$、すなわち成果が上がると給与が下がる場合もありえます。しかし、$H<L$とするのは均衡でありえないことが以下でわかります。

図14.1 サブゲーム：ソムリエの選択

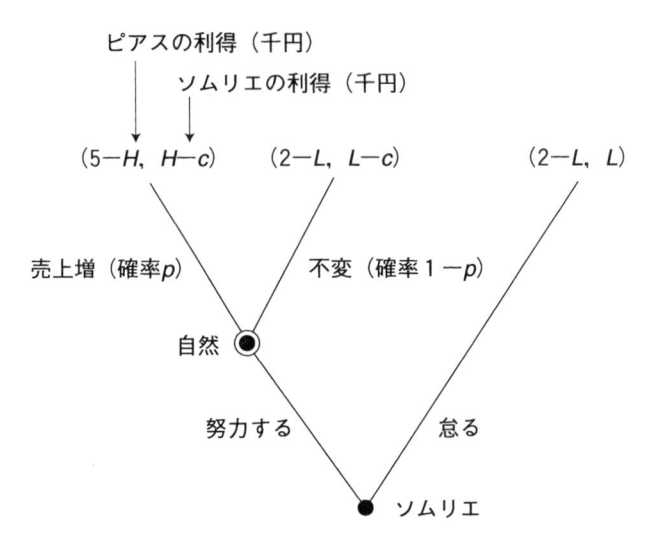

ピアスの利得（千円）
ソムリエの利得（千円）

(5−H, H−c)　(2−L, L−c)　(2−L, L)

売上増（確率p）　不変（確率1−p）

自然

努力する　怠る

ソムリエ

客単価は高くなる可能性があるものとします。ここでは確率 p で高くなるものとしましょう。しかし、不本意な努力をすると、ソムリエは c（千円）分の効用を失うものとします。

例によって、ゲームの終わりから解いていきます。図14.1には、給料の額が決まり、ソムリエがその条件で働くことに決めた後のサブゲームが描いてあります。樹のラベルに関しては説明を要さないでしょう。利得に関しては、次のように計算されています。ソムリエが努力をして、しかも売り上げが上がった場合（左端）では、高い給与 H を支払う約束なので、ピアスの利得は、5千円から給与の分 H を引いたものです。一方、ソムリエの利得は給与 H から、努力で費やした c 単位（$c>0$）の利得を引いたものです。ソムリエが怠けた場合と、努力しても売り上げが上がらなかった場合（右端と中央）には、ピアスの利得は2千円から給与の分 L を引いたものですが、ソムリエは努力するかしないかで利得の額が異なっています。

ソムリエが努力すると、彼女の期待利得は

$$p(H-c)+(1-p)(L-c) = p(H-L)+L-c \qquad (14.1)$$

です。努力しない場合には、売り上げは絶対に伸びないので給与は L ですから、

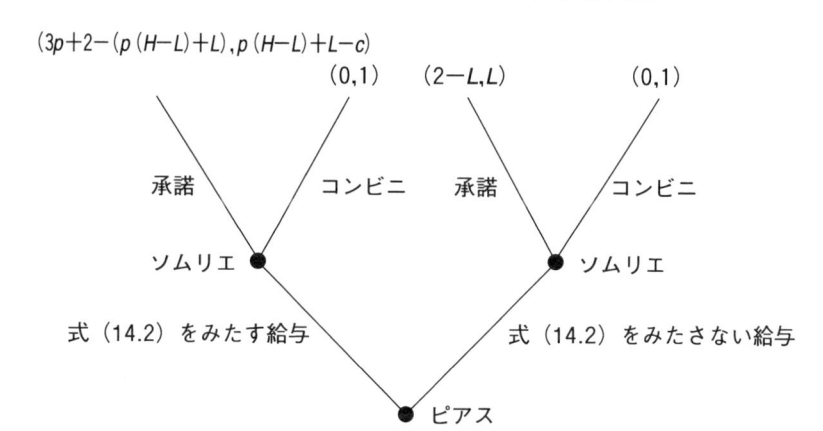

図14.2　全体のゲーム：ピアスの賃金決定問題

```
(3p+2−(p(H−L)+L), p(H−L)+L−c)
                    (0,1)      (2−L,L)      (0,1)
          承諾   コンビニ      承諾   コンビニ
             ソムリエ              ソムリエ
    式（14.2）をみたす給与     式（14.2）をみたさない給与
                        ピアス
```

ソムリエの最適な行動は、$p(H-L)+L-c \geq L$ ならば、すなわち

$$p(H-L) \geq c \tag{14.2}$$

ならば努力して、そうでなければ努力しないということになります。この式の左辺は、努力した結果得られる給与の増分に、その確率をかけたものですから、努力したことで得られる（限界）期待利得です。したがって、ソムリエの最適行動は、この（限界）期待利得が、そのための費用の c よりも高いときには、努力すると解釈できます。式（14.2）は、ソムリエが努力することを保証する式ですから、努力させるためにどれだけ**誘因（インセンティブ）**を与える必要があるかを記述した式です。

一方、努力してくれたときのピアスの期待利得は、売り上げが伸びたときには $5-H$ で、伸びなければ $2-L$ ですから、

$$p(5-H)+(1-p)(2-L) = 3p+2-(p(H-L)+L) \tag{14.3}$$

となります。

ピアスにとってソムリエが承諾せずにコンビニで働いてしまうのは好ましくありません。したがって、ピアスにとって最適になる筋書きでは、ソムリエが給与を承諾してくれなければならないはずです。そのために図14.2の樹の右側の選択肢では $L \geq 1$、また左側では、$p(H-L)+L-c \geq 1$ が成り立っていなければな

りません。

さて、ピアスにとって、ソムリエに努力をさせるほうが良いのでしょうか。努力をさせるとそれだけソムリエに負担がかかるので、ピアスにとっても必ずしも良い考えではないのかも知れません。そのために、ソムリエに努力の誘因を与えないことにしたときのピアスの利得と、努力させる誘因を与えたときのピアスの利得を比較する必要があります。

まず、ソムリエに努力の誘因を与えないことにしたときは、どれだけ給与を払うのが最適でしょうか。売り上げは2（千円）で、ソムリエは拒否すると1（千円）しか手に入らないので、この場合は給与を1（千円）にする、すなわち$L=1$が最適です（Hは式（14.2）を満たさない程度に低く決めておきます）。そのときのピアスの利得は$2-L=1$です。

それでは努力の誘因を与えるときはどうでしょう。そのためには、式（14.2）を満たすように給与を決めなければなりません。このことから、均衡では$H>L$でなければならないことがわかります。努力させる場合には、業績が上がったときの給料を高くしなければならないということですから、経済的な意味を考えればこれは予想通りの結果でしょう。

ソムリエが承諾してくれないと話にならないので、ソムリエにとって承諾する方が得になるようにする必要がありますが、そのためには図14.2の左側の選択肢から、$p(H-L)+L-c \geq 1$、これを整理して

$$p(H-L)+L \geq 1+c \tag{14.4}$$

を得ます。まとめると、均衡におけるピアスの利得（式14.3）は、誘因を与える条件式（14.2）とエージェントとの交渉が決裂しないための条件式（14.4）を満たす範囲で給与HとLを工夫して得られる最大のものになります。以上のことを数学的に書けば

$$\begin{aligned} \max_{H,L \geq 0} \ & 3p+2-(p(H-L)+L) \\ \text{s.t.} \ & \\ & p(H-L) \geq c \\ & p(H-L)+L \geq 1+c \end{aligned} \tag{14.5}$$

が、解くべき問題です。変数が多くて大変そうですが、意味を考えながら解けば難しくはありません。確率 p は定数なので、利得の最大化は（期待）支払いに対応する $p(H-L)+L$ を最小にすることに他なりません。ところが交渉決裂を排除する式 (14.4) から、これは最低でも $1+c$ です。したがって、ピアスの利得は、最大でも $(3p+2)-(1+c)=3p+1-c$ であることがわかります。あとは給与を工夫すればこの最大利得が実際に実現可能であることを示せば良いわけです。そこで、誘因を与えるための式 (14.2) を満たすように $p(H-L)=c$ としてみましょう。すると交渉決裂を排除する式 (14.4) は、$L-1 \geq 0$ となります。給与を払いすぎる必要はないので $L=1$ としましょう。その時、$p(H-L)=c$ から $H=1+\dfrac{c}{p}$ となります。このように決めておけばちょうど $p(H-L)+L=1+c$ となります。これで、ソムリエに努力させた場合、ピアスの利得が $3p+1-c$ になることがわかりました。

以上の結果をまとめると、もし $3p+1-c$ が努力のための誘因を与えない場合の利得 1 よりも大きいとき、すなわち $3p-c \geq 0$ のときには、ピアスは（たとえば）売り上げが上がらなければ給与は 1（千円）で、上がれば $1+\dfrac{c}{p}$（千円）支払うという契約を持ち掛け、ソムリエがこれを承諾して、彼女の努力の結果、確率 p でめでたく売り上げが 5（千円）になります。そうでなければ、ピアスはこれまで通り給与 1（千円）をソムリエに支払い、売り上げも 2（千円）ということになります。ですから、努力が報われる確率 p が十分大きくて、ソムリエの努力のためのコスト c が十分に小さければ、売り上げに応じた成功報酬を払うという、給与のシステムを導入して売り上げを増加させるのが良いわけです。

これまでの結果をモラルハザードの問題のなかった、ピアスと「まちのパン屋」の主人の交渉問題、とくに第 4 章で分析した最後通牒ゲームと比較してみましょう。ソムリエが努力した場合、交渉がまとまる結果で生じる総余剰は、店の期待売り上げの $5p+2(1-p)=3p+2$ からソムリエの費用の c を差し引いたものですが、ソムリエはそのうち 1 単位はどのみちコンビニで得られるので、交渉で分け合うのは $(3p+2-c)-1=3p+1-c$ です。したがって、ピアスが交渉の結果とりうる利得は、最大で $3p+1-c$ です。上の分析では、これをそのままピアスが手に入れていますから、本質的にはモラルハザードの問題がない場合と同じ結果になっています。ソムリエの費用の分の c が目減りしたようですが、これがなければ売り上げも上がらないわけで、この分はモラルハザードの問題によるコ

ストではありません。成功報酬システムは、ピアスの立場から見ると、エージェンシーの問題を完全に解決したわけです。

ところで、読者のみなさんは、ソムリエに努力をさせる場合の給与が一意に決まらないことに気づいたでしょうか。実は、たとえば $L=0$ とすることも可能でした。つまり、基本給を全く与えないわけです。この時、交渉決裂を排除する式（14.4）は、$pH \geq 1+c$ となりますが、$H = \dfrac{1+c}{p}$ としておけば、これは満たされます。またその時、誘因を与えるための式（14.2）も満たされています。もちろん、これによってピアスの利得は増えないわけですが、ソムリエの立場で見ると、結果が出れば給与が高くなるものの、出なければただ働きという厳しい内容の契約です。先に述べたように、通常見られる給与体系では、基本給の部分がありますから、これは理論があまり現実を説明していないように見えます。

これまでの分析の問題点は、なぜそのような厳しい契約でもソムリエが承諾するのか考えると明らかになります。それは、私たちがソムリエが危険に対して中立的だと仮定してきたことです。この第2の契約が厳しく感じられるのは、売り上げが上がるときと上がらないときの差が大きくなるという意味で、リスクが増えているためなのですが、これまでの分析では、ソムリエはそれを気に止めないと仮定していたのです。もしソムリエが、危険回避的だったら、すなわちそのような厳しい契約を好まないとしたら、どうなるのでしょう。これを次節で分析します。

14.2 リスクとエージェンシー・コスト

リスク回避の問題を考えるために、ソムリエの効用関数 $u(x)$ を導入しましょう。ここで、x はソムリエが受け取る賃金の額で、彼女の効用はこの値が増えれば増加します。努力にかかる費用 c は、すでに効用の単位で計られているものとしましょう。給与 H と L に対応するソムリエの効用レベルは、確率 p で $u(H)-c$ となり、確率 $1-p$ で $u(L)-c$ ですから、期待効用は $pu(H)+(1-p)u(L)-c$ となります。リスク回避を仮定しますので、$H>L$ のとき $u(pH+(1-p)L) > pu(H)+(1-p)u(L)$、すなわちソムリエは平均給与 $pH+(1-p)L$ を確実にもらう方を、確率 p で H、確率 $1-p$ で L をもらうよりも好みます。この両辺の差は、ソムリエがリスクのない給与とリスクのある給与との好みの差を

表しています。ですから、この差はHとLの差が小さくなればそれだけ小さくなると仮定しましょう[4]。HとLの差が小さくなれば、それだけ危険も減るわけですから、この仮定は自然なものです。したがって、期待効用を一定にしつつHとLの差を小さくすると、期待給与支払い$pH+(1-p)L$は減少します。最後に、計算を楽にするため、$u(1)=1$、すなわちソムリエがコンビニで働いたときの利得を1とします。これは、効用を計る基準点を決めただけですから、一般性を失いません。たとえば、効用関数が$u(x)=\sqrt{x}$だとすると、これらの性質が満たされていることが確かめられます。具体的な関数形を想定した方が読みやすければ、以後効用関数が$u(x)=\sqrt{x}$だと考えてもかまいません。

ソムリエが努力をした場合の期待効用は$pu(H)+(1-p)u(L)-c$ですから、これが安い給与に甘んじる場合の効用$u(L)$より大きいときに努力します。したがって、ソムリエが努力するための誘因を与える式 (14.2) は、次のようになります。

$$p(u(H)-u(L)) \geq c \tag{14.6}$$

一方、交渉が決裂しないための条件式 (14.4) は、$u(1)=1$に注意して、

$$p(u(H)-u(L))+u(L) \geq 1+c \tag{14.7}$$

となることがわかります。整理すると、ピアスの解かなければならない問題は、条件式 (14.6) と (14.7) を満たすように給与を工夫して、期待支払い$p(H-L)+L$を最小にすることになります。

ところが、前節とは違い、期待支払い額は直接には (14.7) に表れません。効用関数の性質から、HとLの差が小さければ、期待支払い$p(H-L)+L$と対応する期待効用との違いは少なくなるので、前節のように利得を増やすためには、HとLの差は小さい方が良い理屈です。しかし、HとLの差が小さくなれば、それだけ成功に対する報酬が小さくなるので、ソムリエに努力をさせることは難しくなってしまいます。このように、ピアスの問題は、ソムリエのリスク回避のため一層難しくなっていることがわかります。

---

[4] ここでは仮定してしまいましたが、これはリスク回避的であるということから導かれます。

この点がエージェンシーの問題の難しさです。やる気を出させて努力をさせるためには、結果が出たときの報酬と、結果が出なかったときの報酬の差を、できるだけ大きくするのが好ましい。しかし一方で、この差を大きくすることは、エージェントに大きなリスクを負担させることになるため、交渉をまとめるためには、エージェントにその分を補填しなければならず、それがプリンシパルの利得を減らすことになります。

　ピアスの問題の解を求めていきましょう。まずは誘因を与える条件式 (14.6) が、厳密な不等号で成り立つような給与体系は最適ではないことを見ましょう。もし、$p(u(H)-u(L)) > c$ とすれば、期待効用 $p(u(H)-u(L))+u(L)$ を一定にしつつ、L を少し増加させてみましょう。すると、(14.7) には変化がなく、条件式 (14.6) の方も、L の増分が十分小さければ成り立ちます。一方このとき、危険回避行動の仮定から、期待給与支払い $p(H-L)+L$ は減少するのでした。つまり、$p(u(H)-u(L)) > c$ が成立するようならば、まだ利得を増やす余地が残っているので、最適ではありえません。危険中立のときには、この式が不等号で成り立ってもかまわなかったのとは大きな違いです。

　したがって、問題を解くのに不等式 (14.6) を $p(u(H)-u(L)) = c$ と置き換えてしまって差し支えありません。このことから、$H > L$ であること、すなわちエージェントがリスクを回避したがる場合でも成功報酬が使われるべきだということがわかります。また、この関係式を使えば、(14.7) は単純に $u(L) \geq 1$、つまり $L \geq 1$ となります。ピアスにとって、給与はなるべく低い方が良いので、$L = 1$ が最適です。リスク中立のときと異なり、基本給はゼロにはなり得ません。H の方は、$p(u(H)-1) = c$ から、

$$u(H) = 1 + \frac{c}{p} \tag{14.8}$$

を満たすような H の値——これを H^* と書きましょう——ということになります。その時のピアスの利得は、$3p+2-(p(H^*-1)+1) = 4p+1-pH^*$ となります。

　交渉成立の条件 (14.7) が等号で成立するので、エージェントの方からすると、彼女の効用で見たときの余剰はゼロになっています。これは危険中立的の場合と同様です。しかし、交渉成立の条件 (14.7) が等号で成立するということは、危険回避の仮定から、給与の平均値 $pH+(1-p)L$ は右辺の $1+c$ を上回ります。

したがって、その差額分は、プリンシパルの方からみると、努力を強制できないエージェントを使わざるを得ないために生じた、経済的余剰の損失になっているわけです。これが、**エージェンシー・コスト**と呼ばれるものです。

ピアスの利得をもう一度見ましょう。もし仮に、$H^* = 1+\frac{c}{p}$ であれば、利得は $3p+1-c$ となりますが、危険回避の仮定および $u(0)=0$ と $u(1)=1$ から、$H^* > 1+\frac{c}{p}$ が成立しているはずです。確率 p でより高い給与を払わなければならないので、ピアスの期待利得は $3p+1-c$ より、$p\left[H^*-\left(1+\frac{c}{p}\right)\right]$ だけ小さくなります。具体的に、$u(x)=\sqrt{x}$ の場合には、(14.8) より、$H^* = \left(1+\frac{c}{p}\right)^2$ となります。$\frac{c}{p} > 0$ ですから、$H^* > 1+\frac{c}{p}$ が成り立ちます。ピアスの利得は $4p+1-p\left(1+\frac{c}{p}\right)^2$ で、リスク中立的の場合に比べ $(c+p)\frac{c}{p}$ だけ小さくなります。

十分に p が大きくて、c が小さければ、ソムリエに努力させた方がピアスにとって好ましいのは、前節と同様です。しかし、今度はエージェンシー・コストをピアスが負担しているため、ソムリエが努力すれば経済学的に余剰が生じ得る場合でも、ピアスにとっては、努力する誘因を与えないほうが最適になってしまう場合が生じます。つまり、エージェンシー・コストのため、経済的に望ましいはずの努力という（人的）投資が行われなくなってしまうのです。

この点を、もう少し具体的に見てみましょう。努力によって発生する経済的余剰は最大で $3p+1-c$ でした。リスク中立的で、エージェンシー・コストが発生しなかった場合には、これが正になるとき、すなわち余剰が発生するときには、ピアスにとってもソムリエに努力を促したほうが得になるので、均衡ではソムリエは努力しました。ところが、リスク回避の場合、努力をさせる場合のピアスの利得は、この余剰の額よりも $(c+p)\frac{c}{p}$ だけ小さくなるので、$3p+1-c > 0$ であっても、その場合のピアスの利得は負になってしまう場合があります。この場合、ピアスにとっては成功報酬を与えないほうが得になるので、給与は固定制になるでしょう。結果的に、ソムリエが努力すれば実現していたはずの余剰は失われてしまいます。

14.3 ホールド・アップ問題

給与に出来高制を取り入れたことが功を奏したのでしょうか、その日その

日で増減はあるものの、平均してみると明らかにワイン・バーの方の売り上げは伸びていき、儲けで見てもすでに本業のパン屋を上回る勢いです。儲かり始まるとピアスにも欲が出てきて、自分のパンのことは次第に片手間になり、すっかり経営者気取りです。いっそのこと、パン用の陳列棚を取り払いテーブルの数を増やし、店の奥のパン焼き道具なども売り払って本格的な厨房に改装しようか、などと冗談めかして言うようになりました。変わっていくピアスを見て、気が気でないのは、済子のようです。いつもの威勢はどこへやら、最近はいつもブルーな顔をしています。

　そんなある日、「まちのパン屋」の主人がふらっとやってきて、ピアスの考えを耳にしました。

　「パン焼きをなめるんじゃない」

と、いきなりこめかみを真っ赤にして怒り狂う主人の様子は、昔と変わりません。

　「だって、ボス、これじゃ中途半端なんですよ。最近じゃ、この店が昼間はパン屋だってことを知らずに来る常連までいるんですから。それに景ちゃんも僕のために一所懸命やってくれるし、いっそのこと彼女を中心にした店づくりにした方が、……」

　「すっかり尻に敷かれやがって。改装までしたら、その酒飲みがいつまでもおまえの言うことなんか聞くものか」

と、酒飲みは自分であることも忘れてわめきます。

　いや、彼女とは良好な関係を保っていますから、と言おうとしたピアスでしたが、頭の中にふと不安がよぎります。たしかに改装までしてしまうと、ピアスは彼女なしには商売にならなくなるから、今度は交渉の強さの立場が逆転して、向こうから給与体系の変更を持ち出してくるかもしれない。そうすると、全体の儲けは伸びても、自分の取り分はかえって減ってしまうのではないか。ピアスは主人の言葉に反論できなくなってしまいました。

＊　＊　＊　＊　＊　＊　＊　＊　＊

　主人の指摘でピアスが心配し始めたのは、**ホールド・アップ問題**と呼ばれる問題です。これは、いったん行われてしまうと元に戻すのが難しく、しかも交渉相

手の強さを増してしまうような投資に関して起こります。たとえば、ある自動車会社が自社の車にしか使えない特殊な部品を、他の部品会社に作ってもらう契約をする場合を考えましょう。効率性から言えば、その部品専用の機械を導入して生産するのがよいとしても、いったん特殊な部品の生産に特化してしまうと、部品会社は自動車会社との交渉力を弱め、将来足元を見られることになりかねません。したがって、あえて効率的ではなくとも、他の部品も作ることができる体制を維持したほうが、自分の利益を守ることになります。

　もちろん、自動車会社からすると、これは好ましくありません。この問題には、自動車会社が将来とる行動は、部品会社には現在観察不可能であることから起こる、広い意味でのモラルハザードの問題と、いったん行動をとると変更するのが難しいという投資の特殊性がからんでいます。将来無理を言い出さないという保証を部品会社に与えることができれば、エージェンシーの問題は解消し、部品会社はより効率的な投資を行い、ひいては自動車会社の生産コストの引き下げに役立つでしょう。

　対策の一つは、その部品会社を合併してしまうことです。そもそも、問題の始まりは、プリンシパルの目的と、エージェントの目的がかみ合わなかったことなのですから、このようにプリンシパルとエージェントが合体して、エージェンシーの問題を**内部化**すれば、ホールド・アップ問題に悩まされなくなるので、投資が行われやすくなります。しかし、一方でそれは部品会社は努力をしなくても分け前がもらえる体制を意味するかも知れません。すると、社内でエージェンシーの問題が生じ、それに応じたコストが生じるでしょう。これらのバランスを取っていくのは、難しい問題です。

* * * * * * * * * *

　主人が帰って急に静かになった店で一人たたずみ、「内部化ねぇ」と一言つぶやくと、ピアスはワインをくぴっとやりました。

練習問題14.1　本文中のピアスとソムリエの賃金契約問題で、$p = \frac{1}{2}$, $c = \frac{1}{4}$ とする。また、ピアスがソムリエに対して提案できる契約は次の A, B, C

表14.1

	H	L
(A)	2	1
(B)	3	0
(C)	3	1

の3種類だけであるとしよう。

1．ソムリエの効用関数が $u(x) = x$ で与えられているとき、賃金契約問題を展開形表現のゲームで表し、バックワード・インダクションを用いて解け。

2．ソムリエの効用関数が $u(x) = \sqrt{x}$ で与えられているとき、賃金契約問題を展開形表現のゲームで表し、バックワード・インダクションを用いて解け。

発展問題14.2 自動車保険の契約の場合、成果主義の給与に対応するものは何か。

Chapter 15
新たな幕開け

貸切りパーティー

　店が繁盛するにつれて、フランスパン職人のピアスは、厨房の改造こそしませんでしたが、何事も女性ソムリエの景に相談するようになりました。済子のことも話題に上っているようですが、済子は知りません。このころから、ピアスは済子に対して、若干ぎこちない態度を取るようになりました。そんなピアスを見て、済子は何とも切ない気分をいだくようになりました。とは言っても、彼女が疎外されるとか、軽視されるようになったわけではありません。銀行員としての仕事の合間ではありましたが、大切な会計を担当しているのは事実で、ピアスも済子に全幅の信頼をおいていればこそ、のことでした。しかも、景は済子にいつも親し気な笑顔を見せます。

　　　　　　＊＊＊＊＊＊＊＊＊

　それからしばらく経ったある日、新米先生がゼミの学生たちと、貸切りパーティーをしようと、ピアスの店にやってきました。済子がいる店ということで、今回はゼミのパーティーをここで開くことにしたのです。熱心なゼミ新入生が先生の話好きなことも知らずに質問をします。
　「先生の専門のゲーム理論って、合理的な人間のことばかり話していますね。参加するプレーヤーが、自分の利得はおろか他人の利得まですべて計算に入れて行動を決めるなんて、現実となんかかけ離れていませんか。」
　「そうそう、プレーヤーたちの考え方が、他人の利得のことは全然気にしていないのは、利己的すぎないですかぁ。それにぃ、このパーティーですけどぉ、ぺちゃくちゃおしゃべりすること自体が楽しいしぃ、そういうのを通じてお互いの信頼関係みたいなものも出てくると思うんですよぉ。そういうのって、利害を考えてやっているわけではないから、ワタシ的にはぁ、『合理的』な人間で説明しようとしたって絶対に違和感ありますよぉ」ともう一人の学生も呼応します。
　ゼミの先輩たちは、この学生たちを制して、他の話題に持っていこうとしましたが、時すでに遅し、です。
　「それに対する答えは3つに分けなくちゃいけないね。そもそも、現実の対象を抽象化して考えやすくしたものが、ゲームの理論なのだから、その抽

象化された世界で意思決定をするプレーヤーを、君たちが日常会話で言う意味での「人間」と考える必要はない。もし君たちの言う『合理的』が、われわれが日常会話で言う「あの人は合理的な人だ」と常に同じ意味だとしたら、かえっておかしなことになる。これが第１のポイントだ。」

　ここで、ビールをぐびっとやると、

　「もちろん、その抽象化された対象としてのプレーヤーが、どの程度『合理的』に行動すると想定できるかは、当然吟味されていい。分析対象によっては、プレーヤーの読みの力を強くするのは好ましくないかもしれない。相手の手口の裏の裏まで完全に読み切ることのできる合理的なプレーヤーと、そうでないプレーヤーを仮定したときの結論は異なるかもしれないから、これは重要な問題だ。その場合でも、合理性の仮定の下で得られる結論は、議論の出発点になる。これと実際にわれわれが観察できる現象がどのくらい離れているかを考えることで、近似としての理論の有用性がわかるだけでなく、分析が想定しているプレーヤーがどの程度に合理的だとか、どの程度合理的にならなくてはならない、とか、そういう問題を考えることができるんだよ。だから、合理的なプレーヤーを仮定した分析は重要なんだ。これが第２点。」

　先輩たちの不安を裏書きするように、新米先生は身振り手振りを交えて熱く語ります。

「第3点は、ゲーム理論では、合理性をいつも仮定しているどころか、それを考え直す取り組みも盛んに行っている、ということ。これは、さきほどの2点を踏まえても、合理性の追究だけではうまく説明できない現象がある、という観点から出てきたことだ。たとえば、あまり相手のことを深く考えない個体を考えると、その特定の個体の行動自体はあまり面白いものではない。しかし、それらの個体の集合体を考えると、あたかも合理的な意思を持ったもののように見えることがあるんだ。えーと、しかしこれは君たちにはあまり話していなかったかな。どういう話かと言うと」と言って、鞄からレポート用紙を取り出し、ペンを走らせながら本格的に話し始めてしまいました。次節で、先生の話にそって、合理的なプレーヤーをとくに想定しない分析手法を見ていくことにしましょう。

15.1 進化論的ゲーム理論

この節では、経済分析を離れ、生物界を例に取って話を進めていきます。餌を探してうろついている2匹の肉食動物が、偶然同時に同じ食べ物を見つけたとしましょう。2匹は平和的に餌を分けあうかもしれませんし、攻撃的に餌を独り占めしようとするかもしれません。2匹とも勝ちを譲らなければ闘い疲れて共倒れになるかもしれませんし、片方がより攻撃的でもう片方が餌をあきらめれば、前者は餌を独り占めできるでしょう。

私たちのこれまでの分析を当てはめるとすれば、2匹の動物がプレーヤーで、それぞれのプレーヤーには「攻撃的」に行動するか、「平和的」に行動するかの二つの戦略があるとして話を進めるのが自然でしょう。そして、各プレーヤーの利得を記述してゲームを完成し、均衡を求めるというものです。

しかし、この場合のプレーヤーたちに、相手の利得と最適反応から自分の行動を決定すると想定するのには明らかに無理があります。動物のことですから、生まれながらに攻撃的な個体ならば、相手がどうであれ攻撃的な行動をとる可能性が高いと考えるほうが自然でしょう。すると、一つ一つの個体だけに注目していては、攻撃的だから攻撃した、という結論しか得られなくなります。ところが興味深いことに、集団の行動を考えるとある種の調和が生まれるであろうことが予想できます。以下に、それを見ましょう。

表15.1　タカ＝ハト ゲーム

		相手 平和的	相手 攻撃的
本人	平和的	2, 2	1, 3
本人	攻撃的	3, 1	0, 0

　動物社会は多数の個体からなり、各個体は遺伝によって、「攻撃的」タイプ、ないし「平和的」タイプに属しています。動物たちは森の中をうろうろし、ときどき他の個体と出会います。これを抽象化して、数学的には各個体は単位時間内に他の個体のいずれかと等確率で出会うと仮定します。このような形で動物たちが出会う状況を（一様な）**ランダム・マッチング**と呼びます。

　ランダム・マッチングの下で、あるときある2匹が出会うと、表15.1にしたがって利得が決まると考えましょう。この利得は、プレーヤーたちの満足度というよりは、動物界における適応度（繁殖力）を示していると解釈します。例えば自分が「攻撃的」で相手が「平和的」の場合、本人の適応度は3になります（相手の適応度は表を読みかえて1となります）。たとえば、平和的な個体が平和的な個体とたまたまであったときには、両方とも適応度は2ですが、平和的な個体が攻撃的な個体と出会うと、平和的な個体は攻撃的な個体に力ずくで獲物を奪われるので、平和的な個体の適応度（＝1）は攻撃的な個体の適応度（＝3）よりも低く設定してあります。一方、攻撃的な個体どうしが出会うと、戦いの果てに生き延びる可能性は両方ともに小さくなるので、適応度（＝0）は低くなります。

　自身の適応度が相対的に高い個体ほど、自分の子孫をより多く増やすことができると仮定しましょう。このようなプロセスは自然淘汰と呼ばれます。自然淘汰の結果、どのような状態が生じるでしょうか。「平和的」タイプばかりいる状況は、攻撃的な個体にとって理想の環境です。実際、その時の攻撃的個体が出会う相手はまず間違いなく平和的な個体ですから、攻撃的な個体の適応度はおよそ3です。一方、平和的な個体が出会う相手もほとんど平和的なので、彼らの適応度はおよそ2です。その結果、しだいに「攻撃的」な個体が増えていくことでしょう。しかし、「攻撃的」タイプばかりいる状況では、出会うと必ずお互いに傷つけあってしまうため（適応度は0）、みんな死に絶えてしまいます。ですから、

ある程度攻撃的な個体が増えてくると、それ以上は増えにくくなるでしょう。それでは、どの程度増えると安定するのでしょうか。

実は、表15.1の例では、「攻撃的な個体」が半分、「平和的な個体」が半分という分布が**進化論的に安定**であるといえます。この状態での両者の平均的な適応度は共に1.5になります（「平和的」：$2×0.5+1×0.5$、「攻撃的」：$3×0.5+0×0.5$）。ここから「攻撃的」が51％に増えると「平和的」の適応性が「攻撃的」のそれを上回る（「平和的」：1.49、「攻撃的」：1.47）ので、「攻撃的」な個体の数は減るでしょう。また、「平和的」が51％に増えると「攻撃的」の適応性が上回る（「平和的」：1.51、「攻撃的」：1.53）ため、「攻撃的」な個体の数は増えるでしょう。つまり、自然淘汰を通じてもとの分布に戻る圧力が働いているから、安定しているといえるのです。

以上の分析は、生物学者メイナード・スミスとプライスによる**進化論的ゲーム理論**の基礎を成すものです。進化論的ゲーム理論は生物界におけるゲーム的状況の分析に貢献しました。上記の議論で個体が思考する必要のないことに今一度注目してください。個体が合理的に思考しなくても、社会全体を眺めると意味のある結果をはじき出せること、それが進化論的ゲーム理論の魅力です。

それでは、経済学では進化論的ゲーム理論の手法を用いて何が分析できるのでしょうか。例えば、多くの経済主体が取引をする市場を考えましょう。整備された財の取引市場では、それぞれの個体は市場価格を判断基準に、自分の最も有利な取引をさがして行動を決めると考える分析法がありました[1]。ところが、現実の経済の対象になっている取引環境は、必ずしも理論が想定するような整備された市場だけではありません。実際には、どこに自分の求める取引相手がいるのかはわからない。そのようなときには、市場に参加している経済主体が取引する相手は、ある程度は偶然にきまってしまうと考えるほうが自然でしょう。また、取引されるものも、単純な私的な財だけではなく、商売に関するアイディアや情報など多種多様なものがあり、合理的に判断できる場合ばかりであるとは限りません。

また、各プレーヤーを企業のような組織と考えると、実際に交渉にあたって行動の決断を下しているのは、たまたまその交渉に参加した、それぞれの組織に属

---

[1] 第8章参照。

する個体です。それぞれの個体は組織の間の戦略的関係を合理的に考えて行動すると考えるより、自分の勘に従って機械的に行動していると想定するほうが自然かも知れません。この解釈にしたがって、表15.1のゲームを考察し直してみましょう。

　1つの組織を考えてみましょう。各組織のなかには、攻撃的な性格の交渉者も平和的なタイプの交渉者もいます。各個体の適応度は、出世の可能性の大小を表すものと考えてみましょう。適応度の高いタイプの個体が組織の中で次第に出世して管理職に就いていく。そうすると、先に考えた進化論的に安定な個体の分布は、安定的な組織における管理職の性格のばらつきを表していると解釈できます。

　各個体がまったく意思を持たないという上記の解釈では、人間社会の分析にはそぐわないかもしれません。実際の人間は、それが第三者の目から見ると完全な合理的な戦略的意思決定でなくても、自分に有利な環境を導き出そうとそれなりに努力をするでしょう。例えば、話し合うことによって、相手に自分に有利な行動をとらせることができるかもしれません。組織独自のコミュニケーションのとり方が発生してくる可能性もあります。

* * * * * * * * * *

　「進化論的ゲーム理論を用いると、例えば、元々まったく意味のなかった音声が意味を持つようになる過程も研究できるんだ。現代に当てはめれば、無駄話をすることを通じて、仲良くなって、信頼関係が増し、協力が達成されやすくなる、というふうにも解釈できるんだよ。ちなみにこの『無駄口』の価値に関する研究をしたのはぼくの友人でホントに無駄口ばかりたたいている奴なんだけど、『無駄口』が認められて、就職が決まっちゃったぁ、ってメールをよこしてたなあ。あいつ、どうしてるかなあ」と、ようやく新米先生の長話が終わります。

　「私も無駄口たたいて、就職できたらいいなー」と、話は就職活動へと移っていきます。

　就職活動で苦戦している女子学生の1人が口を開きます。

　「この前、頭きちゃった。面接に行ったら、『君みたいな声のでかいおばさんは要らない』だって。」

これを聞いて、一同絶句します。ようやく一人が、
「それって、セクハラじゃない。で、どうしたの」と聞きます。
「大げんかして、帰ってきちゃった。」
「私もあったわよ。『ホントは男を採りたいんだよねぇ』なんて言われたわ。しかも、それ、外資系よ。いまどき時代錯誤もいいところ。ねえ、先生はどう思います？」と、話を振られた新米先生、
「ま、そんな時代遅れの人間を人事担当にしておくようなところには、行かなくたっていいじゃないか」と答えます。
「でも、そんな時代遅れのところばかりだったら？」と、「おばさん」呼ばわりされた女子学生は、少し涙ぐんでいます。
「うーん」と、これにはさすがの新米先生も考えこんでしまいます。
「先生、こういう問題を分析するようなこと、ってできないんですか？」と聞いてきたのは、先生の長話に懲りないゼミ新入生です。
　助け舟を出された新米先生は話し始めます。
「できないわけじゃない。1つは、さっきの進化論的ゲーム理論とも関連するんだが、補完性の議論といってね。社会全体で、Aということが起こっていると、みんなそれに従うしかない、というような話を戦略的観点から分析する、というものだ」と、ここで言葉をつぎます。
「よく言われる悪循環の話をもう少し理論的に整理したものなのだけれどね。ラフに言うとつぎのようになる。例えば、さっきの女性のキャリア向けの労働市場の話を考えてみよう。女性のキャリアを採ろうとしても、女性は途中で辞める確率が高いから、育てるコストを考えると、男性に比べて、割に合わない。同じことだけど、女性を採っても重要なポジションにつけたのに、すぱっと辞められてはかなわないから、重要なポジションにはつけない。で、そうすると、女性のほうは、つまらないから実際に転職を考える。それを見て、『やっぱりね』となる、っていう寸法さ。これはしかも、1つの会社が方針を変えたくらいでは、どうしようもないところがあってね。社会全体の変化が必要なんだよ。雇用流動化は、この問題の解決策の1つかもしれないね。」
「そういう研究をする上で、大切なものって何ですか」と熱心なゼミ新入生。

「かっこいいことを言うと、マーシャルじゃないけれども、熱い思いと、冷静な思考の組み合わせは重要だよ。たとえば、さっきの話にしたって、問題意識なしには、粘り強い研究はできないし、かと言って、女性を一方的に差別されている被害者みたいに考えて、冷静さを失うようでは、物事の本質を見誤ることになる。」

「そうですよねぇ。先輩に聞いたら、いやな仕事を全部女性社員に押し付けて、男性がふんぞりかえっているようなところもあれば、男性社員が汗まみれで働いているのに、女性社員が、腰掛け意識で、あまりまじめに働いていないところもあるって言ってました。いろいろなケースがあることを認識して、両方の立場でものを見られるようにしないと」と、ゼミ新入生。

「それもそうだし、そもそも、男性はこうこう、女性はこうこう、というように2つのグループに分けて話をすること自体が問題さ。仕事をするうえでは、個人差のほうが、性差よりも大きいということを認識することが第1歩だね。」

「それと、これはどんな研究にも大切だけれども、好奇心は重要だね。知りたいっていう気持ちがない人は、何をやっても続かないよ。それと、これはさっきの話とも関わるけれども、先入観を排する心は、とくに重要だね。先入観が強い人は、いくら学校の成績がよくてもいい研究者にはなれないよ。」

「それって人生にも大切なこと、ですよねー」と新入生。

「もちろんさ。とはいえ、ものごとを見るときにいつも白紙の状態で見るわけにはいかないから、そこが難しいところさ。この問題に対しても、ゲーム理論はアタックしようとしているんだ。実際、ぼくの恩師の金守(かねもり)先生は、経験をもとに世界のイメージを構築するような人間のモデルをこしらえているんだ。そこでは、知能があまり発達していない状態としての経験の羅列から始まって、経験不足からくる先入観や偏見のモデルも紹介されている。ぼくは、『井の中の蛙モデル』と密かに呼んでいるんだけど、頭がどんなによくっても、人の話をよく聞き、いろいろな経験を積まないと、偏見に満ちた世界像しか作ることができない。正に、あらゆるところで見られる現象さ。これをどうモデル化するかというと、」と、また自分の世界に入っていきそうな先生を制する役は、もう済子と決まっています。

「先生、その話はまた改めて後日、『経済セミナー』みたいな雑誌にでも書いていただくとして、無駄口のほうが、この席では大切ですよぉ。」
　その後は新米先生は聞き役にまわって、学生たちの話を聞いていましたが、宴たけなわの中、急に新米先生は改まって、ゼミ生たちを見回しました。
「今日はみんなに話しておかなくちゃいけないことがあるんだ。」
「実はアメリカのある大学から誘いが来て、それを受けることにしたんだ。だから、新入生の諸君には申し訳ないが、新米ゼミは今年度限りということになる。」
「先生、辞めちゃうんですかあ」と学生。
「ああ、そういうことになるかなあ。いままで日本で教育を受けて、日本で教えていて、それはそれでやりがいもあるし、楽しいんだけれど、少し外の空気もすいたくなってね。」

　　　　　　　　＊　＊　＊　＊　＊　＊　＊　＊　＊

　ゼミのパーティーが引けた後、片づけをしながら、ピアスが言います。
「そっか、あの先生も海外へ行っちゃうか……」
　それまで、パーティーの間とはうってかわって、黙々と仕事をしていた済子でしたが、急に口を開いて、
「私も海外に行こうと思ってるの」と言います。
「前々から出していた希望が通って、シンガポール支店へ行かないか、って。まだ内々なんだけどね。行ったら短くても３年、長いともう少しいることになるんだけどぉ」とピアスの顔をちらっと見ます。ピアスは、「ふーん」と言うと、下を向いたまま、仕事を続けていましたが、
「うん、海外勤務はいい経験だよ。ぼくはいいと思うなあ」と言うと、コンビニまで行ってくる、と言って、出ていってしまいました。
　それを聞いていた景は、ちょっと立ち聞きしちゃって悪いと思ったけど、と断りながら、
「済子ちゃん、今のホント？　でも、いいの？　あなた、店長のこと、好きなんじゃあ……」とまで言ったところで、済子の目が少し潤んでいるのを見て、言葉をつまらせました。

「え、景ちゃん、知ってたのね。いいのよ。だって彼、私のこと想っているのなら、シンガポール行き、止めるはずでしょ。止めなかったってことは、別にそれでいいって思ってるってことだわ。ピアス、景ちゃんのこと、気に入っているし……」

「私たちは単なるビジネス・パートナーよ」と景は、済子の言を否定しておいて、

「でも、私は、店長、あなたのこと気に入っていると思うなあ。彼、よく私にあなたの話をするもの。彼があなたを止めなかったのは、むしろ、済子ちゃんが、彼のことを好きだってこと、知らないからじゃないかなあ。」

「……」

「だって、済子ちゃんが店長のことを好きってことを、店長が知らないとしてごらんなさいよ。彼が、済子ちゃんのシンガポール行きを止められる道理なんてないじゃないの。」

「……」

無粋な理論家は、この辺りのことを分析したくなってきます。まったく口を開かなくなった済子は、少しそっとしておいて、次節では、問題の状況を少し理論的に見てみましょう。

15.2 知識の階層と状態空間アプローチ

済子の最大の間違いは、自分が置かれている状況をきちんと把握しなかった点にあります。彼女は２つの可能性しか見ていません。これを表したのが、図15.1です。まずこの表の見方から説明しましょう。済子は、ピアスが済子に気がないか、あるかという２つの状態があると思いました。これらの状態をそれぞれ状態a、状態bとしておきましょう。この２つの点を囲ってある長円が、済子の情報集合で、aとbを区別できないことを示しています[2]。

済子がシンガポール行きの可能性をピアスに告げたとき、気がないなら、すなわち状態aなら、ピアスは済子を止めないでしょうし、気があるなら止めるはず、と済子は考えたわけです。これが正しければ、逆にピアスの済子への気持ちが確

---

2) 第5章参照。

図15.1 済子が想定した状況

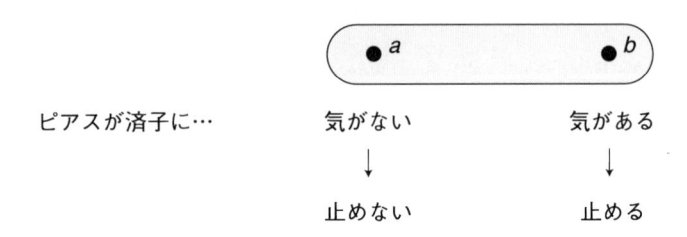

```
          ● a              ● b
ピアスが済子に…    気がない         気がある
                    ↓              ↓
                   止めない         止める
```

かめられる、というわけです。

　済子は、自分の知っていること（ここでは、済子自身がピアスに気があるということ）を前提として、それ以外の可能性は考えませんでした。これに対して、景は、状況をもう少し、客観的に見ています。外から見れば、済子がピアスに気がない可能性もありうるわけですから、それも考慮に入れて状況を把握するためのモデルを作り直したのが、図15.2です。ここでは、新たに状態 c が加わっています。さきほどの a、b とは異なり、この状態では、済子はピアスに気がない、ことを表しています。ただし、ピアスは、済子に気があるとしてあります。本来は、ピアスも済子もお互いに気がない、という状態もありえますが、分析上とくに必要ないので、省いてしまいましょう。図15.1では、状態 a と b ともに、済子がピアスに気があったので、とくに書きませんでしたが、今度は、済子のピアスへの想いも書き込んであります。そして、ピアスの精神状態も分析対象に入れるために、ピアスの情報構造も新たに図に載せました。

　このように、ありうる状態を列挙して、プレーヤーの知識構造を考えるアプローチを**状態空間アプローチ**と言います。このアプローチの要素を図15.2に沿って、説明しましょう。まず、重要な要素は、状態の集合、すなわち**状態空間**です。これを Ω と書くと、$\Omega = \{a, b, c\}$ となります。つぎに必要なものが、個々人の情報構造を表す**情報分割**です。済子の情報分割 $\mathcal{P}_{済子}$ は、

$$\mathcal{P}_{済子} = \{\{a, b\}, \{c\}\}$$

となっています。ここで、a と b が同じ集合の中にくくられているのは、済子が状態 a と状態 b を区別できないことに対応しています。同様にして、ピアスの情報分割は、

図15.2 景が想定した状況

済子の情報構造	● a　　　● b		● c
ピアスの情報構造	● a	● b　　　● c	
ピアスが済子に…	気がない	気がある	気がある
済子がピアスに…	気がある	気がある	気がない
	↓	↓	↓
	止めない	止める	止めない

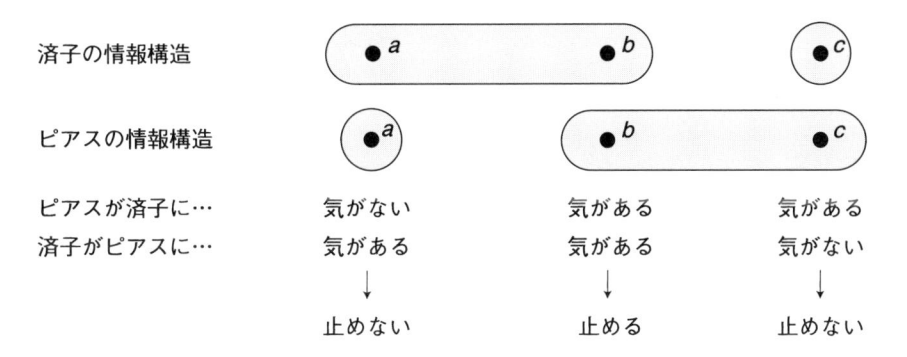

$$\mathcal{P}_{ピアス} = \{\{a\}, \{b, c\}\}$$

となります。

この状況の下で、ピアスの行動をまず考えましょう。もし、かれが状態 a, b, c をすべて区別できるのでならば、ピアスの行動は簡単です[3]。双方に気があるとき、すなわち、状態 b のときのみ、済子の海外行きを止めるべきです。問題は、済子がピアスに気があるか否かをピアスはわからない、という点にあります。このため、ピアスが済子を止めるかどうかは、

(i) ピアスが済子に気があるかどうか、

および、

(ii) 済子がピアスに気があるかどうか、

だけでなく、

(iii) 済子がピアスに気があると、ピアスが考えているか否か、

にかかってくることになります。つまり、戦略的に意思を決定するためには、お互いの直接の利得だけではなく、それをお互いにわかっているかどうか、またお互いにわかっていることをお互いにわかっているかどうか、などという知識の階層の構造が重要になるわけです。話に戻ると、済子から見た場合、2つの可能性があります。1つは、実際の状態が a であって、済子が考えたように、ピアスが済子に気がない、というもの。2つめは、景が指摘したように、実際の状態は b

---

3) もちろん、現実はそれでも複雑ですが。

表15.2　支配戦略のないゲーム（再掲）

		プレーヤー2		
		L	C	R
プレーヤー1	T	3, 3	0, 2	0, 0
	M	2, 1	2, 0	2, 0
	B	0, 0	3, 2	1, 3

なのだけれども、ピアスが「済子がピアスに気がある」ということを、海外行きを止めるほどには十分に確信していなかったというもの。この2つのうち、どちらが真の状態か、済子には、いままでの情報からだけでは知るすべがありません。ピアスについても同様の話ができることを、確認してください。

　この例では済子が、より大きな可能性を考慮に入れずに、早合点しそうになりましたが、実際は、逆のケース、本当に小さい可能性に期待を抱いて、いつまでもあきらめきれない、ということも多いのではないでしょうか。いずれにせよ、自分の置かれた状況を冷静に見つめる、ということが必要のようです。

　最後に、われわれがすでに見たゲームの分析でも、このような知識の階層の議論を無意識に使っていたことを、指摘しておきます。表15.2を見てみましょう[4]。このゲームに支配されている戦略はありませんが、もしプレーヤー2が、自分の想定する相手の戦略に合理的に対応するのならば、戦略Cは採用しないでしょう。なぜならプレーヤー1の戦略がTあるいはMと予想しているのならば、CよりはLのほうが良いし、Bと予想するならばCよりもRで対応するほうが良いからです。

　もしプレーヤー1が、プレーヤー2がこのような推論をすると知っていたならば、プレーヤー1はBという戦略はとらないでしょう。なぜなら、戦略Bはプレーヤー2の戦略Cには有効ですが、プレーヤー2がCをとらないのならば、戦略Mに劣るからです。すると、もしプレーヤー2が、「プレーヤー2が合理的に対応するということをプレーヤー1が知っている」ことを知っていれば、プレーヤ

4）このゲームは第2章で分析しました。

ー2はプレーヤー1がBをとる可能性を排除できますので、戦略Lを採用するでしょう。最後に、プレーヤー1が「《プレーヤー2が合理的に対応するということをプレーヤー1が知っている》ということをプレーヤー2が知っている」ということを知っていれば、プレーヤー1はプレーヤー2が戦略Lを採用すると予想できるので、プレーヤー1は戦略Tを採用するでしょう。

　しかし、この相手の思考に関する知識の連鎖が途切れてしまうと、プレーヤーたちは好ましい戦略の組にはたどり着けずに、途方に暮れてしまうかもしれません。

＊＊＊＊＊＊＊＊＊＊

　景はそれまで、友達の仲をとりもとうとして、あれこれ考えた挙げ句、失敗ばかりしてきました。人の恋路に口出しするほど、愚かなことはない、と学んできた景でしたが、今回は不思議と何をするべきかが、見えています。ピアスが戻ってきたとき、2人を外のベンチに座らせて、「少し、話し合いなさい」とだけ言うと、厨房に入っていきました。そんな一言で、魔法が解けることだってあります。2人は黙っていましたが、もうわかっていました。ある時期を境にピアスが済子に対してぎこちない態度をとった理由も済子には、わかっていましたし、済子がなぜ海外に行く希望を出したのかもピアスには、わかっていました。その2人の様子を見て、景はそっとワイングラス2つと、82年のシャトー・マルゴーを用意すると、「ちょっとお店に穴開けちゃうかもなあ。まあ、いいかな。私も素敵な人見つけなくちゃ」と独り言を言うと、微笑みながら店を後にしました。

　済子がようやく口を開きます。

「ねぇ。」

「ん？」

「家事は半分ずつね。」

「……」

付録A
関連テキスト

　本書は、これまでの標準的な教科書とはかなり異なる構成を持っています。私たちは、本書のようなスタイルも標準の一つになると信じていますが、それにはまだしばらく時間がかかるかもしれません。本書とほぼ同レベルの概念を扱った教科書はすでに数多く出版されています。現段階で標準的とされているスタイルで書かれたミクロ経済学の教科書を参考までにいくつかあげておきます。本書では取り扱っていないトピックに関しては、これらの本を参照されると良いでしょう。本書は、これらの教科書の副読本としても使用できるでしょう。

- 伊藤元重『ミクロ経済学』第2版、日本評論社、2003年
- 倉澤資成『入門価格理論』日本評論社、1988年
- Varian, H., *Intermediate microeconomics: a modern approach.* (5th edition) W.W. Norton, 1999.（『入門ミクロ経済学』[原著第5版] ハル・R. ヴァリアン著；佐藤隆三監訳、オータス研究所、2000年）
- 井堀利宏『入門ミクロ経済学』新世社、1996年
- 賀川昭夫・戸田学・浜野忠司著『First Step ミクロ経済学』有斐閣、1998年

　本書よりも、数理的にやや上級の標準的教科書も数多く出版されています。たとえば、

- 奥野正寛・鈴村興太郎『ミクロ経済学I』岩波書店、1985年
- 奥野正寛・鈴村興太郎『ミクロ経済学II』岩波書店、1988年
- 武隈慎一『ミクロ経済学』増補版、新世社、1999年
- 石井安憲・西條辰義・塩澤修平『入門・ミクロ経済学』有斐閣、1995年

などがあります。

大学院生、研究者向けの上級のミクロ経済学の教科書としては

- Varian, H., *Microeconomic analysis*. (3rd edition) W.W. Norton, 1992. (原著第2版には邦訳あり：『ミクロ経済分析』ハル・R. ヴァリアン著、佐藤隆三・三野和雄訳、勁草書房、1986年)
- Mas-Colell, A., M. Whinston, and J. Green, *Microeconomic theory*. Oxford University Press, 1995.
- Kreps, D., *A course in microeconomic theory*. Princeton University Press, 1990.
- 西村和雄『ミクロ経済学』東洋経済新報社、1990年

などがあります。これらの本を読破するためには、前もって多変数の微分や線形代数の知識を習得しておく必要があるでしょう。

本書よりも多少高いレベルで、ゲーム理論の経済学への応用をくわしくあつかったものに、

- Rasmusen, E., *Games and information: an introduction to game theory*. (邦訳：ゲームと情報の経済分析（1、2巻）エリック・ラスムセン著、細江守紀ほか訳、九州大学出版会、第1巻1990年、第2巻1991年。
- Gibbons, R., *Game theory for applied economists*. Princeton University Press, 1992. (邦訳1：『応用経済学のためのゲーム理論入門』R. ギボンズ著、木村憲二訳、マグロウヒル出版、1994年、邦訳2：『経済学のためのゲーム理論入門』ロバート・ギボンズ著、福岡正夫・須田伸一訳、創文社、1995年)

厳密さにはさほどこだわらず、ゲーム理論的考え方をわかりやすく解説することを目的とした本には、

- Dixit, A. and B. Nalebuff, *Thinking strategically*（邦訳：アビナッシュ・ディキシット、バリー・ネイルバフ著、菅野隆・嶋津祐一訳『戦略的思考とは何か：エール大学式『ゲーム理論』の発想法』ティービーエス・ブリタニカ、1991年)
- 梶井厚志『戦略的思考の技術――ゲーム理論を実践する』中央公論新社、2002

年
- 梶井厚志『故事成語でわかる経済学のキーワード』中央公論新社、2006年
- 梶井厚志『コトバの戦略的思考』ダイヤモンド社、2010年
- 松井彰彦『高校生からのゲーム理論』筑摩書房、2010年
- 松井彰彦『不自由な経済』日本経済新聞出版社、2011年

ゲーム理論の入門書として（本書よりもレベルは高いですが）、手軽なものに

- Binmore, K., *Fun and games: a text on game theory*. D.C. Heath, 1992.
- 中山幹男『はじめてのゲーム理論』有斐閣、1997年
- 渡辺隆裕『ゼミナール　ゲーム理論入門』日本経済新聞出版社、2008年

があります。

ゲーム理論の専門書では

- 岡田章『ゲーム理論』新版、有斐閣、2011年
- Osborne, M. and A. Rubinstein, *A course in game theory*. MIT Press, 1994.
- Fudenberg, D. and J. Tirole, *Game theory*. MIT press, 1991.

をあげておきます。

付録B
参考文献

　第14章までは、他のより高度な教科書を読むほうがいいかもしれませんが、関連した文献を直接見たいという人のために若干の参考文献を付しておきます。歯ごたえを求める人はトライしてみてください。第15章で扱った内容はまだ教科書でのカバーが不十分な領域です。この辺りに興味を持った人は直接原典に当たるしかないでしょう。

第2章

Nash, J. F., 1951, "Non-cooperative Games", *Annals of Mathematics*, 54, 286-295.

第3章

Kuhn, H. W. 1953, "Extensive Games and the Problem of Information", in H. Kuhn and A. Tucker (eds.), *Contributions to the Theory of Games*, vol.II, Princeton University Press, Princeton.

第4章

Stahl, O., 1972, *Bargaining Theory*, Stockholm School of Economics, Stockholm.

Rubinstein, A., 1982, "Perfect Equilibrium in a Bargaining Model", *Econometrica*, 50, 97-109.

第5章

Spence, M., 1973, "Job Market Signaling", *Quarterly Journal of Economics*, 87, 355-374.

Cho, I. K. and Kreps, D. M., 1987, "Signaling Games and Stable Equilibria", *Quarterly Journal of Economics*, 102, 179-221.

第6章

Vickrey, W., 1961, "Counterspeculation, Auctions, and Competitive Sealed tenders", *Journal of Finance*, 16, 8-37.

Milgrom, P. R. and Weber, R. J., 1982, "A Theory of Auctions and Competitive Bidding", *Econometrica*, 50, 1089-1122.

第7章

Clarke, E., 1971, "Multipart Pricing of Public Goods", *Public Choice*, 11, 17-33.

Groves, T., 1973, "Incentives in Teams", *Econometrica*, 41, 617-631.

Samuelson, P., 1954, "The Pure Theory of Public Expenditure", *Review of Economic Studies*, 64, 387-389.

第8章

Smith, Vernon L., 1982, "Competitive Market Institutions: Double Auctions vs. Sealed Bid-Offer Auctions", *American Economic-Review*, 72, 58-77.

Easley, D. and Ledyard, J., 1993, "Theories of Price Formation and Exchange in Double Oral Auctions", in Friedman, D. and Rust, J. (eds.), *The Double Auction Market: Institutions, Theories, and Evidence*, Addison Wesley Pub. Co., Reading, Mass.

第9章

Deaton, A. and Muellbauer, J., 1980, *Economics and Consumer Behavior*, Cambridge University Press, Cambridge, U. K.

第10章

Cournot, A., 1838, *Recherches sur les Principes Mathématiques de la Théorie des Richesses*, [English edition: *Researches into the Mathematical Principles of the Theory of Wealth*, Macmillan, London (1897).]

Suzumura, K. and Kiyono, K., 1987, "Entry Barriers and Economic Welfare", *Review of Economic Studies*, 177, 157-167.

第11章

Arrow, K. J., 1964, "The Role of Securities in the Optimal Allocation of Risk-bearing", *Review of Economic Studies*, 31, 91-96.

Pratt, J. W., 1964, "Risk Aversion in the Small and in the Large", *Econometrica*, 32, 122-136.

第12章

Arrow, K. J., 1964, (前掲：11章)

第13章

Downs, A., 1957, *An Economic Theory of Democracy*, Harper & Row, New York.

Hotelling, H., 1929, "Stability in Competition", *Economic Journal*, 39, 41-57.

第14章

Hart, O. and Holmstrom, B., 1987, "The Theory of Contracts", in Bewley, T. ed. *Advances in economic theory: Fifth World Congress*, Econometric Society Monographs series, no. 12, Cambridge University Press.

第15章

Maynard Smith, J. and Price, G. R., 1973, "The Logic of Animal Conflict", *Nature*, 246, 15-18.

Matsui, A., 1991, "Cheap-Talk and Cooperation in a Society", *Journal of Economic Theory*, 54, 245-258.

Kaneko, M. and Matsui, A., 1999, "Inductive Game Theory: Discrimination and Prejudices", *Journal of Public Economic Theory*, 1, 101-137.

Kajii, A. and Morris, S., 1997, "The Robustness of Equilibria to Incomplete Information", *Econometrica*, 65, 1283-1309.

松井彰彦『慣習と規範の経済学――ゲーム理論からのメッセージ』東洋経済新報社、2002年

ヒントと解答

第1章

練習問題1.1
1. 表1.1を参照しながら解く。価格150円の下では、販売量は220個。したがって、それを3等分した、参入企業の販売量は220/3個。マージンは110円なので、粗利益は約8,067円。よって純利益は、<u>67円</u>となる。
2. 同様にして、280/3×80－8000 ＝ <u>－533（円）</u>。
3. 1、2と同様に他の価格に関しても参入企業の純利益を計算していく。さらに、第3の企業の参入の有無を調べ、既存企業の純利潤を計算すると、次表のようになる。

価格	第3企業の純利益	参入の有無	既存企業の純利潤
120	－533	無	3,200
130	－200	無	3,700
140	0	無	4,000
150	67	有	67

よって、<u>140円</u>に価格設定するのが最適となる。

第2章

練習問題2.1 （解答のみ）
(a) ナッシュ均衡：(D, D)
　　強支配戦略　　　　：プレーヤー1、2ともD
　　強支配される戦略：プレーヤー1、2ともC
　　弱支配戦略　　　　：プレーヤー1、2ともD
　　弱支配される戦略：プレーヤー1、2ともC
(b) ナッシュ均衡：(ボクシング、ボクシング)、(バレエ、バレエ)
　　強支配戦略、強支配される戦略、弱支配戦略、弱支配される戦略：すべてなし
(c) ナッシュ均衡：(M, C)
　　強支配戦略　　　　：プレーヤー1、2ともになし

強支配される戦略：プレーヤー1、2ともになし
弱支配戦略　　　：プレーヤー1、2ともになし
弱支配される戦略：プレーヤー1はM（Bによる）、プレーヤー2はC（Lによる）

練習問題2.2

戦略形表現は下表のようになる（110円以上略）。

		店2			
		70	80	90	100
店1	70	−2,300, −9,900	3,400, −8,000	3,400, −8,000	3,400, −8,000
	80	−8,000, −11,800	−800, −8,000	6,400, −8,000	6,400, −8,000
	90	−8,000, −11,800	−8,000, −8,000	500, −6,300	9,000, −8,000
	100	−8,000, −11,800	−8,000, −8,000	−8,000, −4,600	1,600, −4,800

店1の最適反応は、必ず店2の価格より10円低いものとなる。他方、店2の最適反応は、店1が100円以上をつけているときには相手より10円低い価格となるが、それ以外だと異なる。店1が90円をつけているときには90円が店2の最適反応、店1が70円ないし80円をつけているときには80円以上ならどの価格も最適反応となる。ナッシュ均衡はお互いに相手の戦略に対して最適反応を採っているとき生じるので、
(70, 80)、(80, 90)
の2つの組が答えとなる。

本文の弱支配される戦略のくり返しの削除の手順と同様にして、160円から100円までは双方とも価格の高い順に削除されていく。また、店2の70円はどの道、削除されるので、消してしまう。ここまでをまとめると、店1の戦略で残っているものは、{70, 80, 90}、店2のそれは{80, 90}となっている。

この後は、削除の順序によって結果が変わってくる。先に店1の90円を削除すると、それ以上の支配関係はなく、店1は{70, 80}、店2は{80, 90}が残る。他方、店2の80円を先に削除すると、店1の70円と90円が削除され、残る戦略は店1が80円のみ、店2が90円のみとなる。どちらを答えても正解としておくが、両者を指摘した解答はより精確といえる。

第3章

練習問題3.1

1．参入企業の戦略：参入、参入せず
　　既存企業の戦略：攻撃、融和

2．(参入、融和)
3．ナッシュ均衡：(参入、融和)、(参入せず、攻撃)

		既存企業	
		攻撃	融和
参入企業	参入	−200, −200	750, 750
	参入せず	0, 1,500	0, 1,500

練習問題3.2（略解）

1．参入企業の戦略：(参入、退出)、(参入、対抗)、(参入せず、退出)、(参入せず、対抗)
 （注：戦略形表現にするときには、(参入せず、退出) と (参入せず、対抗) とを同一視して「参入せず」という戦略としてしまう表現もある。そのような表現のことを reduced normal form と呼ぶ。）
2．解：((参入せず、退出)、攻撃)
3．解：((参入、対抗)、融和)

参入企業の利得が「物理的」には下がったのにもかかわらず、戦略的関係があるために、参入企業の利得は上昇している。これは、1人の意思決定の状況では起こり得ない。

練習問題3.3

1．$((q_1, q_3, q_5), (q_2, q_4))$
2．$((c_1, c_3, c_5), (c_2, c_4))$

練習問題3.4

最初の君主は複数の戦略を持たないいわゆるダミー・プレーヤーなので、その利得は無視して考える。また、各人の利得は、自分が君主になったときが1、大臣のままのとき0、暗殺されると−1としておく。

1．

図1　権力抗争ゲーム：$n=2$

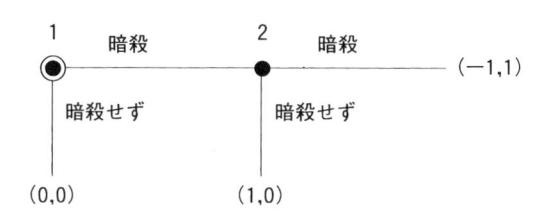

```
        1   暗殺       2   暗殺
        ●─────────────●─────────────  (−1,1)
            暗殺せず       暗殺せず

          (0,0)         (1,0)
```

バックワード・インダクションの解：(暗殺せず、暗殺)

2.

図1　権力抗争ゲーム：$n=2$

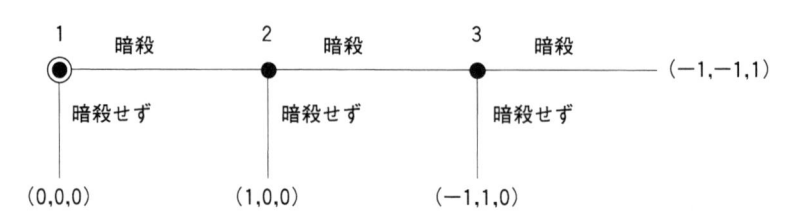

```
       1    暗殺   2    暗殺   3    暗殺
       ●──────────●──────────●──────────  (−1,−1,1)
          暗殺せず     暗殺せず     暗殺せず
          │           │           │
        (0,0,0)     (1,0,0)    (−1,1,0)
```

バックワード・インダクションの解：(暗殺, 暗殺せず, 暗殺)

3. 最後（n人め）の大臣は必ず、「暗殺」戦略を採る。それを予想すれば、$n-1$人めの大臣は「暗殺せず」を採る。一般に、k人めの大臣が「暗殺」するなら、$k-1$人めは「暗殺せず」、k人めが「暗殺せず」を採るなら、$k-1$人めは「暗殺」する（$k=2,\ldots\ldots,n$）。この分析により、

　nが奇数のときには、奇数番の大臣は「暗殺」を採り、偶数番の大臣は「暗殺せず」を採る。したがって、最初の君主は暗殺されてしまう。

　nが偶数のときには、奇数番の大臣は「暗殺せず」を採り、偶数番の大臣は「暗殺」を採る。したがって、最初の君主は暗殺されずにすむ。

第4章

練習問題4.1

1. 協力した場合の総利得は80万円。他方、協力しなかった場合の総利得は30万円（＝10万＋20万）なので、両者の差額、50万円が余剰となる。
2. サブゲーム完全均衡から解く。プレーヤーAがxをオファーしたとする。プレーヤーBは、拒否すれば20万円、承諾すれば$(1-x)80$を得られる。したがって、$(1-x)80 \geq 20$ ならば承諾、$(1-x)80 < 20$ ならば拒否する。このBの戦略を所与としてAのオファーを分析する。協力が成立しなかったときのBの利得20万円をBに与えるよう、Aのシェアとして75%（＝$(80-20)/80$）をオファーする。A、Bそれぞれの取り分は、(60万, 20万)となる。

　　サブゲーム完全均衡：Aのオファー（Aのシェア）は、75%。

　　Bは、75%以下なら承諾、それより大きい値なら拒否。

　　次にナッシュ均衡を見る。まず任意の$x \in [1/8, 3/4]$を選ぶ。そして、下記の戦略の組を考える。

　　Aのオファーはx。

　　Bはxならば承諾、それより大きい値ならば拒否、

x 未満は適当に承諾か拒否を割り当てる。

この戦略の組がナッシュ均衡になっていることを確かめる。この戦略に従えばAの取り分は $80x$。これより大きい取り分を狙っても相手に拒否されてしまうので、Aのオファー x は最適反応となっている。他方、Bの取り分は $80(1-x)$。ここで戦略を変えれば、取り分は元のままかゼロになる。よってBの戦略も最適反応である。よって上記戦略の組は、ナッシュ均衡となる。これは、任意の $x \in [1/8, 3/4]$ で成立することに注意。

練習問題4.2（答えのみ）

1. $x > \dfrac{1+\beta}{1+2\beta}$ なら拒否。逆の不等号なら承諾。等号の場合には、無差別なのでどちらでもよい。

2. Aのオファーは、$x^* = \dfrac{1+\beta}{1+2\beta}$。

    Bは、Aのオファー x が $x > x^*$ なら拒否、$x \leq x^*$ なら承諾。

3.

    第1段階：Bのオファー：$x^{**} = \delta\dfrac{1+\beta}{1+2\beta} + \alpha\dfrac{1-\delta}{2\alpha+1}$

    Aは、x^{**} 以上なら承諾、それ未満なら拒否。

    第2段階：Aのオファー：$x^* = \dfrac{1+\beta}{1+2\beta}$

    Bは、x^* 以下なら承諾、x^* より大きいなら拒否。

第5章

練習問題5.1

第2プレーヤーの戦略は、（第1プレーヤーがどの戦略をとっても）「家事をやる」と「やらない」の2つなので、図2.2の戦略形表現と同じになる。

練習問題5.2

いえる。本文中と全く同じ理由で、労働者の行動は企業の行動に対する最適反応になっている。また、自分の信念のもとで、企業の行動も最適である（高給でも低給でも期待利得は同じだから）。問題は信念の合理性だが、資格のない労働者はいないので、どのような信念でも合理的である（つまり、実際に起こらなかった事柄に関しては何を想定しても合理的ということ）。

同じ議論で、企業の信念が、「資格のない労働者は半分以上の確率で能力が低い」というものならば、均衡になることが確かめられる。

実際に起こらなかった事柄への信念はなんでも合理的、というところは、本文中の均衡の定義には反しないが、読者の直感には反するかもしれない。労働者が企業の予想に

ない何かの間違いで資格をとらなかったとすると、企業はその労働者を能力が低いと判断すべきであるとして、これを均衡における信念の性質の一部として要請する立場もある。

また、企業はすべての労働者に低給を支払い、いずれの労働者も資格をとらず、企業は資格があってもなくても、労働者の能力の高低は半々の確率で見積もっているのもベイズ完全均衡である。

練習問題5.3

分離型の均衡は、図5.8と同様に示すことができる。図5.9の形の混在型均衡が存在しないのは、能力の低い労働者は資格を取得して高給をもらっても利得は $4-4=0$ で、取得しない方が得になるから。

このように、もし資格取得が能力の低い労働者に対してのみ難しくすることができれば、無理な資格取得を減らすことができる。言い換えれば、資格試験の精度を上げることによって、経済学的な無駄をへらすことができると考えられる。

練習問題5.4

このゲームには全体のゲーム以外にサブゲームはない。たとえば、第1プレーヤーがAを取った後のゲームは、第2プレーヤーから見るとAに対応する節とBに対応する節が区別できず、始まりがわからなくなってしまうのでゲームではない。他にどのようにゲームの樹を切り取っても展開形ゲームの約束事が満たされなくなることを確認されたい。したがって、すべてのナッシュ均衡がサブゲーム完全である。

ナッシュ均衡を求めるために、戦略形で表現してみよう。第1プレーヤーの戦略はA、B、Cの3つ、第2プレーヤーの戦略は左の情報集合でとる行動 a、b の選択のみなので、

		プレーヤー2	
		a	b
プレーヤー1	A	0, 0	3, 1
	B	1, 0	2, 1
	C	2, 2	2, 2

となる。ナッシュ均衡戦略の組は (C, a) と (A, b) の2つであることがわかる。

しかし、第2プレーヤーが戦略 a を取るのは、妙な話である。第2プレーヤーの手番になれば、第2プレーヤーは自分の情報集合のどの点にいても、b を取る方が有利だからだ。

ここで、第2プレーヤーが情報集合でどのような信念を持っていても、行動 b は自己

の信念のもとで最適になることに注意しよう。だから、戦略の組 (A, b) は、ベイズ完全均衡であることが確かめられる。しかるに、(C, a) はベイズ完全均衡ではありえない。つまり、「信念」という概念を導入することで、(C, a) のような、あるプレーヤーが意味なく「悪い」戦略を取るような状況が排除されていることがわかる。

練習問題5.5

ヒント：今度は（全体以外に）サブゲームがある。全体のゲームは戦略形表現では、たとえば以下のように表記できる。

		プレーヤー2	
		L	R
プレーヤー1	In そして T	0, 0	1, 3
	In そして B	3, 1	0, 0
	Out そして T	2, 2	2, 2
	Out そして B	2, 2	2, 2

この表現で、「OutそしてT」という戦略と「OutそしてB」という戦略に注目しよう。プレーヤー1がOutを選べば、ゲームは終了してしまうので、TまたはBは関係ないように見えるが、プレーヤー2が戦略的に考えるためには、プレーヤー1がTかBをとるのは重要な問題で、したがって、プレーヤー1がプレーヤー2の行動を読んで戦略的に行動するためには、この部分を切り離すことはできない。TあるいはBの記述は、プレーヤー1が予測する、プレーヤー2が予測するプレーヤー1の行動、と解釈した方が、わかりやすいかもしれない。

第6章

練習問題6.1

1．買い手1が5千円支払って商品を手に入れる。
2．略

練習問題6.2

より低い入札金額を提示したものが落札することに注意。費用が低ければ低いほど会社にとっての工事の価値は高くなるから、直観的には、$-C_i$ が本文での評価額に対応するはず。したがって、費用から2をひいてマイナスをつけたもの $-C_i+2$ が本文のように $[0,1]$ 上の一様分布になるから、対称的な均衡戦略は（マイナスをつけて2を足しなおして）、$2-\frac{1}{2}(2-C_i) = 1+\frac{1}{2}C$ となると予想される。以下、実際にこの予想が正しいことを示す。費用が C 億円のときに入札金額を $1+\frac{1}{2}C$ 億円にする戦略を考える。

プレーヤー2がこの戦略をとっているときに、費用がC_1億円のプレーヤー1がb億円を入札すると、$1+\frac{1}{2}C_2 > b$のとき、すなわち$C_2 > 2(b-1)$のときに落札できる。これが起こる確率は$2-2(b-1)$であるから、期待利得は$(b-C_1)(2-2(b-1))$となる。これを最大にする入札金額は$b=1+\frac{1}{2}C_1$であることは本文で議論したように容易に確認できる。

したがって、平均落札価格は$\min(1+\frac{1}{2}C_1, 1+\frac{1}{2}C_2) = 1+\min(\frac{1}{2}C_1, \frac{1}{2}C_2)$の期待値である。$\min(\frac{1}{2}C_1, \frac{1}{2}C_2) = 1-\max(\frac{1}{2}(2-C_1), \frac{1}{2}(2-C_2))$で、$2-C_i$が本文のように独立な$[0,1]$上の一様分布であるから、$\max(\frac{1}{2}(2-C_1), \frac{1}{2}(2-C_2))$の期待値は補論1から$\frac{1}{3}$である。したがって、平均落札価格は$1+1-\frac{1}{3}=\frac{5}{3}$である。

最高入札価格を設ければ、6.4節の議論から、プレーヤーの均衡戦略はより積極的に、すなわち平均落札価格は減少するはずである。したがって、談合がないという前提の下では、最高入札価格(予定価格)を適切に定めることによって、工事代金を平均的に減少させることができるはずである。しかし、現実に行われている予定価格の制度は、このような戦略的考察からは行われておらず、過去の経験から見た適切な価格という意味あいが強い。すると企業の側に、落札価格をなるべく高くしておくことによって、次の予定価格を高止まりにさせようとする戦略的な発想が生まれる余地がある。

練習問題6.3

6.4節の最低入札価格の議論を参照。

練習問題6.4：

1. $X_1 + \frac{1}{2}$。
2. 議論は対称的なので、相手がこの戦略を取っているものとして、プレーヤー1がこの戦略をとるのが最適であることを示せば良い。いま価格がpまで上がったとしよう。プレーヤー1からすると、相手がまだ降りていないので$2X_2 \geq p$であることが推論できる。もし$2X_1 > p$であれば、$X_1 + X_2 > p$。したがって、降りる理由はない。しかし、いまこの瞬間にプレーヤー2が降りてしまった場合、$2X_2 = p$であるから、商品の価値は$X_1 + \frac{p}{2}$となる。したがって、$X_1 + \frac{p}{2} \leq p$となるようなら、即刻おりるべきである。すなわち、$2X_1 = p$となった瞬間におりるのが最適な反応であることがわかる。
3. $b = X_i$とするのが対称的な均衡戦略であることが、本文のような議論を使って示される。

第7章

練習問題7.1

本文中のように、3つの場合に分けて、それぞれ計算すれば良い。

練習問題7.2

1．満たしている。
2．建設された場合、余剰が $80+40-100=20$ だけ発生するので、建設された方が良い。
3．余剰が折半されるためには、Aが70万円、Bが30万円負担すれば良い。
4．ナッシュ均衡はたくさんある。7.3節後半の議論を参照せよ。
5．Aは80万円、Bは40万円と申告。したがって、建設は行われるが、Aの負担は $100-40=60$ 万円、Bの負担は $100-80=20$ 万円となり、総費用の100万円をまかなうことはできない。修正GCメカニズムでも、Aは80万円、Bは40万円と申告して、建設は行われる。このとき、Aは費用の半分の50万円以上を主張しているので、Bは上で計算した20万円に加え、$80-50=30$ 万円の追加の負担を強いられるから、結局50万円支払わなくてはならない。したがって、Bは建設が行われることで10万円分の損をすることになるが、仮に建設を止めさせるべく低い金額を申告しても、修正GCメカニズムではBは30万円を負担させられてしまうから、正直に40万円と申告して建設が行われた方が得なのである。

練習問題7.3

1．Bは利得が80万円のときは同意するが、40万円のときは同意しない。全体の余剰の見地からは、いずれの場合も同意すべき。
2．最高でも40万円。したがって、Aが60万円負担することになろう。Bの利得が40万円である可能性が小さいので、両者とも建設から受け取る利得はほとんど同じはずなのにも関わらず、この戦略的環境ではBが得をすることになる。

練習問題7.4

1．両者とも利得が40万円のとき。
2．そのような手続きがあったとしよう。すると、AとBの利得がともに80万円のとき、避雷針は建設されなければならない。建設に賛成するのが弱支配戦略になるためには、そのときAとBが支払う費用は、相手の行動にかかわらず、彼らの利得が40万円のときに支払う費用を超えないはず（さもなければ、Bは自分の利得が40万円であるかのごとく行動した方が得になる）であるから、どちらかは50万円以上の負担をするはず。しかるに、利得が40万円の時には40万円以上の負担に合意するはずはないので、これは矛盾である。修正GCメカニズムの場合では、利得が40万円のときでも、強制的に50万円支払わされていたことに注意されたい。

　もう少し厳密に議論すると、以下のようになる。その手続きにしたがったとき、Aの利得が x 万円でBの利得が y 万円である場合に、Aの負担する金額（の平均）を $c_A(x,y)$ 万円、Bが負担するのを $c_B(x,y)$ 万円と書くことにする。Aは弱支配戦略をとっているので、Aの利得が80万円のとき得られる利得は、少なくとも自分の利得が

あたかも40万円であるかのように振舞った時に得られる利得より高いので、$80 - c_A(80, 80) \geq 80 - c_A(40, 80)$。これより、$c_A(40, 80) \geq c_A(80, 80)$。同様に、Bについても $c_B(80, 40) \geq c_B(80, 80)$ を得るから、$c_A(80, 80) + c_B(80, 80) = 100$ に注意すれば、$c_A(40, 80) + c_B(80, 40) \geq 100$ となるはず。一方、Aの利得が40万円のとき、彼が支配戦略をとっているならば、特にBの利得が80万円のとき(そのときには建設される)に、建設されずに利得0を得るより、建設される方を好むはずだから、$40 - c_A(40, 80) \geq 0$、すなわち $40 \geq c_A(40, 80)$。同様に、$40 \geq c_B(80, 40)$。これらから、$80 \geq c_A(40, 80) + c_B(80, 40)$ となるが、これは上で求めた不等式と両立しない。

練習問題7.5

1. 議論は対称的なので、Aについて調べる。Bが自分の利得が80万円のときに賛成、40万円であるときに反対するという戦略をとっているとき、Aにとっても自分の利得が80万円のときに賛成、40万円であるときに反対する方が望ましいことを言えば良い。まず、Aの利得が80万円のときには、賛成すれば建設され、Aが負担する費用は50万円か60万円のいずれかが等確率で起こるから、期待利得は $80 - (\frac{1}{2}50 + \frac{1}{2}60) = 25$ 万円。反対すると、半分の確率でBは賛成するので建設が行われ、そのときのAの負担は40万円である。一方、半分の確率で、Bも反対するから、そのときは建設は行われず、利得は0である。よって、反対した場合の期待利得は $\frac{1}{2}(80-40) + \frac{1}{2} \times 0 = 20$ 万円となり、賛成した方が良いことがわかる。次に、Aの利得が40万円のときも同様に考えると、反対すれば期待利得は0だが、賛成すると期待利得は−15万円になってしまうので、反対する方が良いことが示された。

2. この場合は、余剰が発生するとき、またそのときに限り建設が行われ、費用は過不足なく負担される。練習問題7.4までの環境との違いは、利得に関する新たな情報(確率情報)が加わったことである(詳しく言えば、この情報がプレーヤーの間に知られていることも重要—第15章の議論を参照されたい)。また、各プレーヤーがとる戦略も支配戦略ではなく、ナッシュ均衡戦略になっているので、その意味では弱い結果ともいえる。

第8章

練習問題8.1

		売り手	
		S	B
買い手	S	$B-S$, 0	0, 0
	B	$B-S$, 0	0, $B-S$

練習問題8.2
取引価格が共通なので、売り手の余剰の取り分 $p-S$ は S が小さいほど大きい。買い手についても同様。しかし、直接取引きの場合、取引によって成立する価格が異なり得るので、この限りではない。

練習問題8.3
取引が成立しないことを「倒産」と解釈してみよ。

練習問題8.4
前半は、本文中の売り手と買い手が1人ずつの場合と同様に議論できる。また、例えば $p < S_2$ であれば、売り手2は売らないが買い手2人とも買いたいと思うので、仲買人の利得は負になる。したがって、$S_2 < p < B_2$ となるような価格に変えた方が利得が上昇するから、仲買人の戦略は最適ではなく、ナッシュ均衡ではない。

練習問題8.5
（略解）いま完全競争均衡で k 組の取引が成立しているとしよう。このときの総余剰は $(B_1+\cdots\cdots+B_k)-(S_1+\cdots\cdots+S_k)$ あるが、これ以上に取引を増やしてもあるいは減らしても余剰は減少することを示す。この k 組以外の売り手 j と買い手 i の取引が成立したとすると、それに対応する余剰の増分は B_i-S_j であるが、完全競争の定義からこの値は負である。また、この k 組の取引はいずれも正の余剰を生んでいるので、取引数が減ると余剰は減少する。

第9章

練習問題9.1（略解）
1．3本ないし4本。
2．図9.1と同じになる。
3．消費者余剰：12ドル
4．$x = 1000$,消費者余剰：12ドル

練習問題9.2
1．本文の図9.2の説明に従い、逆需要曲線と価格線 $p = p^*$ と縦軸で囲まれた部分の面積が消費者余剰となる。よって答えは、$\dfrac{(a-p^*)^2}{2b}$。
2．留保価格から価格を引いたものがその点での財1単位によってもたらされる消費者余剰。それを $x = x'$ まで足しあわせたものが全体の消費者余剰になる。

価格

$x = x'$

消費者余剰

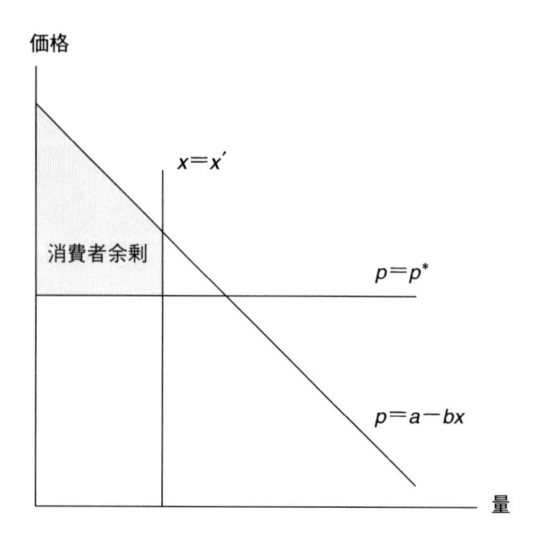

$p = p^*$

$p = a - bx$

量

第10章

練習問題10.1

1.

		企業 2	
		$\dfrac{a-c}{3}$	$\dfrac{a-c}{4}$
企業 1	$\dfrac{a-c}{3}$	$\dfrac{1}{9}(a-c)^2, \dfrac{1}{9}(a-c)^2$	$\dfrac{5}{36}(a-c)^2, \dfrac{5}{48}(a-c)^2$
	$\dfrac{a-c}{4}$	$\dfrac{5}{48}(a-c)^2, \dfrac{5}{36}(a-c)^2$	$\dfrac{1}{8}(a-c)^2, \dfrac{1}{8}(a-c)^2$

ナッシュ均衡：$\left(\dfrac{a-c}{3}, \dfrac{a-c}{3}\right)$.

強支配戦略　：企業 1、2 ともに $\dfrac{a-c}{3}$.

練習問題10.2

1. 相手のある戦略に対して、最適反応となる戦略が強支配されることはないから、区間

$$\left[0, \frac{a-c}{2}\right]$$

のどの戦略も強支配されることはない。つぎに $x > \frac{a-c}{2}$ を満たす $x = s(a-c)$ は、$\frac{a-c}{2}$ によって強支配されることを示す。相手企業の生産量を $y = t(a-c)$ とする。$\frac{a-c}{2}$ を選択したときの利得は、

$$\Pi = \frac{1}{2}\left(\frac{1}{2} - t\right)(a-c)^2$$

となる。他方、$x = s(a-c)$ を選択したときの利得は、

$$\Pi' = \left[\left(a - \frac{a-c}{2} - s(a-c)\right) - c\right]s(a-c) = s(1-t-s)(a-c)^2$$

である。ここで、$s > 1/2$ という条件の下で、Π と Π' の大小関係を比較する。

$$\Pi - \Pi' = \left(\frac{1}{2} - s\right)^2 + \left(s - \frac{1}{2}\right)t$$

$s > 1/2$ であれば、第 1 項、第 2 項ともに正なので、$\Pi > \Pi'$ が得られる。この不等式はどの $y = t(a-c)$ の下でも成立するので、$\frac{a-c}{2}$ が $x = s(a-c)$ $(s > 1/2)$ を強支配することが示された。

第11章

練習問題11.1

現在価値を V 円とおけば、この金額が T 期間運用した後に x 円になるはず。1 期後ならば $V(1+r)$ 円、複利で増えることに注意して、2 期後には $(V(1+r))(1+r) = V(1+r)^2$、この議論を繰り返せば T 期には $V(1+r)^T$ となるので (11.1) 式を得る。

練習問題11.2

1. 400万円になる確率が $\frac{1}{2} - \beta$、250万円になる確率は 2β、100万円になる確率は $\frac{1}{2} - \beta$。$\beta = 0$ でない限り、危険の分散に役立っている。

2. 200万円を預金した場合、220万円を受け取るので効用は $10 \times 2.2 - 2.2^2 = 17.16$。100万円預金して、100万円でA社の株を買うと、預金は110万円、株は200万円か50万円かに半々の確率でなるから、彼の所得は310万円か160万円かにそれぞれ確率 $\frac{1}{2}$ となる。よって、彼の期待効用は $\frac{1}{2}(10 \times 3.1 - 3.1^2) + \frac{1}{2}(10 \times 1.6 - 1.6^2) = 17.415$ となる。B社の株に投資する場合も同じ。よって、200万円をそっくり預金することはない。

A社とB社の株を100万円ずつ買うと、前問より期待効用は $\left(\frac{1}{2} - \beta\right)(10 \times 4 - 4^2) + 2\beta(10 \times 2.5 - 2.5^2) + \left(\frac{1}{2} - \beta\right)(10 \times 1 - 1^2) = 16.5 + 4.5\beta$ となる。A社あるいはB社の株を200万円分買うと、この効用水準よりも低くなることを計算で確かめること。

したがって、選択は100万円預金してA社あるいはB社の株を100万円分買うか、あ

るいはA社とB社の株を100万円ずつ買うかのいずれかだが、$\beta \leq \frac{1}{5}$ だから、後者の期待効用は前者の期待効用を超えることはない。よって、100万円預金してA社あるいはB社の株を100万円分買う。

練習問題11.3

1. 株価が1,500円になれば権利を行使するので、$1500-1000=500$ 円の収益を得る。この可能性が50%。株価が500円になれば、権利は行使せず、収益も0円である。この可能性が50%ある。

2. 株価が1,500円になれば、株の価値が750円、そこから250円の返済をするから500円が収益。500円のときは収益は株の価値が250円、返済額は250円で、収益は0円。

3. オプションと問2で考えたポートフォリオはまったく同じ収益機会を与える。このポートフォリオの価値は、株式0.5単位の価値から、借り入れた200円を引いたものなので、$1000 \times 0.5 - 200 = 300$ 円である（言い換えれば、300円あれば、問2のポートフォリオを作ることができる）。したがって無裁定原則から、オプションの現在の価値は300円である。

4. 問2のように、オプションとまったく同じ収益機会を与えるポートフォリオを見出せば良い。そのためには株式の保有単位を x、借り入れる金額を y 円として（$500 < s < 1500$ という前提のもとで）、$1500x-(1+r)y=1500-s$ と $500x-(1+r)y=0$ を連立させて、x と y に関して解けば良い。その結果、$x=\frac{3}{2}-\frac{1}{1000}s$, $y=-\frac{1}{2}(s-1500)/(1+r)$ を得るから、オプションの価格は $1000x-y=(1500-s)\left(1-\frac{1}{2(1+r)}\right)$ 円である。

第12章

練習問題12.1

1. 予算制約式は $px+y=p\alpha+\beta$。第1財への需要量は $x=10-p$ で与えられるので、グラフは、右下がりの直線になる（詳細は略）。価格が十分下がって $10-p<\alpha$ の時に売り手になる。

2. 需要量の合計は $2(10-p)$ だから、$2(10-p)=6$ を解いて、$p=7$ が均衡価格。（第2財の市場の需給も一致していることを確かめよ）

3. $3(10-p)=6+12$ より、$p=4$ が均衡価格。

4. 第1プレーヤーの利得は3人の場合の方が2人の場合より低い。ただし、総余剰は増加する（2人の場合、第3のプレーヤーの受け取る余剰は0と考える）。市場自由化の効果で総余剰は増加するが、必ずしもすべての人の受け取る余剰が増加するわけではない。市場機能は余剰の「公平な」分配を保証するものではない。

練習問題12.2
第2期の消費の現在価値。対応する金利は $\frac{1-p}{p}$。

第13章

練習問題13.1
1. $x_1 = x_2 = x_3 = 0.5$ から（たとえば）第1企業が0.3に移ったとする。すると、完全均衡の下では当該企業は、0から0.4までの消費者を得る。これは元の販売量0.33よりも多いので、第1企業は、移るインセンティブを持つ。よって、元の戦略の組は完全均衡を形成し得ない。
2. なる。すべての企業が対称的な位置に立地しているので、0.25に立地している（とする）第1企業が移動するインセンティブを持たないことのみを示せばよい。第1企業が x に移るとして場合分けをする。
   - (i) $x < 0.25$ ：第1企業の販売量は、$\frac{x+0.25}{2} < 0.25$ となり、減少する。
   - (ii) $0.25 < x < 0.75$：販売量は、$\frac{0.75+x}{2} - \frac{0.25+x}{2} = 0.25$ となり、変化しない。
   - (iii) $x = 0.75$ ：販売量は、$\frac{0.5}{3} < 0.25$ となり、減少する。
   - (iv) $x > 0.75$ ：販売量は、$1 - \frac{0.75+x}{2} < 0.25$ となり、減少する。

   よって、移動するインセンティブを持たない。

練習問題13.2（ヒントのみ）
1. 一番右端の立地点を x_1、そのすぐ左隣の企業の立地点を x_2 とする。このとき最右端にいる企業が（たとえば）$\frac{x_1+x_2}{2}$ に移動するインセンティブを持つことを示せばよい。
2. 練習問題13.1の1．と同様に解く。

第14章

練習問題14.1
1. 効用が等しい場合は、ソムリエは努力するものと前提すると、均衡は2つある。(a)ピアスが $(H, L) = (2, 1)$ を提示し、ソムリエが引き受け努力をする、(b)ピアスが $(H, L) = (3, 0)$ を提示し、ソムリエが引き受け努力をする。ピアスの利得はいずれの均衡でも同じ。同様に、ソムリエ利得もいずれの均衡でも同じ。（図は略）
2. 上記の(a)(b)ともに均衡ではない（ソムリエが努力しない/拒否する）。均衡ではピアスは $(H, L) = (3, 1)$ をオファーし、ソムリエはこれを受け入れ、努力する。（図は略）

索 引

あ 行

一物一価の法則　205
一般均衡　216, 219
インセンティブ　131, 135, 259
エージェンシー・コスト　262, 265
エージェンシーの問題　256
オークション
　　イングリッシュ・――　99
　　オープン・ビッド・――　99
　　オランダ式――　99
　　シールド・ビッド・――　99
　　セカンド・プライス・――　100, 103, 110
　　ファースト・プライス・――　99

か 行

買いオプション　213
価格受容的行動　149
貸し渋り　207
寡占　8, 186
株式　204
　――会社　205
空脅しの戦略　43
間接金融　204
完全競争均衡価格　159
完全競争市場　159
完全情報ゲーム　45
機会費用　168

危険愛好的　211
危険回避的　211
危険中立的　211
規制緩和　35, 227
期待効用　210
　――理論　210
期待収益　209
期待収入　207
逆需要関数　186
供給曲線　158, 216
強支配　21, 29
競争入札　99, 105, 109
競売　99, 102, 110
競売買入札市場　163
競売買方式　151
クールノー競争　186
クールノー均衡　188
クラブ財　128
くり返しゲーム　113, 115
Groves - Clarke メカニズム　135
ゲームの樹　12, 45
ゲーム理論　8, 270
限界効用　176, 179
　――逓減の法則　176
限界費用　2, 187
現在価値　205
公共財　127
交渉ゲーム
　 n 段階の――　65
　 2 段階――　62

厚生経済学の第1定理　226
効用関数　175
効用最大化問題　174
合理的な期待均衡　222
合理的な人間　270
固定費用　3, 10
混合戦略　30
混在型均衡　91
混雑現象　244

さ　行

債券　204
最後通牒ゲーム　61
最適反応　20, 26, 29, 83
債務不履行　207
サブゲーム　41, 82
　──完全均衡　44, 82
サンク・コスト　171
参入阻止価格　12, 35
参入阻止ゲーム　51
私的財　127
時間選好　221
　──率　221
シグナリング・ゲーム　85
自己資本　205
自然　79
支配される戦略　23
　──のくり返し削除　23, 26
支配戦略　21-22, 26
社会厚生　190
弱支配　23, 30
収益同値性定理　110
囚人のジレンマ　11, 21, 31, 124
修正GCメカニズム　137
集積効果　242, 245
集団意思決定　131

需要曲線　156, 172, 216
純粋公共財　127
純粋戦略　30
勝者への呪い　106
状態空間　280
　──アプローチ　279-280
消費の競合性　127
消費の排除可能性　126
情報
　──集合　80, 82, 279
　──の構造　78
　──の内容　77
　──の非対称性　77, 137
　──分割　280
消費者余剰　150, 172
進化論的ゲーム理論　272, 274
進化論的に安定　274
信念　82-83
　──の合理性　83
成果主義　257
生産者余剰　150
製品差別化　241
選好　175
　──関係　18
戦略　17, 29, 42, 82
　──形表現　28, 43
　──の組　29

た　行

代表的企業　229
代表的消費者　229
多数決　129-130, 133
短期　187
談合　193
担保物件　207
チキン・ゲーム　18-20, 29, 84

知識の階層　279, 282
長期　187
超長期　187
直接金融　204
直接交渉　147, 153
手形決済　204
適応度　273
デッド・ウェイト・ロス　194
展開形表現　12, 38
同時手番ゲーム　44
投入物　203
独占　4
　──価格　4
投票モデル　242

な行

内部化　267
仲買人のいる市場　148, 155, 222
ナッシュ均衡　20, 22, 28, 42, 44
入札　99, 113
　──最低価格　111

は行

バックワード・インダクション　39-40, 44, 82
　──の解　41
バトル・オブ・セックス　31
販売店市場　150, 160
比較静学分析　190
不完全情報ゲーム　45
フット・コスト　239
部分ゲーム　41
プライス　274
フリーライダー　124, 128
プレーヤー　29

分離型均衡　90
ベイズ完全均衡　83
ベルトラン　9
ポートフォリオ　209
ホールド・アップ　265
　──問題　266
補完性　276
ホテリング　238, 240, 242, 246

ま行

むかでゲーム　52
無裁定原則　205
無差別　172
メイナード・スミス　274
メカニズム　135
　──・デザイン　139
モディリアーニ＝ミラーの命題　206
モラルハザード　256

や行

誘因　135, 259
予算制約式　172
余剰　59, 150, 172, 179

ら行

ランダム・マッチング　273
リスク　209
利得　11, 13, 18, 38
利得関数　29
留保価格　172

わ行

ワルラス法則　225

著者紹介

梶井厚志（かじい・あつし）

1986年一橋大学経済学部卒業。1991年ハーバード大学経済学部にて Ph.D. 取得。ペンシルバニア大学経済学部助教授、筑波大学社会工学系助教授、京都大学経済研究所教授などを経て、現在関西学院大学経済学部教授。研究テーマは一般市場均衡理論と情報の経済学的役割。論文や著作などはホームページ
 http://kyou2005.kwansei.ac.jp/~kajii/
を参照。

松井彰彦（まつい・あきひこ）

1985年東京大学経済学部卒業。1990年ノースウエスタン大学 M.E.D.S. にて Ph.D. 取得。ペンシルバニア大学経済学部助教授、筑波大学社会工学系助教授などを経て、現在東京大学大学院経済学研究科教授。研究テーマはゲーム理論と貨幣のミクロ的基礎理論。論文や著作などはホームページ
 http://www.e.u-tokyo.ac.jp/~amatsui
を参照。

ミクロ経済学　戦略的アプローチ

2000年2月25日　第1版第1刷発行
2021年2月28日　第1版第19刷発行

著　者——梶井厚志・松井彰彦
発行所——株式会社日本評論社
〒170-8474　東京都豊島区南大塚3-12-4　電話 03-3987-8621（販売），8595（編集）
　　　　　　振替　00100-3-16
印　刷——精文堂印刷株式会社
製　本——株式会社難波製本
装　幀——山崎　登
本文・表紙イラスト——前岡伸英
検印省略　© A. Kajii and A. Matsui 2000
Printed in Japan
ISBN 978-4-535-55202-9

JCOPY〈(社)出版社著作権管理機構　委託出版物〉
本書の無断複写は著作権法上での例外を除き禁じられています。複写される場合は、そのつど事前に、(社)出版者著作権管理機構（電話 03-5244-5088、FAX 03-5244-5089、e-mail：info@jcopy.or.jp）の許諾を得てください。また、本書を代行業者等の第三者に依頼してスキャニング等の行為によりデジタル化することは、個人の家庭内の利用であっても、一切認められておりません。

経済学の学習に最適な充実のラインナップ

入門｜経済学 [第4版]	伊藤元重／著	(3色刷) 3300円
例題で学ぶ 初歩からの経済学	白砂堤津耶・森脇祥太／著	3080円
マクロ経済学 [第2版]	伊藤元重／著	(3色刷) 3080円
マクロ経済学パーフェクトマスター [第2版]	伊藤元重・下井直毅／著	(2色刷) 2090円
入門マクロ経済学 [第6版] ※2月刊 (4色カラー)	中谷 巌・下井直樹・塚田裕昭／著	3080円
マクロ経済学入門 [第3版]	二神孝一／著 [新エコノミクス・シリーズ]	(2色刷) 2420円
ミクロ経済学 [第3版]	伊藤元重／著	(4色刷) 3300円
ミクロ経済学の力	神取道宏／著	(2色刷) 3520円
ミクロ経済学の技	神取道宏／著	(2色刷) 1870円
ミクロ経済学入門	清野一治／著 [新エコノミクス・シリーズ]	(2色刷) 2420円
ミクロ経済学 戦略的アプローチ	梶井厚志・松井彰彦／著	2530円
しっかり基礎からミクロ経済学 LQアプローチ	梶谷真也・鈴木史馬／著	2750円
入門｜ゲーム理論と情報の経済学	神戸伸輔／著	2750円
例題で学ぶ初歩からの計量経済学 [第2版]	白砂堤津耶／著	3080円
[改訂版] 経済学で出る数学	尾山大輔・安田洋祐／編著	2310円
経済学で出る数学 ワークブックでじっくり攻める	白石俊輔／著　尾山大輔・安田洋祐／監修	1650円
計量経済学のための数学	田中久稔／著	2860円
例題で学ぶ初歩からの統計学 [第2版]	白砂堤津耶／著	2750円
入門 公共経済学 [第2版]	土居丈朗／著	3190円
入門 財政学	土居丈朗／著	3080円
実証分析入門	森田 果／著	3300円
最新 日本経済入門 [第6版]	小峰隆夫・村田啓子／著	2750円
経済学を味わう 東大1、2年生に大人気の授業	市村英彦・岡崎哲二・佐藤泰裕・松井彰彦／編	1980円
経済論文の作法 [第3版]	小浜裕久・木村福成／著	1980円
経済学入門	奥野正寛／著 [日評ベーシック・シリーズ]	2200円
ミクロ経済学	上田 薫／著 [日評ベーシック・シリーズ]	2090円
ゲーム理論	土橋俊寛／著 [日評ベーシック・シリーズ]	2420円
財政学	小西砂千夫／著 [日評ベーシック・シリーズ]	2200円

※表示価格は消費税込みの価格です。

〒170-8474 東京都豊島区南大塚3-12-4　TEL:03-3987-8621　FAX:03-3987-8590　日本評論社
ご注文は日本評論社サービスセンターへ　TEL:049-274-1780　FAX:049-274-1788　https://www.nippyo.co.jp/